02

Workshop
Design

Kimitoshi Hori / Akira Kato

ワークショップ・
デザイン──新版

知をつむぐ対話の場づくり

堀 公俊・加藤 彰 [著]　日本経済新聞出版

まえがき

「メンバーの知恵を結集させたイノベーティブなアイデアを生み出したい」
「チームのビジョンを全員でしっかりと握り、一枚岩となって活動したい」
「みんなで一緒に楽しく学びながら個人も組織も大きく成長していきたい」

これら3つの課題の解決に共通して役立つ素晴らしい手法があります。
"知"をつむぐ対話の場である「ワークショップ」です。

　ここでいう対話は、誰かが一方的に情報や指示を与えたり、議論をして白黒つけたりする話し合いではありません。そこに集まった人々が、安心してのびのびと1人ひとりの思いやアイデアを語り、ときにはしんどいと感じる局面でも協力して深め合っていく。そして、議論を通じて新しい発見や気づきを得て、新しい何かをつくりだしていく——そういう話し合いこそが対話です。
　そうした対話を生み出し、学習や創造につなげていく場として、ワークショップという方法が注目され、活用されてきました。

　ワークショップとは「多様な人たちが主体的に参加し、チームの相互作用を通じて新しい創造と学習を生み出す方法」です。自分と他者との対話はもちろん、知識、文化、社会、自然、地球、過去、未来との対話など、集団で創発を起こす活動全般を意味します。今では、ビジネス、まちづくり、教育、変革、芸術など、幅広い分野で使われています。
　ワークショップを実際にやってみると、「こんなに素晴らしい考えが皆の中に眠っていたのか！」「こんなに元気で前向きな人たちは見たことがなかった！」と多くの人が口にします。ワークショップはとても楽しく、参加者の秘めているエネルギーを解き放ってくれます。その醍醐味を一度経験すれば、やみつきになること請け合いです。

　ところが、「よし、私もワークショップをやってみよう！」と熱い思いを胸に

立ち上がったものの、思うようにいかないことが多いものです。

　例をひとつ挙げましょう。ある会社の本社企画部の課長さんが、自分が経験した感動を皆にも味わってほしいと、営業所へ出かけていってワークショップを試みました。

　今日の趣旨を説明したあと、「では、グループに分かれて自由に意見を出し合ってください」と伝えたのですが、どこも議論が盛り上がりません。これではマズいと「今日は何を話しても大丈夫」「ホンネでいきましょう」とけしかけても、誰一人それに乗ってくれません。なぜでしょうか。

　いきなり「自由に意見を出せ」と言われても、面食らってしまいます。「今職場で困っていることは？」といった具体的なテーマを設定しないと、何を話し合ってよいか分からず、様子見してしまいます。しかも、経験したことや知っていることなど、話しやすいテーマから入り、少しずつ本題にせまっていく。そういった流れをつくらないと、話が盛り上がっていきません。

　ホンネが出にくいなら、2人でイスを寄せ合ってインタビューをし合う、付箋に意見を書き出してから発言するといった、素直に自分の思いが出せるような仕掛けも必要です。

　このように、ワークショップをやりたいのに、どうやってよいかが分からず、情熱が空回りしてしまう人は多いと思います。ワークショップを実践するには熱いマインドが必要ですが、それだけでは思うような場はつくれません。ワークショップをデザインするスキルを身につける必要があります。

　本書では、ワークショップを現場で実践したいという人に、ワークショップを企画・設計する総合的なスキルを紹介します。

　今まではこういったものは言葉で伝えにくく、見よう見まね、体で覚えることが多かったように思います。まさに職人芸〜アートの領域です。しかしながら、それでは我々が学習できるものになりませんし、その良さを広く人に伝えることもできません。筆者は、ありとあらゆるタイプのワークショップを体験・分析して、誰もが使えるスキル（技）に体系化しました。

　内容は大きく3つあります。1つは、ワークショップを設計する基本的な手順とポイントです。特に初心者の方は、このあたりをしっかりと自分のものにしておきたいところです。経験のある方は、あまり意識せずにやっている自分

のやり方を見直すとともに、ワークショップの完成度や面白さをアップさせるコツをつかんでください。

　２つ目は、ワークショップをつくるための部品、いわゆるネタです。「ワークショップといえば、いつもグループ討議ばかりだ…」といった悩みを解消するため、できるだけ部品をたくさんポケットに入れておいてください。それがワークショップを面白くて実りのあるものにしてくれます。新版に改訂するにあたり、オンラインで使えるネタもたくさん追加しました。

　そして３つ目に、実践ですぐに役立つワークショップのプログラムです。すべて筆者が実践の中で練り上げてきたものであり、真似ることで学べることがたくさんあるはずです。自分でデザインするのが面倒な人や、一度体験して良さを実感したいという人は、どうぞ使ってみてください。新版では、最新の事例を追加してさらに充実させました。

　それでは、これからワークショップ・デザインの技を身につけるための門をくぐっていきます。ぜひあなたの熱いマインドを支えるメソルを習得してください。そして、「あの人のワークショップはワクワクするね」と言われるようになりましょう。

2023年8月

堀　公俊・加藤　彰

第1章

導入編 今なぜワークショップなのか

第4章

実践編　さまざまな場面で実践してみよう！

第5章

研究編 ワークショップはつくり込みで決まる！

第6章

熟達編 ワークショップ・デザインの力を高める

装幀・本文デザイン　竹内雄二
DTP　朝日メディアインターナショナル
手描き図版　竹下徳継、久保久男

第1章

導入編

1

今なぜワークショップなのか

ワークショップとは？

　ワークショップの原意は「工房」「仕事場」「作業場」です。たくさんの人が工具を手にして、真剣な眼差しでモノづくりに打ち込んでいる場面を思い浮かべてください。ここから、ワークショップとは**主体的に参加したメンバーが協働体験を通じて創造と学習を生み出す場**を意味するようになりました。

■会議や研修がなぜ盛り上がらないのか

　現代の私たちにとってなじみがあるのは、工房ではなく工場のスタイルではないかと思います。

　典型的なのが会議や研修です。メンバーは強制的に参加させられることが多く、主体性が低下しがちです。一方的に話を聞かされるだけで、参加を引き出すような工夫もあまりなされていません。その結果、当事者意識が低くなり、他人事になりがちになります。

　加えて、会議や研修では、どうしても予定調和的に話が進む場合が多くなります。いわゆる落とし所や学習目標が事前に設定されており、そこに向かって単線的に進んでいくのです。納得ではなく説得、学習ではなく教育が行われる場になっていると言えるでしょう。

　そのため、議長や講師が主役となって場を回し、参加者は脇役にならざるをえません。いわば、オーケストラの演奏のように、決められた手順にしたがって、指揮者の指示に基づいて全員が忠実にプレイをしていくスタイルです。

━ 参加者がワークショップの主役

　これに対して、ワークショップは、音楽で言えばジャズ（ジャムセッション）
に近くなります。

　自発的に参加したメンバーは、当事者意識を常に持ちながら、ワークショッ
プを一緒になってつくり上げていきます。そこには、最低限の取り決めだけが
あり、各人が知恵や個性をぶつけ合いながら、その場、その時だけの音楽を協
働で生み出します。また、その過程を通じて、チームもメンバーも学習し成長
していきます。

　活動を舵取りするファシリテーターがいても、主役はあくまでも1人ひとり
の参加者です。参加者同士が互いに持てるものを引き出しあって、大きな相互
作用をつくっていきます。ファシリテーターは、その活動に寄り添いながら、
より大きな成果や学習が生まれるよう促進や支援をしていくのです。

　それでは、ワークショップの意味がおおよそ分かったところで、ワークショ
ップが行われる様子を見てみましょう。

図 1-1 ｜ 従来の会議と研修

図 1-2 | これがワークショップだ!

成果を確認しながら
最後の全員討議

成果を形に
見える化する

適宜グループ
サイズを変え
て討議

1人黙考することも

夜はみんなで
カクテル遊び

START

まずは目的、目標、プロセスを確認

皆で朝の一言 → グループ内で自己紹介

人ひとりが
三役になる

さっそくグループ討議
ツールも活用

▓ その時、その場で起こったこと

　ワークショップで最も大切なのは、**今**（Now）、**ここ**（Here）で起こったことです。その場その時に「新たに生まれてくるもの」、すなわち**創発性**こそがワークショップの命です。

　参加者はそれぞれ、自分なりの経験、考え、思いなどを持ってワークショップに集まります。それらの素材を、いったんワークショップという大きな鍋に放り込んで、グツグツと煮込んでいきます。素材同士がぶつかり合ったり、溶け合って新しい味が生まれたり、鍋の中ではいろんな現象が起こります。それこそが、今ここで起こっていることです。

　それをどうやって新しい料理に仕上げていくかは、みんなの知恵と意欲にかかっています。うまくいかずにモヤモヤで終わるときもあれば、スッキリと良い味で仕上がるときもあります。

　正直にいって、どういう味になるかはやってみないと分かりませんが、分からなくてもどうにかなるものです。むしろ事前に分からないからこそ、ワークショップには創造、創発の可能性が蔵されているのです。

▓ 主体性と相互作用を育む

　ですから、ワークショップでは、みんなが自ら素材を提供し、協力して料理しようという気にならないと成り立ちません。しかも素材の味、すなわちメンバーの知恵とやる気が互いに十分に出てこないと、良い料理ができません。メンバーの**主体性**がワークショップの決め手となります。

　さらに、もうひとつ味の決め手となるのが**相互作用**です。ワークショップには、それぞれに持ち味や個性がある多様な素材が集まります。それをぶつけ合わせながら、個性に化学変化を起こし、チームとしての新しい味をつくり出していきます。いかにして味の協奏、すなわちシナジー効果を発揮させられるかが、ワークショップの妙だといってもよいでしょう。

ワークショップの5つの特徴

　ここでもう一度、ワークショップの特徴を整理しておきましょう。

　1つ目は**参加**です。多様なメンバーの主体的な参加なくしては、ワークショップは成り立ちません。参加するしないを決めるのも、どれくらい熱心に活動するのかを決めるのも自分です。参加メンバーが、常に当事者意識を持ちながら、ワークショップを一緒になってつくり上げていきます。

　2つ目は**体験**です。参加したメンバーが、それぞれの体験を持ち寄り、それをもとに活動を組み立てるのがワークショップです。また、みんなが共通の体験をすることで、日常では得られない創造と学習を生み出します。

　3つ目は**協働**です。互いの資源を持ち寄り、対話という名の協働作業を通じて、活発な相互作用を起こすことで、ワークショップのダイナミズムが生まれてきます。協働はワークショップの中核をなすものだといってよいでしょう。

　4つ目に**創造**です。1人では思いつかないことを発見したり、主体的な参加者がいるからこそできる成果をつくり上げる。そんな予想もしていない新しい何かを生み出すことが、ワークショップの醍醐味です。

　そして最後に**学習**です。参加者同士の活発な相互作用を通じて、1人では得られない気づきを獲得すると同時に、全員で大きな学びを培っていきます。創造を目的としたワークショップであっても、それをつくり上げるプロセスを通じて参加者の学習を引き起こしていきます。ワークショップは、個人やチームを成長させるのに欠かせない手法なのです。

図1-3 ｜ ワークショップの5つの特徴

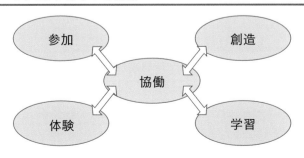

ワークショップの3つのタイプ

　一口にワークショップといっても、分野によって中身が大きく変わります。ここでは、ワークショップの応用分野を概観するとともに、今なぜワークショップなのかを考えていきましょう。

　ワークショップは、個人が抱える問題に心理的な療法を施したり、組織や社会のさまざまな問題を集団で解決したりする活動として始まりました。言い換えれば、人・組織・社会を変革する手法がワークショップです。それが、今では大きく3つの流れとなって幅広い分野で活用されています。

　ビジネスパーソンに一番なじみがあるのが、組織の問題解決や発展を目的とした**組織系**(問題解決型)ワークショップです。2つ目に、社会が抱える課題について考える**社会系**(合意形成型)のワークショップがあります。そして3つ目が、個人の教育、学習、成長を目的とした**人間系**(教育学習型)のワークショップです。

　ただし、これらは明確に切り分けできるものではありません。複数の要素を含んだ**複合系**のワークショップもあわせて紹介しておきましょう。

図1-4｜ワークショップの応用分野

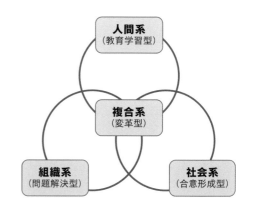

組織系(問題解決型) ワークショップ

　組織の種類(定常組織、プロジェクト、チームなど)や目的(営利・非営利)を問わず多方面で活用されているのが組織系のワークショップです。たとえば次のような応用がなされています。

- さまざまな会議やプロジェクト運営の円滑化
- 業務プロセス改善や現場の問題解決活動
- 組織再編やM＆A時の組織融合の促進
- NPOなどのテーマ型組織の運営
- 協働型セールスや商品開発の推進
- プロセスコンサルティング活動　　など

　組織（チーム）とは、特定の目的を持ってつくられた集団です。組織で最も重要なのは、環境変化に適応して価値を提供していくことです。それができないと組織は存続できなくなります。

　ところが近年、環境変化の触れ幅、複雑さ、スピードがどんどんアップしてきてしまい、リーダーは困難な意思決定を強いられるようになってきました。しかも、意思決定のピラミッドを行ったりきたりしていたのでは、環境変化に機敏に対応できなくなります。今まで効率的だと思われてきた、「リーダーに情報を集め、リーダーが意思決定し、メンバーが従う」といったマネジメントのスタイルを大きく変革せざるをえない時期にきているのです。

　すなわちそれは、組織の内外を問わず、問題に直接的に関わる人が集まって、自律的に問題解決をしていくことです。小さなチームやプロジェクトをつくって、多様なメンバーの知恵とやる気を引き出し、相互作用を通じて優れた問題解決の方策を考えていきます。そこでは、正解探しも大切ですが、いかにすばやく問題解決のサイクルを回していくかが重要となってきています。その方法論としてワークショップが注目を集めているのです。

社会系（合意形成型）ワークショップ

　まちづくり活動など、ビジネス以外の分野で用いられることが多いのが、幅広い参加者の合意形成を目的とした社会系のワークショップです。企業活動においても、役割権限ではなくコンセンサス（合意）で物事を進める場合は、こちらが用いられます。以下に、主な応用分野を列挙しておきましょう。

- 組織やコミュニティのビジョン（目標）づくり
- まちづくりや地方自治などの社会的合意形成の場

・各種コミュニティ活動の運営の促進

・労働組合、自治会、PTAなどの全員参加型の組織の運営

・NPOやサークル活動などのボランティア団体の運営

・環境、生命倫理、人権などの地球規模の合意形成

　組織や社会は、「大きな物語」と呼ばれるイデオロギーやビジョンが共有できている間は、運営にそれほど困ることがありません。それを体現するリーダーの指導のもと、きめ細かい制度をつくって管理していけばよいからです。

　ところが、現在のような大きな物語が消えた不透明な時代には、こういうやり方は通用しません。人々の価値観やライフスタイルが多様化する中、一方的に方向性を与えられて管理されても、納得がいかないからです。

　真の納得を得るには、意思決定に参加するしかありません。メンバーが自ら参加をして、自分たちの方向性を決めていくのです。自分たちのことは自分たちで決め、自分たちで行動する。これこそが自治そのものであり、民主主義の原点です。「階層（ピラミッド）型の社会」から「自律分散協調（ネットワーク）型の社会」へと、世の中が大きく変化しつつある今、それを推し進めるための具体的な方法論として社会系のワークショップがあるのです。

人間系（教育学習型）ワークショップ

　組織や社会の種類を問わず、ありとあらゆる教育や学習の場で活用されているのが人間系のワークショップです。ワークショップの原点であると同時に一番歴史が深い分野でもあり、今では多彩な分野で活用されています。

・人間関係や自己変革（成長）のトレーニング

・さまざまな組織や団体のチームビルディング

・キャリア開発、ライフプラン開発、就業支援

・参加体験型学習を活かしたセミナー・研修

・人権教育、国際教育、環境教育などの社会（生涯）教育分野

・学校教育（教科、総合学習、クラスづくり）、授業改善（FD）

・演劇、音楽、アートなどの自己表現や創作活動

今まで教育や学習と言えば、講師が生徒に一方的に知識を伝えるのが一般的

なスタイルでした。ところがこれでは頭で分かったつもりになるだけで、行動変化まで結びつきません。単なるお勉強ではなく、個人が抱える問題を解決したり、自分を変えていこうとしたりするなら、他のやり方が必要です。

どんな人であろうと、今まで生きてきたなりの知識や経験があります。それを無理に入れ替えようとするのではなく、集団の中でぶつけあって、組み替えたり新しい意味を見出していく。あるいは、その場の体験（自分や集団に起こったこと）をもとに、新しい知識を発見していく。これこそが、腹に落ちる、本当の意味で「分かった」ということです。

社会が成熟するにつれ、講師が主体の学習から受講者が主体の学習へと、教育のスタイルが大きく変わってきました。学び内容はあらかじめ決まっているのではなく、内省と相互作用を通じて、その場から生まれてきます。こういった**社会構成主義**的な学習に不可欠なのが人間系のワークショップです。

複合系（変革型）ワークショップ

これらの3つの要素を併せ持つものを複合系（変革型）のワークショップと呼ぶことにします。

典型的なものに「ワールドワーク」と呼ばれる紛争解決を目的としたワークショップがあります。ここでは個人の内面の葛藤から地球規模の紛争の解決まで、ありとあらゆるテーマが話し合われます。人・組織・社会の変革が一体となって進むのです。他にも、後で述べるような非構成のワークショップ（テーマも進め方も特に決めず、場の流れに任せるワークショップの形式）は、テーマや参加者によってその目的が異なってきます。

あるいは、3つのワークショップを連続してつなげることもあります。大がかりな変革のワークショップでは、最初は人間系のワークショップで関係性を高め、次に社会系のワークショップで改革のビジョンをつくり、最後は組織系のワークショップで具体的な改革案を練るといった具合です。

021

ワークショップの
3つの要素

▦ ワークショップのデザインとは

　ワークショップでは主体性と相互作用が重要だとはいえ、やみくもに人を集めて、「全員参加で！」「さぁ、主体的にやろう！」「もっと相互作用を出して！」とハッパをかけただけではうまくいきません。

　ワークショップを成功させるには、誰を集めてどのようなテーマで話し合うのがよいか、皆が話しやすい雰囲気をつくるにはどうしたらよいか。あるいは、皆が面白がって熱中できるようにするにはどうしたらよいか、また、与えられた時間をどう過ごすのがよいか…などを、事前にしっかり設計するのが鍵になります。参加しやすくする仕掛け、協働を促す仕掛け、創造力を解放する仕掛けがあって初めてワークショップが実り多き場となります。

　これらを考えるために、まずワークショップの構造を押さえておきましょう。ワークショップは、次の3つの要素から構成されています。

　①チーム（グループ）
　②プログラム
　③ファシリテーター

　この中で、①チーム（グループ）と②プログラムを事前に設計する行為を、本書では**ワークショップ・デザイン**と呼ぶことにします（参加のデザインと呼ぶ場合もあります）。またそれをする人を、ワークショップ・デザイナーと呼ぶことにしたいと思います。

チーム（グループ）～人と器をデザインする

　ワークショップでどの程度の主体性と相互作用が生まれてくるかは、どんな「人々（集団）」をどんな「器」に置くかでかなりの部分が決まってしまいます。

　集団については、組織系のワークショップではチーム、人間系のワークショップではグループと呼ぶ場合が多いようです。本書では、ビジネスパーソンの読者が多いのと、ワークショップに参加した時点で何らかの共通の目的があると想定されることから、チームという言葉で説明を進めます。

　チーム（グループ）をデザインする最大の要素が、参加者の顔ぶれです。ワークショップに適切な人数はどれくらいか、目的に適う人は誰か、多様な情報や意見を収集するには誰を呼べばよいか、互いに触発できる参加者の取り合わせはどうか、などを考えます。

　一方、器にあたるのがチーム活動の環境です。リラックスできる、参加しやすい、物事を考えやすい、メンバーが触発し合える、体験を学習につなげやすいなど、目的に照らして、活動を促進できるような環境を整えていきます。

図 1-5 | ワークショップの3つの要素

誰がどんな環境に集まるの？

何をどういう順番でやるの？

チーム

プログラム

ファシリテーター

どうやって臨機応変に対応しながら進行していくの？

023

筆者は、壮麗な来賓室でワークショップをしたことがあります。最初は良い居心地だと感じました。ところが、いざ始まってみるとなぜか集中力が湧いてこないのです。しかも話し声が部屋に吸い込まれてしまい、皆でワイワイガヤガヤ活発に討議している雰囲気がどうしても生まれてきませんでした。

　このように人の気持ちは環境に大きく左右されます。日ごろの会議も場所を変えるだけで、メンバーも進め方も同じなのに、ずいぶん雰囲気が変わります。だからこそ入念に環境づくりをしておく必要があるのです。

　また、その場にどうやって人を集めるのか、集めるプロセスも考えておく必要があります。参加しやすい日時や場所を設定したり、告知方法を考えたり、声のかけ方を工夫したりします。これらすべてがまとまってチームのデザインとなります。**参加形態のデザイン**とも呼ぶ場合もあります。

プログラム〜シナリオをつくる

　素晴らしいメンバーを理想的な環境に集めれば、自然とワークショップという場が動き始めます。極端な話、何もしなくても高い成果が生まれてくるでしょう。ただし、いつもそうなるとは限りません。メンバーにバラつきがありますし、環境づくりにも制約があります。第一、自然発生的に相互作用が起こるのを待っていたのでは、時間がかかってしまいます。

　そこで、どんな人が参加しようが、ある程度の時間の中で、それなりの成果が出るようにしておく必要があります。そのために欠かせないのが**プログラム**であり、環境の良し悪しを吸収し、活動を促進してくれるものです。

　ワークショップには必ず「こんな成果を生み出したい」という目標があります。それを効率的に達成するには、与えられた時間の中で何をどんな手順でやるかというシナリオが要ります。

　たとえば、初対面の参加者を集めて、「わが社の苦境をどのように乗り越えるべきか？」という本題をいきなり議論させるのは無理があります。まずは参加者の参加姿勢や発言にエンジンがかかるような活動から始めるべきです。

　議論のテーマにしても、「今、会社がどんな状態にあると感じているの？」と現状認識のすり合わせをしてからでないと、思い込みの解決策が脈絡無く出て

くるだけで終わってしまいます。

そうならないようにするには、あらかじめ活動内容やテーマ、スケジュール、活動に必要な道具などの段取りを入念に検討しておく必要があります。これらを定めるのが**プログラム・デザイン**です。1つひとつのワークショップの進行表を作成するイメージです。

さらに長いスパンでは、チーム活動全体の計画も必要となります。たとえば、大きな組織変革活動では、検討の進み具合に応じて何度もワークショップを行いつつ、経営データの分析作業、トップや利害関係者への報告や根回し、社内発信のようなフォローアップ活動などが必要となります。これらすべてを設計することを**プロセス・デザイン**と呼ぶ場合があります。

本書では、短いスパンのプログラム・デザインを中心に解説し、長いスパンのプロセス・デザインの要素をその中に含めて紹介したいと思います。両者は明確に分けられず、プロセス・デザインの要素もワークショップとして行うケースが少なくないからです。

図1-6 | プログラム・デザインとプロセス・デザイン

チーム活動のプロセス・デザイン

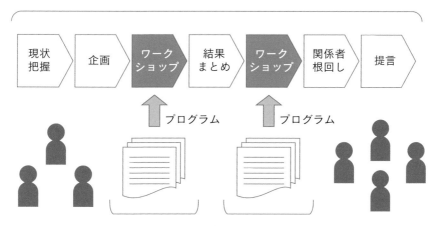

現状把握 → 企画 → ワークショップ → 結果まとめ → ワークショップ → 関係者根回し → 提言

プログラム　　プログラム

ワークショップのプログラム・デザイン

ファシリテーター～舵取りをする

　適切にチームを設計して、入念に練ったプログラムを用意しておけば、ワークショップは初期の目的を達することができるはずです。ところが、現実にはシナリオ通りにはなかなかいかず、その場で適切な対応をしていく**ファシリテーター**が、３つ目の要素として必要になってきます。最後はワークショップを舵取りするファシリテーターの臨機応変な対応が求められるのです。

　ファシリテーターの役割は多岐にわたっていますが、ワークショップ・デザインという観点から考えれば、次の３つに集約されます。

１）チームやプログラムに味付けを加える

　プログラムは料理で言えばレシピに過ぎず、コックの腕前によって味が大きく変わってきます。たとえば、同じブレーンストーミングをするのであっても、淡々と「では手順に沿ってやってください」と言うか、明るく「目標は100個ですよ！」と煽るかで、アイデアの量も質も大きく変わってきます。

　ファシリテーターの手順説明や盛り上げ方、作業中の介入や励まし、事後のフォローや意味づけが味を大きく左右します。まさにファシリテーターが「その場にどのように存在するか」がワークショップに影響を与えるのです。

２）チームやプログラムで対応できない事態を吸収する

　デザイン段階では予想していなかった事態に対処するのも、ファシリテーターの役割です。たとえば、ある人が長い演説を始めてしまい、他の人の発言機会が妨げられているといったケースです。そういうときは、全員が発言できるよう順番に指名したり、「１人発言１分」のルールをつくって対処します。

　他にも、チーム活動を阻害する問題行動に対処する、論点のズレを修正する、少数意見を擁護する、参加者が対立に挑むよう促すなどがあります。プログラムが設計通りに進むかは、ファシリテーターの当意即妙の技にかかっています。

３）チームやプログラムを臨機応変に組み替える

　不測の事態が大きくなると、チームやプログラムを変更したほうが良い場合があります。よくあるのは、２つのテーマを扱う予定だったのに、予想以上に議論が盛り上がって、１つだけを深く議論したいと皆が言い出した、といったときです。この場合、ファシリテーターが「１つを深く議論して、もう１つは

持ち越しでよいか？」と合意を取り、プログラムを臨機応変に変更します。

　他にも、テーマを変更する、活動のやり方や順番を変える、時間割りを変更する、活動を削る（付け加える）、場の設定を変更するといった対処をしていきます。その場の展開を見極め、プログラムを変えるのか変えないのか、変えるとしたらどう変えるのかを考え、臨機応変に対応していくのです。

プログラムかファシリテーターか

　本書では、ここから先、ワークショップのデザインに焦点を当てて話を進めます。つまり、チームとプログラムの事前のつくり込みをメインに扱います。

　誤解しないでほしいのですが、入念に段取りするというのは、誰が集まっても、どんな展開になっても、それに関係なくプログラム通りにワークショップを進行させるという意味ではありません。最初に述べたように、ワークショップは本来、その場その時に新たに生まれてくる創発性を期待するものです。場の力を信頼して、場の流れに委ねる姿勢が何より大切です。

　だからといって、段取りが要らないかというと、それは大間違いです。むしろ、創発を生みたいからこそ段取りが重要になってくるのです。メンバーの選定、環境づくり、テーマの並べ方、適切な活動内容などの創意工夫が相互作用をより豊かにすると考えてください。

　たしかに「ファシリテーターがその場で対処するのだから、入念な段取りなど不要だ」「段取りをしてしまうと、自然な場の流れを妨げかねない」という意見もあります。しかしながら、ファシリテーターが臨機応変な対応ができるのも、事前にしっかりとコンセプトを固め、常にいろいろな展開の可能性に思いを馳せながら進行しているからではないでしょうか。しっかり準備した上で、想定外の出来事を楽しむ――それがワークショップの基本スタンスです。そのためにチームとプログラムをデザインするスキルが欠かせないのです。

　とはいえ、ファシリテーターがワークショップを左右する部分も多く、ファシリテーターが取るべき姿勢や心構え（マインド）については、本書の最後に考えます。実践的なファシリテーションの技術（スキル）については、別途書籍などで勉強することをお勧めします。

ワークショップを
デザインする

　それではワークショップ・デザインの基本的な流れを説明しましょう。ここでは作業の全体イメージをつかんだ上で、詳細を第2章以降で学んでいってください。

■ワークショップ・デザイン、これが基本だ！

　ワークショップのデザインは、どんな人を対象者とし、何を目的とするワークショップなのか、コンセプトを固めるところから始まります。ワークショップという方法が適切か否かも、この段階で判断します。それと並行して、いつ、どこで、誰を、といった開催にあたっての基本要件を決めていきます。

　次に、できあがったコンセプトに基づいて、プログラムの基本方針を決めます。どれくらいプログラムをつくり込んでおくのか、つくり込む場合には大まかにどんな流れでいくのかを決めます。目的に適したプログラムのパターン（＝型）がいくつかあり、その中から適切なものを選ぶのがやりやすい方法です。

　3番目に、いよいよプログラムの詳細をつくっていきます。どんな活動をするか、どのようなテーマを扱うか、どんな環境設定をするかを考え、それらを時間に沿って順番に並べていきます。

　そうやってプログラムが固まれば、最後に必要な備品をそろえたり、リハーサルをして所要時間や流れを確認したりします。ここで不具合が見つかれば、プログラムを修正します。そうしてワークショップ当日を迎えるのです。

図 1-7｜ワークショップ・デザインの流れ

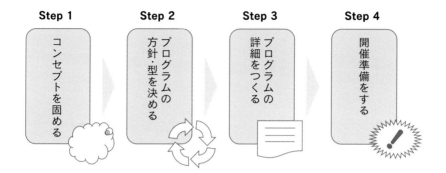

　では、それぞれの段階で、どのようなことに留意してデザインするのか、もう少し詳しく見ていきましょう。次のケースを題材として取り上げます。

　＜背景＞
　各部門から若手が集められ、新規商品を企画する新しいプロジェクトがスタートすることになりました。キックオフにあたり、プロジェクト・リーダーの藤田さんは、ワークショップをやってチームづくりと今後の方向性の共有を図りたいと考えました。

1）コンセプトを固める

　「どんな人に、どんな価値を提供するワークショップなのか」「どんな成果を生み出したいのか」、ワークショップの目的や意図、また目標をしっかり定めます。それ抜きにいきなり細かいデザインを始めると、目的を見失って「いったい何をしたいの？」と言いたくなるワークショップになりかねないからです。プログラムづくりは**コンセプト**づくりから始まります。

　コンセプトづくりと並行して（あるいはコンセプトを受けて）、開催日時、開催場所、参加対象者、ワークショップのタイトル、当日までの取り組みスケジュールといったワークショップの基本要件を決めていきます。

<コンセプト企画>
○目的　　：新しいプロジェクトのメンバーが、1人ひとりの思いとプロ
　　　　　　ジェクトの目指すところを共有できるようにしたい
○タイトル：クリエイティブ・ワークショップ
○日時　　：7月15日〜16日（2日間）
○場所　　：研修センター第3セミナールーム
○参加者　：新商品企画プロジェクトメンバー全員(15名)

2）プログラムの方針・型を決める

　プログラムをつくり込むか、つくり込まないかの基本**方針**を定めます。ワークショップによっては、その場で起こったことを最大限尊重するために、あえて細かくプログラムをつくらない場合もあります。このときは、チームづくりだけをしっかりして、後はファシリテーターの力量に委ねます。

　プログラムをつくり込む場合は、最初に大まかな流れを決めます。プログラムには、起承転結型、体験学習型、発散収束型、問題解決型、目標探索型といったいくつかの**型（パターン）**があります。ワークショップの目的に応じて、適切な型を選び、それで大まかな流れを定めるのがやりやすい方法です。もちろん、型を使わずに自分で一から考えるやり方もあります。

<プログラム方針立案>
○方針：時間が限られているので練り込んだプログラムを用意する
○型　：1人ひとりの思いとプロジェクトの目指すところを共有するため、
　　　　目標探索型を採用する
　　　　①資源発見→②理想共有→③目標設定→④方策立案

3）プログラムの詳細をつくる

　プログラムをいくつかの**セッション**（ユニット、モジュール）に分け、それぞれの**狙い**を的確に表現します。

　プログラムの型が決まっていれば、それを適度に細かくしたりつなぎ直したりしてセッションをつくり、冒頭に「オープニング（導入）」、終わりに「クロー

ジング（まとめ、振り返り）」をくっつけます。1つひとつのセッションが30〜120分ぐらいの塊になるイメージです。そして、セッションの狙いが一連の流れとして自然につながるかをチェックします。

　その上で、各々のセッションの狙いを達成するために、**アクティビティ**（活動内容）、**テーマ**（問い）、**場**（環境）に展開していきます。これが、大まかな流れに基づいて細部を決めていくトップダウン方式のプログラムづくりです。

　一方、コンセプトを考えた時点から「このアクティビティは絶対にやりたい」「こういう問いかけをしてみたい」という細部が見えてきていることも多いでしょう。その場合は、それがプログラム全体のどのあたりに位置するか、その前後に何をすべきかを考え、芋づる式にアクティビティやテーマを決めていきます。細部から組み立てていくボトムアップ方式のやり方です。

　実際には、両方のやり方を行ったり来たりしながらプログラムを練ることになります。こうやって詳細を決めながら、全体の時間との兼ね合いを考え、時間内に収まるように調整します。ここでは個々のアクティビティの所要時間の正確な見積りと、余計なものをバッサリ削る思い切りが重要です。そして最終的に、コンセプトに合ったプログラムになっているかを確認します。

<プログラム設計>

時間	狙い	アクティビティとテーマ	場の設定
9：00	導入： 趣旨を理解する／ お互い話しやすい 雰囲気をつくる	・趣旨／ルール説明 ・全員で自己紹介 ・グループ分け ・グループ内自己紹介 　「今の職務は？」 　「最近嬉しかったこと」	・初めはイス 　だけを丸く ・グループは 　島型に配置 ・飴を用意
10：10	背景共有： プロジェクト発足 の背景を理解する	・背景説明（リーダー） ・質問事項をグループ討議 ・質疑応答	プロジェクタ
11：10		休憩	コーヒー
11：20	思い共有： メンバー全員のプ ロジェクトにかけ る思いを共有する		

4）開催準備をする

　プログラムができたら、目的や目標をもう一度確認し、参加者に趣旨を伝えるための準備をします。告知の仕方によって参加者や心の持ち方が大きく変わってくるからです。あわせて、当日の参加ルールも考えておきましょう。

　さらに、必要な備品、資料、掲示物などをそろえ、会場の下見やリハーサルをして、場のムード、所要時間、流れなどを確認したりします。準備までがワークショップのデザインであることを忘れないようにしてください。

　　＜準備検討＞
　　○告知文：皆さんいよいよ新商品企画プロジェクトが始まります！
　　　　　　　プロジェクトをスタートするにあたり…
　　○ルール：カジュアルな服装、パソコン持込禁止、ニックネームで呼び合
　　　　　　　う
　　○準備物：ホワイトボード2台、模造紙20枚、付箋5パック、水性マーカー
　　　　　　　3セット、プログラムとルールを書いた掲示物、飴・チョコ
　　○留意点：部屋がやや狭いので、壁に模造紙を貼って楽しいムードを演出。
　　　　　　　最初のアイスブレイクがすべる可能性あり。そのときは…

　以上で、ワークショップをデザインする基本的な流れと作業の内容をつかんでいただけたでしょうか。もちろん、いつも整然とこの通りに進むわけではなく、試行錯誤の連続となるのが普通です。プログラムの詳細をつくっているうちに頭が混乱してきて、またコンセプトに戻るということなど日常茶飯事です。

　経験的に言って、「ここが決まらないと次へ進めない」と歩みを止めてしまうのはあまり得策ではありません。行き詰まったら、いったん仮置きして、決められるところから決めていきましょう。試作＆ブラッシュアップを楽しみながら、行ったり来たりする感じでデザインすれば、落ち着くところに落ち着いていきます。

誰がデザインすればよいのか

　読者の中には、「いったい誰がワークショップのデザインをすればよいのか？」と疑問に思う方がおられるかもしれません。

　普通に考えれば、ワークショップのファシリテーターです。自作自演するわけですから、ワークショップに対する当事者意識が高く、その演出も臨機応変の対応もしやすくなります。1人でデザインしきれない場合は、誰かに相談したり、複数人で考えるのもよいでしょう。

　あるいは、主催者（リーダーや事務局）が企画・設計をして（あるいは過去のデザインを再利用して）、ファシリテーターを第三者にお願いする場合もあります。ある程度こなれたプログラムならそれでもよいのですが、そうでない場合はできるだけデザインにファシリテーターを関与させたほうが、ワークショップはやりやすくなります。

　加えて、筆者がよくやる方法をお教えしましょう。まず数人でワークショップのデザインチームをつくり、みんなでプログラムを練り上げていきます。チームの中から当日のメイン・ファシリテーターを1人選び、残りのメンバーはアシスタント・ファシリテーターとしてプログラムの良し悪しを現場でチェックします。もし不具合が見つかれば、すぐにチームメンバーが集まって相談をして、適宜変更を加えていきます。ぜひ一度、試してみてください。

ワークショップは万能ではない

　この章の最後に、何でもワークショップにすればうまくいくわけではないことを、お断りしておきます。話し合いにはさまざまな目的とやり方があり、ワークショップがなじまない場合もあります。コンセプトを考える段階で、「私たちのやろうとしている内容にワークショップが適しているのか」を的確に判断しなければ、後の作業がすべてムダになってしまいます。

　おおよその目安として、次のような場合には、ワークショップは不適切であると考えたほうが無難です。

＜一方通行＞

・単なる連絡会議に過ぎない。結論や落とし所がほぼ決まっており、それを一方的に伝えたり、説得することに主眼がある

・落とし所が"裏"で決まっていて、「皆の意見を聴いた」というアリバイづくりやガス抜きのためだけに実施する（例：形式的な市民参加の場）

＜知識不足＞

・高度な専門知識やノウハウが必要とされ、しかもそれを一部の参加者しか持っていない（例：内部統制規則制定、賃金制度設計）

・参加者の知識や情報が不十分で、相当の知識を詰め込まないと、議論や研修にならない（例：新人へのインプット研修）

＜相互作用なし＞

・実務的な内容を丹念に詰めることが最重要であり、皆の自由な発想や合意形成の必要度が低い（例：詳細な実行プラン立案）

・扱う題材が、多様な人の知恵や思いを反映する余地に乏しい（例：まったくの個人的な課題）

・時間が取れない、集まれない、といった物理的制約がある
　ただし、この物理的制約は、ワークショップをオンラインで開催することによって、そこそこ乗り越えられるようになってきている

実践のヒント①

Q　上司の理解がなく、ワークショップをやらせてもらえません。どうしたらよいでしょうか？

A　ワークショップの良さを言葉で説得するのは難しく、体験してもらうのが一番の方法です。そのためにはあえてワークショップとは名乗らず、ワークショップ的なものを味わってもらうことです。たとえば、新しい経営手法を学ぶ研修を開催して、その中で自分の組織の課題をグループで話し合って発表し合います。あるいは、いつもの会議の冒頭で各自が軽く近況報告する。そうやって対話の場の良さを実感すれば自ずとハードルが下がるはずです。

第2章

基礎編 2

ワークショップをデザインしてみよう

ワークショップを企画する

コンセプトを定める

コンセプトはワークショップの土台

　この章からは、ワークショップをデザインする1つひとつのステップの詳細を見ていきましょう。最初にしなければならないのはワークショップの**コンセプト**を定めることです。一言で言えば、「誰を対象とした、何を目的・意図とするワークショップなのか」「何を成果として生み出したいワークショップなのか」を明確な言葉で表現したものです。

　なかには、初めにコンセプトを定めることを軽視する人もいます。「そんなものはお飾りに過ぎない」「そもそも論で立ち止まるより、まずは中身をつくってみるのが大事だ」というわけです。

　確かに、プログラムの細部の出来栄えがメンバーの参加の度合いや学習の深さに大きく影響します。いくら立派なコンセプトを定めても、ふさわしいアクティビティや環境を用意しなければ、ワークショップはうまくいきません。

　だからといって、明確にコンセプトを定めないままプログラムの細部をつくり込んでいくと、楽しそうなアクティビティがあれもこれも盛り込まれただけの、一貫性のないプログラムになってしまう恐れがあります。たかがコンセプト、されどコンセプト。まずは次の点を考えて土台をがっちりと固めましょう。

　・何のためにワークショップをするのか？
　・何を実現したいのか、何を生み出したいのか？

・どんなことが起こってほしいのか？

・何をみんなに伝えたいのか？／腹落ちしてもらいたいのか？

・参加者に何を持ち帰ってもらいたいのか？

「誰に」と「何のために」がコンセプトの骨

　ここで大切なのは、コンセプトを表現する文が多少長くなってもかまわないので、「誰に」と「何のために」を、ちゃんとした言葉に磨き上げることです。

　たとえば、コンセプトを「入社5年目の社員に刺激を与える」と表現したのでは、少々言葉足らずです。ここで想定している「入社5年目の社員」とはどういう人たちなのだろうか、自問してください。参加者を表現するときは、漠然と属性のみを記述して終わりにするのではなく、「どんな人に？」「何を求めている人に？」までイメージできるように記述するのです。

　その上で、ワークショップを通してどのような価値を参加者に持ち帰ってもらいたいのかを考えます。「刺激」といった曖昧な言葉に頼らず、「入社以来携わってきた仕事の範囲でしか考えられなくなっている5年目社員が、同期および先輩との交流を通じて、他の人の仕事にも関心を持つようになり、他部門と協力して日々の仕事をする可能性に気づく」といった具合に表現します。

図2-1 ｜コンセプトの記述例

× 社内でファシリテーションを普及させる

○ 「ファシリテーションってよく耳にするけれど、何だろう？」と思っているミドルマネジャー階層の人に、基本的な考え方と、すぐに使えるスキルを3つほど持ち帰ってもらいたい

× ワーキングマザーの集う場をつくる

○ 働いているお母さんたちに、自分の果たす役割は、他人から一方的に決められるものではなく、自分で選択できるものだと気づいてほしい。そして、ときには「No.」を言えるようになってほしい

参加者の現状をよく把握しておこう

　コンセプトをしっかり練るには、参加する人たちの現状をある程度把握しておくことが大切です。なじみの人同士でのワークショップならまだしも、そうでない場合はプログラムの詳細に影響する大事な前提情報となります。特に、外部の立場でワークショップをデザインする場合には、複数の関係者に事前インタビューすることを強くお勧めします。

1）人：どんな人たちがワークショップに参加するのか

- ・参加人数：大人数、少人数　など
- ・属性：職業・役職、居住地、女性／男性比率、年齢分布、素人／専門家、出身地／国籍、身体的障害　など
- ・意識：何に悩んでいるか、どんな問題認識や目的を持っているか、現状を楽観的に捉えている／悲観的に捉えている　など
- ・資源：持っている知識、身につけている能力、興味の対象　など
- ・参加者の関係性：初対面、なごやか、無関心、険悪、お互いの力関係、キーパーソン　など
- ・思考行動パターン：同質／多様、他人に責任を転嫁しがち、とてもおとなしい／しゃべりたがり、文句を言う人が多い、詰めが甘い　など
- ・参加意識：自分から参加／強制されて参加、ワークショップの目的を知っている／知らない、開催に納得している／していない　など
- ・参加可能形態：対面、オンライン

2）状況：今までどんな経緯があり、現在どんな状態なのか

- ・背景：企画側／参加側の意図、その意図に至った理由
- ・進捗状況：白紙／構想段階／計画段階／実行段階／検証段階、これまでに取り組んだこと、うまくいったこと／いかなかったこと　など
- ・経緯：これまでに参加者同士で話せていること／いないこと、合意できていること／いないこと、共有できていること／いないこと　など
- ・テーマを取り巻く環境：追い風、向かい風、好意的、敵対的　など
- ・制約条件：予算、期限、場所、情報　など

　すべては無理としても、なるべく多くの情報を集め、「ワークショップが必要とされている背景」の理解を固めます。オープン参加のワークショップのよう

な、どんな人が集まるか分からない場合でも、おおよその予想をしておくことは欠かせません。また、これらの情報を考慮し、現状に対してワークショップという手段が不適切でないかを確認しておきます。

ワークショップの基本要件を定める

いつワークショップをやるか

コンセプトづくりと並行して、ワークショップを開催するための3つの基本要件を決めていきます。いつ(When)、誰が(Who)、どこで(Where)です。

1つ目の「いつ」とは、開催日と時間を意味します。できるだけ対象者が集まりやすい時期を選び、会場や準備の都合とあわせて、開催日を決めます。さらに、コンセプトを実現するのに要する時間と、拘束時間や予算などの制約条件を照らし合わせ、ワークショップにかける時間を決めなければなりません。

1回のワークショップでコンセプトを実現できない場合は、どれくらいの期間でやりきるのかを決めてから、大まかにいつ何をするかを決めます(例：3月10日ワークショップ①、17日ワークショップ②、24日AM報告会)。

誰がワークショップに関わるのか

2つ目は「誰が」です。コンセプトを考えた時点で、対象者がほぼイメージできているので、ここでは具体的な参加者を決めます。「入社5年目の社員」といっても、実際に各部門から誰が来るのか、全員で何名になるのか、といった具合です。「全部で40名になるので20名ずつ2回に分けてしよう」「そのときのメンバーの取り合わせは相性を考えて…」といった検討もこの段階でしておきます。会場を決めたあとで、会場の制約から人数の上限が決まってきて、再調整をかけることもあります。

このときに、重要な利害関係者や意思決定に影響のあるキーパーソンが抜けていないか確認しておきましょう。肝心のあの人が関与していない、あの人がいなければ最終的に決められない、という見落としをチェックするのです。

加えて、ワークショップによっては、「異分子」を混ぜて、メンバーの多様性

を豊かにしたほうがよい場合もあります。違う部門の人、社外の人、その道の専門家、反対派、デザイナー、アーティストなどの参加を検討します。

さらに対象者以外の参加者、すなわち主催者、ファシリテーター（必要ならば複数人）、講演者、講師、オブザーバーなどを決めます。人によっては、早い段階から声をかけて、日程を確保しておいてもらわなければなりません。また、障害のある方や言語の違う方々が集まる場合には、支援者や通訳の人にも参加してもらうことを考慮する必要がでてきます。

どこでワークショップをやるか

３つ目が「どこで」です。同じメンバーが集まっても、会社の会議室、カフェの一角、公園の青空の下…、場所によって対話の進み方が大きく変わってきます。いつもと違う会場を選べば、「あれ？　今日は普段とは違うぞ」と感じてもらえ、ワークショップとは何かを説明しなくても分かってもらえます。

普通は「会社の会議室」となるのでしょうが、もっと適切な場所があるかもしれず、面倒がらずに探してみてください。日常の場所から切り離せば、雰囲気が変わるのはもちろん、途中で職場に呼び戻される心配もなく、ワークショップに集中できます。会場選びは入念にやって損はありません。

具体的には、貸し会議室、研修センター、ホテルの会議室、保養所などがあります。ホールの一角、体育館、舞台、カフェ、カラオケボックス、畳部屋、茶室なども、ワークショップによっては効果的です。

いっそのこと屋外という手もあります。開放的になって、心も発想も広がりやすくなります。特に体験学習を盛り込んだプログラムでは有効です。

部屋を使う場合には、以下の点を主にチェックしておきます。事前にできる限り現地に行って、自分の目と肌で確認しましょう。使いやすい会場は普段からリストにして持っておくと便利です。

１）部屋の広さ

人数に応じた適度な広さ（と天井の高さ）の部屋を選びます。広すぎるとせっかくのエネルギーが空中に散ってしまい、集中力や一体感が生まれてきません。逆に狭すぎると圧迫感があり、活動が活性化しにくくなります。たとえば、20人を5人×4グループに分け、島型に机を配置してグループワークをするなら、100㎡程度が広さの目安になります。

2）部屋の雰囲気

　明るさと窓の有無を確認します。窓は開放的な雰囲気を生み出しますが、窓だらけでも集中力が高まらない恐れがあります。かといって、地階の部屋は息苦しくなりがちで、あまりお薦めできません。加えて筆者は床材も気にします。ふかふかの絨毯や冷たく響くピータイルはなるべく避けるようにしています。

3）壁面

　掲示物などを貼り出すために使える壁面がどれくらいあるかを確認します。もし十分な壁面が無ければ、ホワイトボードを用意する必要があります。

4）レイアウトのしやすさ

　机やイスを柔軟に配置変更できるかを調べます。机が固定されている部屋、重役イスのようなかさばるイスしかない部屋は避けます。実際のレイアウトの仕方については、本章の場のデザインのところで述べたいと思います。

5）利便性

　以下に挙げる項目をチェックして、利便性を高めるようにします。

- ・利用可能な時間帯（活動時間以外に、準備と後片付けの時間を見込んでおかないと当日泣かされます）
- ・利用料および支払方法
- ・交通アクセス、宿泊手段、食事、トイレ
- ・併設部屋（メンバーを途中で別々の部屋に分けたいとき）、控室
- ・付属機能：託児所、障害者補助、通訳ブースなど

図 2-2 ｜ 使いやすそうな会場（左）と避けたほうがよい会場の例

オンラインでワークショップを

オンラインも「どこで」のひとつの選択肢

　ワークショップを開催する場所として、**オンライン**も有力な選択肢のひとつとなっています。オンラインでワークショップを開催すれば、距離や時間の制約で一堂に会することができなかったチームも話し合えるようになります。日本全国の拠点に散らばっている人同士だったり、日本本社と海外現地法人の人同士だったり。また、子育てで忙しい人が15-17時の時間帯に在宅でピンポイントで参加する、といったことも可能になります。従来ではとてもできなかったワークショップができるようになったと言えるでしょう。

　その際には、運営側が使いやすく、かつ、参加者も参加しやすい会議システム（Zoom、Teamsなど）を選ばなければなりません。特殊な効果を狙いたいときには、必要機材を準備しつつ、メタバースを利用するのも一法です。

　ただし、参加者が必ずしもパソコンから参加してくれるとは限りません。全員と顔を合わせ、画面に資料や制作物を投影しながら話し合おうとしているのに、参加者が画面の小さいスマホから入ってきたら、せっかくの場づくりの努力が水の泡です。参加者がパソコンを使える人たちなのか、事前に把握しておきましょう。

安易にオンラインに走るのはやめよう

　一方で、オンラインのワークショップは、間違いなくリアル対面よりハードルや制約が多くなります。同じ成果を獲得しようと思うと、より多くの資源——時間、人員、機材セッティングなど——を投入する必要が出てきます。

　それゆえ、対面3時間で実施するプログラムを、オンラインでも3時間ですまそうとするのは虫が良すぎます。対面ならファシリテーター1人で取りまわせるワークショップでも、オンラインではグループ組替えや接続トラブル対応をしてくれるテクニカル担当がいないと円滑な進行は望めません。同様に、グループ討議の際、対面ならうまく進んでいないグループにすぐ救援に駆けつけられますが、オンラインでは難しくなります。各グループにグループ・ファシ

リテーターを配置せねばならないケースもでてきます。

　また、オンラインは、視覚・聴覚・身体感覚（VAK）の３つのうち、聴覚が圧倒的に支配的になる環境です。話し合いの全体像をグリップしながら進めようとすると、視覚を補強するためのファシリテーション・グラフィックが必須です。これをオンラインでやれる優秀なグラフィッカーも必要になってきます。いずれにせよ、必要な資源は多くなると覚悟しておくべきです。

　さらに、求める成果、やりたい内容の種類によっては、オンラインでは極めて達成しにくいものがあります。

　　・皆で手を動かして何かを創作／制作する
　　・一覧表のような大量の情報をもとに考察する
　　・共感や気づきを得る上で、身体性が核心となる（一緒に何かに取り組むことで生まれるチームの一体感や、感情を表出させる演劇など）
　　・偶然の出会いが重要な意味を持つ

　こういった特徴をよく踏まえた上で、オンラインという場所が望ましいのかどうか判断してください。日本と海外というように、対面が不可能なときはやむをえませんが、それ以外では、集まるのが面倒だからという理由だけで、「オンラインでやればよい」と即断するのは適切ではありません。下手をすると、形だけワークショップっぽいものをやっていることになりかねません。

リアルとオンラインを組み合わせる

　逆に、何かに関する理解を深めるのが主目的で、インプットのためのレクチャーと質疑応答や意見交換をするぐらいなら、そのセッションは切り出してオンラインで実施すればよいでしょう。実際に、インプットのセッションをオンラインで１〜２時間で実施し、別の日に皆でアイデア出しや成果創出に挑む対面ワークショップを開催する、というのはよく用いる方法です。

　これとは別に、長めの期間にわたるプロジェクトで、複数回ワークショップを開催する場合には、なるべく早い段階で対面で会い、対話をしておくのが有効です。対面ならば「この人は無表情だけれど、けっこう気配りはしてくれる」といったような、人となりが分かります。一度そこを押さえておけば、オンラインでの話し合いがグッとやりやすくなるでしょう。

ワークショップにタイトルをつけよう！

　ここまで来たら、そろそろワークショップにタイトルをつけてみましょう。

　タイトルづけ（ネーミング）には思い切りこだわってください。理由は、ワークショップという概念はそれほど広く認知されておらず、ともすると研修の一種、あるいは普段の会議の延長と思って参加する人が少なくないからです。タイトルを変えれば、集まる人の顔ぶれや参加の姿勢も変わってきます。

　たとえば、「○○問題検討会」といった堅苦しいタイトルだと、「何かよく分からんが、出ろと言われたので来てやったぞ」という意識で集まってくる傾向があります。それを「○○を考えるワークショップ」とするだけで、「よし私も意見を言ってやろうか」と思うようになります。タイトルをよく練れば、それだけで参加者に内容のイメージを伝えられるという効果もあります。

　ネーミングのポイントは「意外性」（え！）と「納得性」（なるほど！）です。参加者の興味をかきたてつつ、何をするのかが「控えめ」に参加者に伝わるようなものにします。少しだけ謎めいているとさらによしです。

　　・キーワード型：ちょっと気を引く言葉を織り込む

　　　　「○○○ワークショップ」「○○○カフェ」「○○○道場」

　　・説明型：ワークショップの活動内容をアピールする

　　　　「みんなで考える○○○」「体感する○○○」

　　・問いかけ型：参加者の心の中に共感を呼び起こす

　　　　「これでよいのか、法人営業部！?」

　　・ショッキング型：常識の逆を述べて興味を引く

　　　　「ファシリテーションなんていらない？」

　実際には、タイトルとコンセプトは行ったり来たりしながら決まることが少なくありません。また、プログラムの詳細をデザインした後で、タイトルを修正したくなることもよくあります。

　ワークショップをデザインする側があやふやなコンセプトしか持っていないと、なかなかピッタリしたタイトルがつけられません。タイトルを練る作業が、

自分たちのコンセプトのチェックにもなります。よい言葉が思いつかないときは、一度コンセプトに立ち返ってみてください。

ワークショップのカレンダーをつくる

　ワークショップのプログラムをデザインするには、ある程度の期間がかかります。それと並行して、会場の予約や参加者への告知など、さまざまな準備をしなければなりません。少し油断していると、「あ、〇〇を忘れていた！」「今からでは間に合わない！」と大騒ぎをするハメになります。特に、複数人でワークショップを企画していると、互いの意見をまとめるのに時間がかかり、あっという間に開催当日が迫ってきてしまいます。

　そうならないよう、ワークショップをデザインするプロセスを検討しておくことが大切です。具体的には当日までのカレンダーづくりです。

　デザインの完成度合い、準備の進捗、各種イベントなどを時間軸に沿って整理します。これらはあくまでもプロセスを把握するためのものであり、厳格に工程管理をしようというのとはわけが違います。そんなに詳細なスケジュール表にしなくてもよく、大づかみで十分です。

図 2-3 ｜ ワークショップのカレンダー

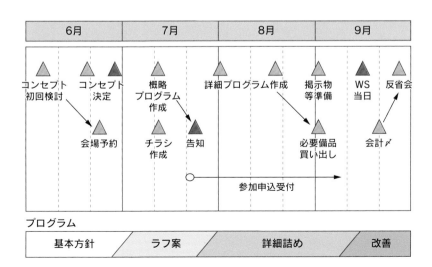

プログラムの
基本方針を決める

プログラムの構成

　コンセプトができたら、次はプログラムづくりです。それは、基本的な方針と構成を考えるところから始まります。

大きく3つの部分で考えよう

　ワークショップのプログラムは、**オープニング、本体、クロージング**の大きく3つの部分で構成されます。

　オープニング（導入）は、音楽で言えばイントロ（前奏）にあたります。ワークショップの狙い・ゴール・進め方・ルールなどを共有し、今後の活動に備えてウォーミングアップするのがオープニングの目的です。ここの良し悪しで、参加者がうまくワークショップに乗れるかどうかが決まってきますので、おろそかにできません。

　本体は、文字通りワークショップの中心をなす要の部分です。これについては、後で詳しく述べましょう。

　クロージング（まとめ）は、やはり音楽で言えばエンディング（後奏）にあたります。成果や行動計画を確認したり、活動を振り返ったりする締めの部分です。「終わりよければすべてよし」という言葉があるように、ワークショップがスッキリと終わるのかモヤモヤで終わるのかは、ここの部分にかかってきます。

どれくらいプログラムをつくり込むのか

　プログラムづくりの中心をなすのは2番目の本体の部分です。プログラムづくりに入る前に、まずはこの部分の基本的な方針を決めておきましょう。一言で言えば「どれだけプログラムをつくり込むか」です。

　ワークショップには、本体部分のプログラムをあえてつくらずに、その場の流れに委ねるやり方があります。特にテーマもやり方も決めず、その時その場で起こったことを題材にして進めていくもので、**非構成的ワークショップ**と呼びます。

　余計な作為がないため、参加者本来の持ち味が引き出せ、うまくいけば大きな相互作用をつくることができます。その反面、参加者によって触れ幅が大きく変わり、相互作用を生み出すのに時間がかかります。最低でも2〜3日、長ければ1週間以上必要となります。

　それに対して、あらかじめプログラムやテーマを用意しておき、それに沿って進めていくやり方を**構成的ワークショップ**と呼びます。先ほどとは逆に、どんな人が集まっても一定時間の中でそれなりの成果をつくり出すことができます。その反面、あまりつくり込みすぎると作為的になってしまう恐れがあります。

　もちろん、ワークショップの中で構成的な部分と非構成的な部分を組み合わせることもでき、必ずどちらかを選ばないといけないという話ではありません（第6章参照）。とはいえ、大まかにどちらの方式を採るかを決めておかないと、作業が前に進みません。本書では、一般的という意味で、構成的なワークショップのプログラムについて解説していきます。

図 2-4 ｜ プログラムの構成

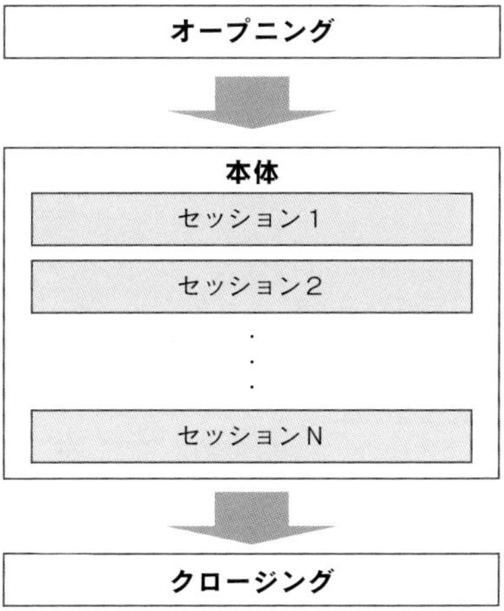

```
    オープニング
       ↓
      本体
   セッション1
   セッション2
      ・
      ・
   セッションN
       ↓
    クロージング
```

　構成的なワークショップには、プログラムづくりの基本となる**パターン**(サイクル)がいくつかあります。大まかにどの**型**を使うのかを決めるところから、プログラムづくりは始まります。いくつか代表的な型を、相互に比較しやすいよう、すべて４つのステップにそろえて紹介していきましょう。

起承転結型のプログラム

　どのタイプのワークショップでも使え、応用範囲が最も広いのが起承転結型のプログラムです。短ければ２〜３時間、長ければ数日かけた連続ワークショップでこのサイクルを回していきます。ワークショップの基本型として、まずはこのパターンを使いこなすところから始めてみてください。

　最初の「起」とは、参加者同士の関係性を高めるステップです。参加者同士で打ち解けて話し合うムードにならないと、ワークショップが温まってきません。いわゆるチーム・ビルディングのステップです。

　続く「承」で、参加者の資源を引き出し合います。第１章で述べたように、ワークショップの一番の素材は参加者が持つ知識や経験であり、それを余すことなく引き出していきます。互いにどれだけ自己開示できるかが、このステップでのポイントとなります。素材が足りない場合は、共通の経験をする時間や、講義などを通じて知識を足しておきます。

　それを「転」で、討議や協働体験を通じて、激しくぶつけあって相互作用を起こ

図 2-5 ｜ 起承転結型のプログラム

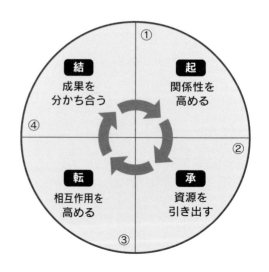

します。対立や葛藤が起こる場合も多く、それを恐れてはいけません。ここが
ワークショップのハイライトで、設計も舵取りも一番難しいところです。

　そして最後の「結」で、生み出した成果を互いに分かち合います。あわせて、
ワークショップで得た気づきを振り返り、今後に向けて学びを高めていきます。

体験学習型のプログラム

　同じくワークショップの基本サイクルであり、誰もが習得すべき型のひとつ
です。ワークショップの個々のステップの中でこのサイクルを回す場合もあれ
ば、ワークショップ全体で回す場合もあります。組織系・社会系のワークショ
ップでは前者が、人間系・複合系のワークショップでは両方を組み合わせた2
重ループで使われることが多くなります。

　まずは「体験」から始まります。参加者全員に何らかの体験をしてもらい、そ
の中で自分の過去の体験も呼び覚ましていきます。ここでの体験の質とインパ
クトが後のステップに大さく響さます。

　体験が終わったら、自分や周囲で起こったことを「指摘」し合うステップにな
ります。体験の過程で起こった関係性や心理的なプロセスの変化を、対話を通
じて見つけ出して、学習の素材としていきます。

　そうやって共有できる素
材が集まったら、「なぜ、そ
うなった（感じた）のか」「そ
れはどこから来たのか」を、
みんなで「分析」します。

　そして、「こういう理屈で
はないか」という仮説が見
つかったら、実践で使える
教訓や法則として「概念化」
（一般化）していきます。こ
れこそが、体験の中から得
られた、腹に落ちる本当の
学びに他なりません。

図 2-6 ｜ 体験学習型のプログラム

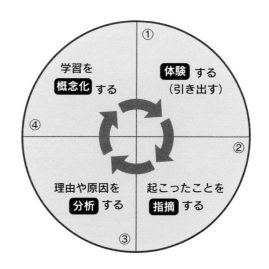

049

知識体得型のプログラム

　体験学習型と少し異なり、インプットの比重が大きい定番の型です。ただ、単に講義や説明をして終わりではなく、受講者・聴衆の参加度合いを高め、自分たちでやってみたり考えてみたりするセッションを織り込みます。

　アウトプットすることで、しっかり身につけ、知識として定着してもらうことを意図しています。一方向的な研修や説明会を、より面白く、参加してよかったと思ってもらえる場にするのが狙いです。

　まずは「事前考察」から入ります。いきなりインプットするのではなく、自力で学習できるものは学習してもらうとともに、現時点では自分はどのように考えるのかを言葉にしておきます。学習前の自分の立ち位置やレベルを確認しておくわけです。このステップを省いて、インプットから始めることもあります。

　その上で「インプット」します。今回習得してもらいたい知識や考え方を解説する部分です。レクチャーするのは講師に限らず、営業部長が営業本部の来年度方針をプレゼンするといったものでもOKです。

　インプットがすんだら今度はアウトプットです。その内容に基づいて考察をしたり、意見交換をしたり、インプットを身につけるための演習をしたりします。「再考察・演習」のステップです。

　最後に体験学習型と同じく、何を自分は習い、それをどう実践で使っていくのか、学びを「概念化」し、参加者間で共有します。

図 2-7 ｜ 知識体得型のプログラム

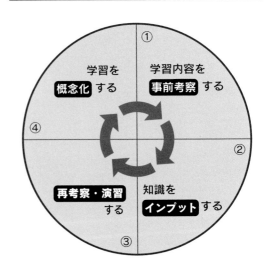

発散収束型のプログラム

もうひとつ、どのタイプでも使える万能選手が発散収束型です。これもワークショップ全体で使う場合もあれば、他の型のひとつのステップの中で回す場合もあります。短ければ30分程度でできる、比較的使いやすいパターンです。

最初のステップは、活動の枠組みや必要な情報を分かち合う「共有」です。ここで共有が不足していると、活動がチグハグになりうまくいきません。

次に、それをもとに自由に意見を出し合う「発散」のステップです。思いきり話や発想を広げていきます。ここでとことん意見を出せるかがワークショップの決め手となります。あまりにもさまざまな意見が出てきて混沌（カオス）状態となり、メンバーもファシリテーターも不安になるかもしれません。混沌こそ創造を生む源泉であり、混沌を恐れずにやってみましょう。

そして、3番目に「収束」のステップに入ります。発散の中で見つけた共有できる切り口をもとに、意見やアイデアを絞り込んでいきます。それを最後の「共有」のステップで、みんなの成果として全員で分かち合います。

うまく進める秘訣は、発散と収束のメリハリをきっちりつけることです。発散のステップなのに批評し合ったり、収束のステップなのに新たなアイデアを考えたりすると、どちらも中途半端になります。多くの場合、収束を焦るあまり発散が不足気味となります。「発散し切れば必ず収束力が生まれてくる」と信じ、発散を嫌がらないようにしてください。

加えて、発散と収束の切り替えのタイミングの見極めが難しく、実際にはファシリテーターが場の状況を的確に読んで判断します。

図 2-8 ｜ 発散収束型のプログラム

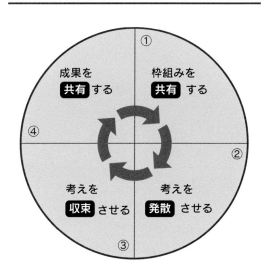

問題解決型のプログラム

　主に、組織系や社会系のワークショップで使われることが多いパターンです。困りごとを解決したいとき、合理的な成果を求めるときに効果があります。小さな問題なら1日程度、組織全体や地域社会が抱える大きなテーマなら数日かけてやります。現状→理想→解決策→実行計画と回す方法もあります。

　「問題共有」からワークショップは始まります。問題意識は人によって違うので、現状とあるべき姿のギャップを明らかにして、何が解決すべき重大な問題なのかをしっかりと共有するようにします。

　それができたら、いきなり解決策を考えるのではなく、「原因探求」をします。そうしないと行き当たりばったりの対症療法になってしまい、本質的な問題解決ができないからです。どれだけ粘り強く分析ができるかが勝負どころであり、「なぜ？」を繰り返しながら問題をとことん深掘りしていきましょう。

　そして本質的な原因が見つかったら、「解決策の立案」に入ります。といっても、良さそうなアイデアが見つかったからといって、すぐに飛びついてはいけません。アイデアの幅が結論の質を大きく左右するので、幅広く複数の打ち手の可能性を考えることが大切です。固定概念を打ち破り、どれだけ柔軟な思考ができるかが、成果の質を決めます。

　そして、最後の「意思決定」で、みんなが合意できる判断基準を定め、最良の案を選び取ります。この基準の納得感が、結論に対する受容性を決めます。妥当な基準が見つかるまで、根気よく議論を重ねましょう。

図 2-9 ｜ 問題解決型のプログラム

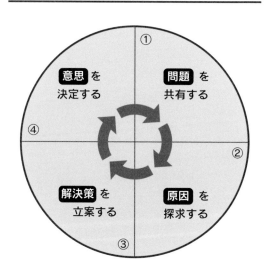

目標探索型のプログラム

　これも、組織系や社会系のワークショップで使うことが多い基本型です。1つ前に紹介した、問題の原因を探っていく**ギャップアプローチ**ではなく、理想に向けて自分たちに何ができるかを考える**ポジティブアプローチ**です。たとえば、ＡＩ（アプリシエイティブ・インクワイアリー）と呼ばれる組織開発の手法はこのアプローチをとるものです。どれくらい時間がかかるかは、メンバー同士の関係性で決まり、場合によっては数週間にわたる活動になるときもあります。

　ワークショップは、今の自分や自組織を見つめ直す「資源」のステップから始まります。ただし、ここで議論するのは本来持っている強み、長所、真価、潜在力、活力源、これまでの成功体験などのポジティブな内容だけです。弱みや問題点などネガティブな内容は扱いません。

　それをもとに「理想」のステップで、これらの資源をもとにしてどういう理想像を描くかを考えます。夢や情熱を共有しながら「こんなことを目指したい」「こうありたい」という自分たちの使命や究極の姿を見出していきます。

　ある程度、その認識が一致したら、「目標」のステップになります。理想の状態を具体的なイメージや目標に落とし込んでいきます。ここでも、実現性や現実とのギャップを考えず、目指すべき姿を具体的にデザインしていきます。

　それができたら、どんな方法で目標を達成していくのか、最後の「方策立案」のステップに入ります。過去の失敗や現実の姿にとらわれずに大胆なアイデアを考えていきます。できれば、それを実行計画に落とし込み、ワークショップの成果として共有します。

図 2-10 ｜ 目標探索型のプログラム

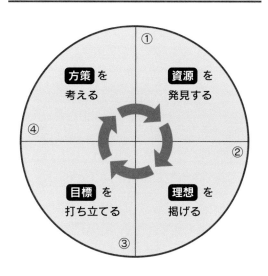

過去未来型のプログラム

　いきなり夢だの理想だのと言われてもピンとこないことがあります。そういうときは、時間軸に沿って順番に考えを深めていくのが、やりやすい方法です。それがこの過去未来型（時系列型）です。「我々はどこから来たのか？」「我々は何者なのか？」「我々はどこに行くのか？」というゴーギャンの３つの問いが、まさにこれにあたります。ビジネスから個人の問題まで、あらゆるタイプのワークショップに使える万能タイプです。

　まず、「過去」のステップで、かつての経験や自分や自組織がやってきたことを振り返ります。できるだけたくさんの記憶を引き出して、これまでの歩みを棚卸ししたり、今自分がここにいる原点を見つめたりします。

　次に、それらをもとに、自分の現状を捉え直す「現在」のステップです。今の自分はどういう状態にあるのか、過去と比べてどう変化したか、それが望ましいものなのかなどを考えていきます。

　そしていよいよ「未来」、すなわちこれからの自分を考えます。こうありたいという目標であったり、現状の改善点であったり、目指すべき姿を明らかにしていきます。ここがワークショップのハイライトであり、そのために過去→現在→未来と順番に考えてきたわけです。たっぷりと時間をかけてしっかり議論をしていきましょう。

　それを最後の「決意」のステップで、これからやろうとすることや、心の持ち方に結実させていきます。過去から順番に考えを深めていったため、何事に対しても腹をくくる覚悟の持てる決意が生まれてくるはずです。

図2-11 ｜ 過去未来型のプログラム

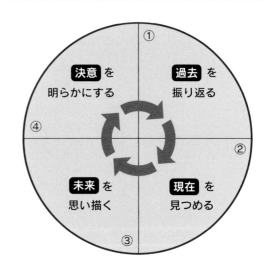

発想企画型のプログラム

　さほど問題意識もアイデアもない人が集まってワークショップをする場合もあります。そういうときに役に立つのが発想企画型のプログラムです。「何かやりたい（やらなくてはいけない）のだけれども、何から始めてよいかよく分からない」というときや、一から新しいアイデアを考えるときに重宝します。

　ここでは、発想の手がかりとなる情報や事例を集める「情報収集」から始めます。たとえば、新しいサービスを開発するのであれば、まずは今世の中にどういうサービスがあるのかを徹底的に調べます。あるいは、テーマに関して自分たちの知っていることを、洗いざらい吐き出します。ここで、どれだけ事実や情報を集めるかが、後の発想のステップで効いてきます。

　そうやって手がかり集めが一段落したら、次の「発想」に入ります。集めた情報を眺めながら、ひらめきや思いつきをどんどん出していきます。実現性や有効性は一切考える必要はありません。出てきたひらめき同士をくっつけたり、少しいじったりして、ひらめきの量を増やしていきます。量が勝負です。

　それができたら、いよいよそれらを「企画化」していきます。ひらめきを取捨選択したり統合したりして、いくつかの具体的なアイデアへと落とし込んでいきます。先の例で言えば、誰にどういう価値を提供するのか、いわゆるコンセプトづくりになります。できれば複数の案を用意して、ベストなものを選ぶようにしましょう。

　最後はそれを「具体化」するステップです。企画をさらに具体的なイメージへと肉付けするとともに、実現するための方策や実行計画へと展開していきます。

図 2-12 ｜ 発想企画型のプログラム

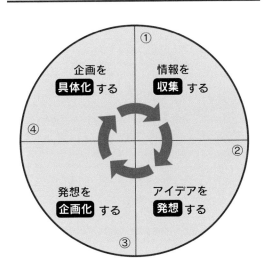

創造思考型のプログラム

「モノからコトへ」と言われるように、製品やサービスの機能や性能や価格ではなく、それを利用する人の経験・体験が重要な時代になってきています。すると、自分たちの先入観の枠を超え、まだ誰も体験したことがないようなものを生み出す場が必要になってきます。単純な企画発想型ではなく**デザイン思考**をもとにした創造思考型のプログラムが、こういうケースで役立ちます。

まずは「観察・共感」のステップです。発想のもとになる情報や事例の収集だけではなく、顧客がどのような行動をし、感情を抱いているかを、観察し、深く理解することに力を注ぎます。

次にその理解をもとにして、何を解決したいのか、何が顧客にとって価値のある体験になるのかを考察します。これが「課題設定」のステップです。ここでは、自分たちが暗黙のうちに持っている前提が壊せるのではないか、と考えることも重要になってきます（義務教育の例ならば、「実はオンラインのほうが教育効果は高まるのではないか」といった具合に）。

課題を設定したら、その解決のためのアイデアを「発想」します。このステップは発想企画型と同じで、アイデアの量がものを言います。

このアイデアを使って、コンセプトや具体的な製品・サービスを「試作」（プロトタイピング）します。空想で話し合うよりも、とりあえず試作して、実際に見て・使って、考え直そう、というのがデザイン思考の神髄です。猛スピードで試作し、それをレビューするのがこのステップです。そして、レビューを踏まえ、観察・共感や課題設定や発想のステップに戻っていきます。

図 2-13 ｜ 創造思考型のプログラム

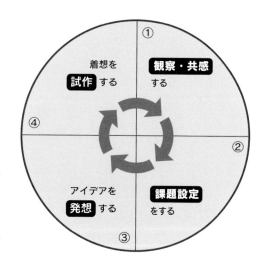

環境適合型のプログラム

自分自身（内部環境）と自分を取り巻く外部環境をつきあわせて考えていく、個人でもチームでも組織全体でも使えるタイプです。代表例をひとつ紹介しますが、各ステップの順番は、テーマやチームの状況によって、議論しやすいよう入れ替えてもかまいません。例を挙げれば、

・内部環境（強み・弱み）→外部環境（機会・脅威）→目標→行動
・Having（資源）→Being（理想像）→Doing（行動）
・将来社会像→実現したい社会像→我々の資源→我々のビジョン→行動
といったパターンがあります。

まずは、「Will」のステップで、自分たちは何がしたいか、どうありたいか、理想や目標の姿（ゴール、ビジョン）を議論します。ここでは、実現性はあまり考えず、自分たちの思いや意志に焦点を当てて考えていきます。

次に、自分自身を見つめ、いったい何ができるのか、どういう資源や潜在力を持っているのか、「Can」を考えます。このとき、ポジティブな側面にだけ着目する場合と、ポジティブとネガティブの両方を使う場合の2通りがあります。

続く3番目の「Must」では外に目を向けます。自分たちがどういう期待をされているか、何を求められて、何をしなくてはいけないかを考えます。自分たちに対する外部からのニーズを洗い出すのです。

そして最後の「Do」で、ここまでのステップで出た素材をもとに、自分たちが何をするのか、どうやったら達成できるのか、明日からの行動（アクション）や目標達成の方策を議論していきます。

図 2-14 ｜ 環境適合型のプログラム

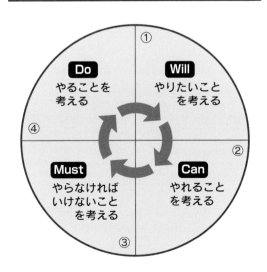

組織変革型のプログラム

　数カ月程度かかる連続ワークショップで使う基本パターンをひとつ紹介しておきましょう。組織や社会が抱える大きな問題を話し合い、解決策を導くときに使うパターンです。大がかりなワークショップになるため、個々のステップの中で、他の基本パターンを組み合わせて使う場合が多くなります。

　最初は、危機感を共有し、ともに改革に立ち向かう機運を高める「チームづくり」のステップです。変革活動は、猛烈な逆風の中で進めなければならず、「このメンバーなら一緒に頑張れる」というチームの信頼関係が大切です。そのためには危機感や課題をしっかりと分かち合うことが必須です。

　それができたら、どこに向けて改革をしていくのか、「ビジョンづくり」のステップに入っていきます。ここで、皆が共有できるビジョンが掲げられるかどうかが、ワークショップのカギを握っています。このステップでは、目標探索型や過去未来型、環境適合型を併用するとよいでしょう。

　ビジョンができたら、その実現に向け自分たちのどこを変革しないといけないかを考え、新しい活動のやり方を見出す「プロセスづくり」のステップに入ります。大きな変革を進めるには、従来の考え方にとらわれず、大胆な策を生み出すことが肝要です。今度は問題解決型を組み合わせて使うケースが多くなります。

　そして最後は、これまでの成果を分かち合うとともに、改革を進めるにあたってのアクションプランをつくりあげる「計画づくり」のステップです。つくりあげたものが絵に描いた餅にならないよう、具体的なプランに仕上げていきます。

図 2-15 ｜ 組織変革型のプログラム

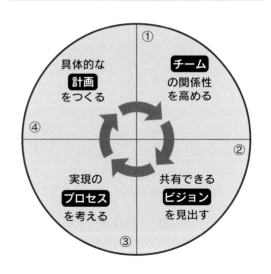

守・破・離

　これらの基本パターンは、ワークショップをデザインする人が最低限覚えるべき定石のようなものです。たくさん知っておけばおくほど、プログラムづくりの幅が広がっていきます。

　まずこの中で自分の得意な型をひとつつくってみてください。自分に合った型を見定め、徹底的に使い込んで自分のものにするのです。これであれば絶対に失敗しないという、いわば十八番です。

　その際には、ワークショップの狙いや成果に合った適切な型を選ぶようにしましょう。目的に合わないパターンを選んでしまうと、期待する成果が得られないだけではなく、参加者の満足感・納得感も著しく下がってしまいます。大まかにどんなときに使うかを述べておきましたので、それを手がかりにして、自分のやりたいワークショップに合った型を選ぶようにしてください。

　得意な型がひとつできたら、今度は新しい型にチャレンジしてみましょう。そうやって、ひとつずつ確実にマスターするのが上達の近道です。

　次に、ある程度の型が使いこなせるようになったら、自分なりに型をアレンジしたり、複数を組み合わせて使ってみてください。

　やってみると分かるのですが、いつもひとつの型でうまくいくとは限らず、複数を組み合わせないと目的成果が得られないケースが少なくありません。また、扱うテーマによってはそれに適した検討手順があり、その手順が当然のことながらプログラムに反映されるべきです。定石はあくまでも定石。それをアレンジする経験を通じて、自分なりのノウハウを蓄積するしかないのです。

　そうやって自在に型を使いこなせるようになったら、最後は型から離れてみてください。実は、型なんて知らなくてもワークショップのデザインはできます。型の各ステップは後で述べる「問い」に他ならないからです。ワークショップで使う典型的な問いを、ステップを追うごとに成果と関係性が深まるように順番に並べてできたのが型なのです。

　ですので、主体性と相互作用を引き出す問い（第6章参照）が自由自在に生み出せるようになれば、型はもはや必要なくなります。ワークショップのコンセプトをもとに、あなたならではの型をつくり出していきましょう。

プログラムを
デザインする

プログラムはセッションからできている

　型が決まったところで、プログラム詳細のデザインに踏み込んでいきます。
　プログラムはいくつかの「まとまった塊(かたまり)」からできています。ここは話し合いをスタートする雰囲気をつくる塊、ここは皆で課題を探る塊、ここは解決策を考える塊、といった具合です。

　いきなり、「このアクティビティをやって、次に…」と細部に飛びつかず、まずは塊でプログラムを捉えるようにします。初めから細部に目を奪われると、全体の流れを押さえられなくなることが多いからです。

　このまとまった塊を**セッション**と呼びます。図2-16の事例では、プログラムが7つのセッションで構成されています。

　セッションは30〜120分ぐらい（あくまでも目安で、10分のことも半日のこともあります）の塊です。そして、セッションそれぞれに**狙い**があり、1つ以上の**アクティビティ**、**テーマ**、**場**で実現できるようになっています。

　プログラムをデザインするときには、どんなセッションをどんな順番で並べればよいかから考え始めます。セッションの狙いを考え、それらが一貫してつながるように並べるわけです。

　プログラムの基本型を使えば、セッションの流れがおおよそ決まってきます。たとえば、問題解決型では、問題共有→原因探求→解決策立案→意思決定とな

りします。これらに加えて、冒頭にオープニング、最後にクロージングのセッションを配置すれば、プログラムが大まかにできあがります。

図 2-16 | プログラムの構成要素

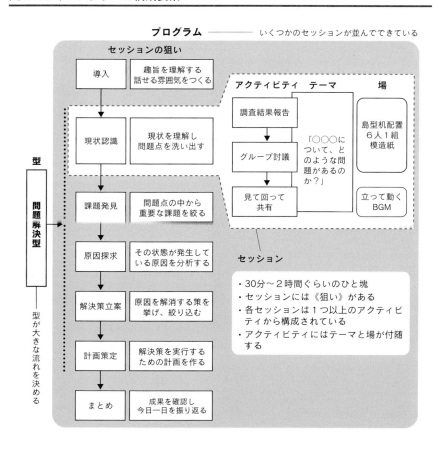

セッションの狙いを明確にする

　プログラムが一貫した流れになるかどうかは、セッションの狙いが順序立ててつながっているかどうかでほぼ決まります。逆に「いったい何をしたいのか分からない」と参加者を混乱させてしまうワークショップは、セッションの狙いそのものがあやふやだったり、狙いがうまくつながっていなかったりするケースがほとんどです。「そのセッションで何をしたいのか」をしっかり言葉にし

061

た上で、無理のない流れをつくらなければなりません。

　セッションの狙いは、「導入」「現状認識」「発散」など、短い言葉で表現すると、狙いが明確になると同時に、相互のつながりのチェックがしやすくなります。基本型の各ステップを、そのままセッションの狙いに使う方法です。

　それだけでは分かりにくい場合は、「何をしたいのか」という成果を表現する言葉を補って記述するとよいでしょう。解釈のズレを小さくするためにも、慣れてくるまでは、このやり方をお薦めします。

　うまくやるコツは「名詞＋動詞」の形にすることです。「アイデアを＋出す」「実行計画を＋つくる」「互いを＋知る」といった具合です。どちらか一方だけだと曖昧になってしまいます。

　さらに「どれくらいの程度まで」という達成（目標）レベルをそこに加えてみましょう。先ほどの例で言えば、「アイデアを＋出す＋100個まで」「実行計画を＋つくる＋明日から全員が動けるレベルの」「互いを＋知る＋1つのチームとして動けるように」となります。こうしておけば、各セッションでやろうとすることのイメージがより明確になってきます。

図 2-17 ｜ セッションの狙いの記述法

	簡略法	詳細法（①成果、②関係性）
1	導入	①今日何をするかを皆が理解する ②メンバーがお互いを知る
2	インプット	①問題を提起し、必要な背景情報を共有する ②活発に討議できるようにする
3	解決策発散	①考えられる解決策をなるべく多く出す
4	意思決定	①どれを実行するかを決める ②実行する際の役割分担を決める
5	振り返り	①今日話し合って決めた内容を確認する ②感想を通じて納得感、一体感を高める

セッションには2つの狙いがある

　狙いがうまく記述できない人は、大きく2つの側面で考えてみましょう。

　①成果　：このセッションで何をアウトプットとして出すのか？

　②関係性：このセッションで参加者の関係性をどのようにしたいのか？

　どのセッションにもどちらかの狙いがあるはずです。どちらもない場合は、そのセッションを入れる意味がありません。代表的な狙いを図2-18に挙げておきますので、狙いの流れを組み立てる際の参考にしてみてください。

　2つの側面で狙いを考えておけば、参加者同士の関係の温まり度合いを無視して、アウトプットに突っ走ってしまうといったことがなくなります。成果を生み出す前に、皆が活発に討議できるような雰囲気づくりをしておいたほうがよい、と考えられるわけです。そうやってセッションの狙いを言葉にしたら、つながりの悪さ、飛びやヌケ、無理がないかをチェックします。

図2-18 ｜ 成果と関係性の狙いの例

---

①成果の狙い

意識を合わせる、問題を提起する、情報を共有する、体験をする、考え方を知り合う、可能性を洗い出す、感じていることを表出する、重要なものに絞り込む、原因を追求する、アイデアを出す、役割分担を決める、成果を確認する…

②関係性の狙い

お互いを知る、考え方を理解する、一体感を高める、危機感を共有する、対立に向き合う、ホンネを出させる、関係性を高める、活動できるようにする、性格を把握する、議論できるようにする、相違点を発見する、気持ちを分かち合う…

時間感覚をつかむ

　セッションの狙いが無理なく並べられたら、全部でどのくらいの時間がかかるかを見積もります。もちろん、10～30分単位での精確な所要時間は、セッションの中身をデザインしなければ決まってきません。この時点では、与えられた時間内に収まりそうか否か、それぞれのセッションに何分ぐらい時間が取れそうかが判断できれば十分です。

　「これではとても収まりきらない！」となったら、どこかを削るなどして、セッションの並びを再構成します。あるいは、狙いを考え直して、成果の到達レベルを下げて、そのセッションの所要時間を減らすしかありません。もちろん、まったく入らないということでしたら、コンセプトに立ち戻って修正する必要が出てきます。

　ちょっとしたコツですが、この段階から休憩時間をどこにはさみ込むかを考え、その時間も足し算してトータル時間を見積もるようにします。ワークショップをデザインしていると「この成果を出すためには、これもやって、あれもやって…」とどうしても欲張りになります。てんこ盛りでデザインしていって、最後に「あ、休憩時間を忘れていた！」となると、厳しい時間調整を強いられたり、プログラム再考をせねばならないハメになることが多いです。

　また、オンラインの場合は、対面のときよりも休憩をこまめに取るようにします。対面なら2時間ぶっ通しでできても、オンラインでは1時間ぐらいで一呼吸置かないとみんな疲れてしまいます。

アクティビティ＋テーマ＋場で考える

　セッションの狙いが定まったら、今度はそれぞれのセッションを**アクティビティ**と**テーマ**と**場**に展開していきます。それぞれの詳細は次項以降で解説しますので、ここではまず言葉の意味を説明しておきます。

１）アクティビティ

　狙いを達成するために、参加者が行う活動をアクティビティと呼びます。自己紹介、ブレーンストーミング、発表…といった、これ以上細かく分けてもあまり意味のない、ひとつの活動のまとまりだと考えてください。アクティビティを選ぶことで、参加者が「何をするか」が決まります。

2）テーマ

それぞれのアクティビティで「何を対象として活動するのか／考えるのか」を決めるのがテーマです。たとえば、同じブレーンストーミングというアクティビティであっても、「○○市を10年後にどんな街にしたいか？」をテーマにするのか、「新事業のアイデアは？」をテーマにするのかで、活動内容も成果もまったく変わってきます。

3）場

それぞれのアクティビティを効果的に実行するための舞台が場です。たとえば「○○市を10年後にどんな街にしたいか？」をテーマにブレーンストーミングというアクティビティを行う際に、ホワイトボードを使う、4人でグループをつくる、机なしでイスを寄せ合って話し合う、といった具合です。

第1章でワークショップの3つの要素のひとつとしてチームを挙げ、人と器の重要性について述べました。これは、コンセプトづくりで紹介した、ワークショップの参加者や開催する場所選びを指します。ここでいう場は、1つひとつのアクティビティを「どのように舞台設定で行うか」、すなわち座席のレイアウトやグループワークの人数などを指しています。コンセプトづくりの場合よりも狭い意味で使っているので注意してください。

実践のヒント②

Q　ワークショップにいろいろ工夫を凝らしても、思うように発言が出てきません。何かよい方法はありませんか？

A　効果的な方法のひとつは事前課題（宿題）を課して、あらかじめ考えてきてもらう手です。ワークショップで用いる問いそのものでもよいし、考えるための情報収集（例：お客様の声を集めておく）でもかまいません。ただしこれをすると、あらかじめ考えてきたことに縛られてしまい、発想が広がりにくくなることがあります。その場の相互作用で生まれた考えこそがワークショップの醍醐味であり、どこまで事前に考えてきてもらうか匙加減が大切です。

プログラムはアクティビティで決まる

アクティビティは、ワークショップを構成する1つひとつの部品です。どんな部品をどのように並べるかでプログラムがあらかた決まり、テーマや場の設定もおのずと決まってきます。

アクティビティを選んで並べていくには大きく2つの方法があります。ひとつは、セッションの狙いに沿いながら、「狙いを実現するにはどのアクティビティがよいか」と考えてアクティビティを決めていく演繹的なやり方です。筋道の通ったプログラムになる反面、アイデアに窮することもあります。

もうひとつは、コンセプトに照らし合わせて、やってみたいアクティビティを、全体の流れや時間の制約をあまり意識せず、思いつくものから挙げていく帰納的なやり方です。発想の飛躍が起こりやすいのですが、流れの悪いプログラムになる恐れがあります。

どちらが正しいということはなく、自分のやりやすい方法でやるのが一番です。ただ、どちらにも良し悪しがあるので、前者を基本としつつも後者も取り入れ、両方のやり方を併用することをお薦めします。

5種類のアクティビティを使い分ける

ここで多くの人が、「アクティビティのネタがなかなか思い浮かばない」という悩みを抱えます。アクティビティと言われても、「オリエンテーション」「自己紹介」「講義」「グループ討議」「発表」「まとめ」ぐらいしか思い浮かばないのです。これではワークショップっぽくなりません。

まずはアクティビティにどんなものがあるかを知り、自分の得意なアクティビティ（鉄板ネタ）をつくり、その数を少しずつ増やしていきましょう。

アクティビティは無数にありますが、大きく次の5種類に分けられます。それぞれ最低2つ3つ覚えておけば、一応のプログラムづくりはできるはずです。第3章で100種類以上を紹介しますので、道具箱として活用してください。

1）場を暖めるアクティビティ

　ワークショップの冒頭で使うのが、いわゆる**アイスブレイク**と呼ばれるアクティビティです。自己開示と他者受容を通じて、心と身体の緊張をほぐして、スムーズにワークショップに入っていけるようにします。

　もうひとつよく使うのは、頭を使うちょっとしたエクササイズで思考を柔らかくするものです。たとえば、テーマに関係したクイズをやって、頭を刺激すると同時に、自分や他者が持っている資源に気づくようにします。

　　心をほぐす：チェックイン、共通点探し、ラインナップ、私の取扱説明書
　　頭をほぐす：二択（○×）クイズ、知識テスト、穴埋め問題、これは何？、
　　　　　　　　漢字クイズ、勝てるかな負けるかな、連想ゲーム、インプロ

2）資源を引き出すアクティビティ

　中盤に差し掛かると、過去の体験やテーマに対する今の自分の考えや思いなど、個人が持っている資源を引き出すアクティビティが中心となります。いわば、ワークショップという鍋に入れる素材を集めるのです。

　資源が少なければ、現場に行って実際に体験をしたり、ゲームやロールプレイなどの疑似体験を通じて、隠れた資源を引き出します。講義などを通じて必要な知識や情報をインプットする活動も、このカテゴリーに当てはまります。

　　引き出す：手挙げアンケート、人間マトリクス、フリップ、辞書づくり
　　疑似体験：ゲーミング・シミュレーション、ロールプレイ、ケーススタディ
　　実体験する：レクチャー、フィールド調査、現場取材、発見ゲーム

3）話し合うアクティビティ

　中盤でもうひとつ大切なのは、話し合いを通じて相互作用を起こすアクティビティです。大きく３種類あり、１つは、ブレーンストーミングに代表される、自由に考えを広げていくものです。２つ目は、ダイアログのように、テーマに対する深い洞察を導き出すものです。そして３つ目に、対立を使ったり、強制的に切り口を与えて、互いの考えを深めていくアクティビティです。それぞれ目的が違うので、テーマと場の状況に応じて適切に使い分けるようにします。

067

広げる：ブレーンストーミング、マンダラート、マインドマップ
　　深める：バズ、ワールドカフェ、オープンスペース、エンカウンターグループ
　　考える：ディベート、コンセンサスゲーム、6つの帽子、ジョハリの窓

4）つくりあげるアクティビティ

　終盤では、収束（まとめ）に向けて相互作用を強めていきます。そろそろ今までの意見やアイデアを集約する必要があり、どういうやり方でどういうアウトプットにまとめるかに応じて、多彩なアクティビティを使い分けます。

　アウトプットは必ずしも言葉でなくてもかまいません。宣伝物や演劇をつくる方法もあり、そのほうがまとめやすいテーマもあります。協働作業の成果を表現できれば何でもよく、あまり固定概念にとらわれないようにしてください。

　　意見集約：Tチャート、マトリクス／表、親和図法、セブンクロス、ペルソ
　　　　　　　ナ、プロセスマッピング、ロジックモデル
　　制作する：短文、年表、プレゼンテーション、物語、宣伝物、新聞、紙芝居、
　　　　　　　ビジュアル、動画、演劇、エクササイズ、モック（試作品）

5）分かち合うアクティビティ

　ワークショップの最後は、グループや個人の成果を分かち合うアクティビティです。単に発表して終わりでは味気なく、いろんなやり方を駆使して気づきを深めていきましょう。場合によっては、角が立たないような方法を使って、互いを批評しあう場も大切です。

　そして締めくくりは、ワークショップの中で得た気づきを分かち合い、次の活動につなげる、いわゆる振り返りのアクティビティです。

　　成果を共有：プレゼン型、バザール型、回遊型、多重投票、付箋でコメント
　　振り返る　：チェックアウト、振り返り、沈黙、2S3B、友人への手紙、KPT、
　　　　　　　　フィッシュボウル、落書きボード、ワークショップ通信

最後に全体のチェックを

　セッションの狙いをアクティビティに展開できたら、全体の流れをチェックしましょう。参加者の立場で眺めてみて、以下の点をチェックします。

　　・流れは自然か？　唐突感はないか？

　　・何のためにそれをするのかが分からない恐れはないか？

　　・何か無理強いされているような感じはないか？

　　・あれもこれもで疲れてしまわないか？

　　・振り返りや休憩といった作業が抜けていないか？

　デザインに少し慣れてくると、どうしてもアクティビティを多く詰め込みたくなります。そのため、つながりが不明確になったり、振り返りを省いてどんどん先に行ってしまったり、自分中心のプログラムになりがちになります。

　もうひとつ気をつけたいのが時間です。筆者は、「こんなの無理だよ！」と叫びたくなるプログラムによく出くわします。個々のアクティビティの時間の見積もりがとても甘いのです。

　標準的な所要時間、過去の経験、想像力の３つを総動員して必要な時間を見積もってください。作業時間の見積もりにヌケモレがないか、休憩時間や段取り換えの時間を忘れていないかも確認しましょう。

　アクティビティの時間は延びるのが通例であり、それを吸収するためのクッションタイムも必要です。その上で所定の時間内に収まるかどうかを検討します。

　収まらなければ、少しずつ時間を削るよりも、思い切ってアクティビティを削るのが得策です。そのほうが、全部が中途半端にならずにすみます。いかに上手に削るかが腕の見せどころでもあるのです。

図 2-19 ｜ アクティビティの例

▰▰ テーマ（問い）を組み立てる

問いが思考の質を決める

　アクティビティを並べてプログラムの骨組みができたら、次は**テーマ**を考えましょう。

　プログラムでは、どうしてもアクティビティばかりに意識がいき、テーマが軽視されがちになります。たとえば「振り返り」とアクティビティだけ決めて、「さぁ、振り返りをしましょう」と参加者に呼びかける人がいます。これでは、何を考えればよいやら分からず、振り返りが深まりません。やはり、「今日のワークショップに参加して、自分の中で変わったのは何ですか？」といったテーマの投げかけが必要です。

　テーマは、私たちが何を考えるか、どのように考えるかを決めます。そういう意味で、テーマは**問い（発問）**に他なりません。

　どのような問いを投げかけられるかによって、私たちの思考や発想はもちろん、私たちの心構えまでもが影響されます。ワークショップのプログラムでは華々しいアクティビティに目がいきがちですが、その陰で、テーマこそがワークショップでの思考の質や成果を決めているのです。

　もっと言えば、テーマさえしっかり練り上げれば、アクティビティはそれほど考えなくてもプログラムはできてしまいます。「今から３つの問いを投げますので、１つ１時間で順番に議論をしていってください」といったやり方です。

　それほど問いは重要であり、当日に場当たり的に決めるのではなく、デザインの段階からしっかり考えておかなければなりません。

テーマは「質問文」で表わそう

　テーマは必ず「質問文」の形で表現します。「なぜ〜なのか？」「〜とは何か？」「どうすれば〜？」「どのような〜にしたいか？」といった形で表現するのです。まさに「問い」の形をとるわけです。

　ところが多くの人はテーマを「〜について」と表現してしまいます。そうすると何について考えるのか、焦点がぼやけてしまい議論が深まっていきません。

たとえば、「店舗の問題について」というテーマで話し合ったとしましょう。「清掃が行き届いていない」「店長が指導に時間をかけられない」「もっと研修にお金をかけたらどうか」といろいろな意見が出てきて、収拾がつかなくなります。これらはそれぞれ「どんな問題があるのか？」「なぜその問題が起きているのか？」「問題解決のためにどうすればよいか？」に対して答えています。「〜について」というテーマが広すぎるためにこのような混乱が起こるのです。

　テーマを質問文で表現すれば、何を議論すべきかが明確になり、途中で議論がズレているのにも気づきやすくなります。ワークショップ・デザイナーにとっても、自分の意図が明確にできます。逆に言えば、質問文でうまく表現できないときには、自分自身の頭が整理できていない可能性があります。

　テーマを「〜について」「〜の件」「〜に向けて」とごまかさず、「問い」に仕上げましょう。もちろんときには「当社の強み」「最近嬉しかったこと」と、名詞だけを示す場合もあります。そのときは、裏に「当社の強みは何か？」「最近嬉しかったことは何？」といった問いが隠れていることを常に意識してください。

図 2-20 ｜ テーマは質問文にしよう

✕　悪い例　　　　　　　　　　　**◯　良い例**

「良いチームについて」 ──────▶「良いチームとは何か？」

「ビジョンづくり」 ───────▶「我々のビジョンは何か？」

「業務効率化に向けて」 ─────▶「どうしたら業務を効率化できるか？」

「業績向上のために」 ──────▶「業績向上のために私は何ができるか？」

「残業削減の件」 ───────▶「残業を減らすにはどうすればよいか？」

セッションの狙いを問いに展開する

　それでは、問いのつくり方を考えていきましょう。まずは、1つのセッションに1つのアクティビティがあり、それに1つの問いを充てる場合からです。

　この場合に重要なのは、セッションの狙いと問いを整合させることです。たとえば問題解決型なら、問題共有→原因探求→解決策立案→意思決定というセッションの流れに問いを合わせていきます。

　①問題共有　　：○○○について最も重要な問題は何か？
　②原因探求　　：それを引き起こしている根本原因は何か？
　③解決策立案：根本原因を解消する方策にはどのようなものがあるか？
　④意思決定　　：その中で今我々がすべき打ち手はどれか？

　いきなり「問題解決をするにはどうするか？」と問いを投げかけたのでは、途中の必要な議論がすっ飛ばされてしまい、期待した成果は得られません。

　こう考えていくと、プログラムの基本型というのは、問いを（後で述べる原則に沿って）並べたものにほかならないことに気がつきます。本章2節で紹介した基本型の各ステップは、いずれも問いに変換できるはずです。それらを問いの原型としつつ、自分のやろうとしているワークショップにふさわしい問いをつくってみてください。

答えやすい問いから深く考える問いへ

　1つのセッションやアクティビティにいつも1つの問いを充てるとは限らず、複数の問いを並べる場合もあります。上の例なら、①問題共有のステップで「過去にどういう問題がありましたか？」「今、あなたが問題と思うことは何ですか？」「それはどうして問題なのでしょうか？」と並べていくようなケースです。

　この場合には、初めは答えやすい問いを投げかけ、徐々に深く考えることを求める問いへとつなげていきます。その際にいくつかの原則があります。

1）考えやすいことから入る

　何か体験を終えた後に、「何を学びましたか？」と訊かれるのと「どんなことを体験しましたか？」と訊かれるのと、どちらが答えやすいでしょうか。

　いきなり何を学んだかと訊かれても、頭がそこまでついていきません。何か学んだことがあっても、いきなり人前で言うのはためらわれます。「気の利いた

ことを言わねば」というプレッシャーもあり、「たいへん良い勉強になりました」と毒にも薬にもならない答えで終わってしまうのがオチです。

　一方、体験したことなら比較的考えやすく、「よく分からない体験だった」「頭が混乱した」という素直な意見が言いやすくなります。つまり思考を深めるには、事実や経験などの考えやすいものから入って、感情や思考、さらには価値観や信条、そして今後の決意や行動を問うのが自然な流れなのです。

　自分の経験、感情、価値観などを他者に言葉で伝えることを**自己開示**といいます。この順番であれば、1つひとつ無理なく自分の心の扉を開くことができ、議論が活性化しやすくなるのです。

図 2-21 ｜ 答えやすい問いから深く考える問いへ

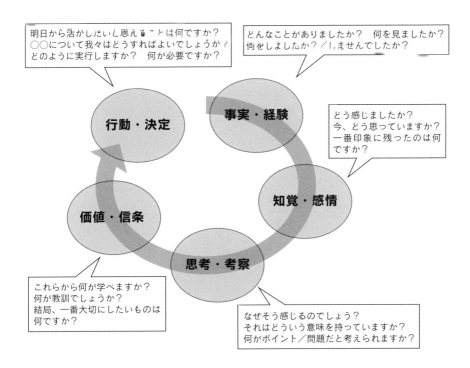

明日から活かしたいと思えることは何ですか？
○○について我々はどうすればよいでしょうか？
どのように実行しますか？　何が必要ですか？

どんなことがありましたか？　何を見ましたか？
何をしましたか？／しませんでしたか？

どう感じましたか？
今、どう思っていますか？
一番印象に残ったのは何
ですか？

これらから何が学べますか？
何が教訓でしょうか？
結局、一番大切にしたいものは
何ですか？

なぜそう感じるのでしょう？
それはどういう意味を持っていますか？
何がポイント／問題だと考えられますか？

行動・決定

事実・経験

知覚・感情

思考・考察

価値・信条

２）知っていることから入る

　次は、「知っていること」を問うてから、「知らないこと」を問うという流れです。

　　・知っていること　→　知らないこと（知りたいこと）
　　・やったこと　→　やっていないこと
　　・過去に経験したこと　→　想像を膨らまして考える未来のこと
　　・自分になじみのあること　→　自分になじみのないこと

　たとえば、市民が抱える不満を洗い出したいときに、「これまでにどんな不満が挙げられてきたか？」を先に考え、その後で「他にどんな不満がある可能性があるだろうか？」を考えるというわけです。さらには、「我々がこれまで見落としてきた不満には何があるだろうか？」を考えていきます。

３）皆が等しく答えられる問いから入る

　最後は、参加者の専門性、キャリア、年齢、学歴、力関係などにあまり影響を受けず、誰もが対等に答えを思い浮かべられる問いから始めるという原則です。言い換えれば、誰がどう答えても大丈夫な問いです。こういう問いを使って、話し合いの口火を切るのです。

　　・最近何かよいことはありましたか？
　　・子供のころ夢中になったのは何ですか？
　　・今、食べたいものを想像してください。それは何ですか？
　　・この数日間ですごいなと思ったことは何ですか？
　　・もし仮に〇〇だとすれば、どうしますか？

　もちろん、答えやすい問いだけ投げかけて終わってしまうのはもったいないです。要所では、より深い問いが後に続くようにデザインしてください。

一度にたくさんの問いを投げつけない

　ただ、ここで注意してほしいのですが、深い思考を求めるあまり、一度に多くの問いを投げつけてはいけません。たとえば「当社の本当の強みは何なのでしょうか？　どの強みがこれからの時代も生き残りますか？　そして、それを今後どう活かしていったらよいでしょうか？」と問いかけられたらどうでしょう。１つひとつは重要な問いであっても、まとめて投げつけられたら、どれから考えたらよいか途方に暮れてしまいます。

気持ちはよく分かりますが、あせらずに１つひとつ問いを投げていきましょう。もし問いが多くなるようなら、アクティビティ自体を分けてしまうのも手です。そのほうが現在の問いに集中でき、活動にメリハリが出ます。

図 2-22 ｜ 大事な問いでも一度に投げつけない

すべてのテーマをつくり込む必要はない

　問いは事前に設計しておくのが大切と述べましたが、ワークショップは生ものです。その時その場で湧き起こってくる創発を大切にするなら、事前にすべて決めるのは本末転倒で、自己矛盾ですらあります。実際、ワークショップを進めているまさにその時に、「○○というテーマで話し合おう！」とひらめくことも少なくありません。

　ですから、展開が読めないアクティビティについては、２〜３個、問いの候補をつくっておき、場の流れを見ながらどれを使うかを決めるようにしてください。必ずしもすべての問いをつくり込んでおこうとせず、その場で臨機応変に問いをつくる力も養っておきましょう。そういったときに役に立つ、さらに高度な問いのつくり方は、第６章で解説します。

アクティビティにふさわしい場をつくる

どんなテーマでどんなアクティビティをするかが決まったら、今度はそれにふさわしい**場**（環境設定）を考えます。環境が、身体を通じて、私たちの思考や感情に与える影響を甘く見てはいけません。「どこでやろうが同じじゃないか」という思い込みを捨て、「場をしつらえる」ことに知恵を絞りましょう。

全体としての会場選定は既に解説しました。それ以外に、各アクティビティを演出する要素について解説していきます。

掲示スペースを確保する

まず、話し合いの経緯や結果を貼り出す**掲示スペース**を確保します。描いて目で見える形にすることで、プログラム、ルール、テーマなどの枠組みが共有しやすくなるからです。また、話し合いの経緯や成果を確認でき、さらなる議論の土台ともなり、成果を創出する意欲と達成感も高まります。

ただし、身体や心の奥底に意識を集中するワークショップでは、あまり描いて形にはしません。描いて言語化する行為が、人間の理屈の働きばかりを促し、感性・感情の働きを邪魔するからです。

掲示して参加者に見せる対象としては、グループ討議の結果や全体討議の経緯や結果以外に、プログラム、ルール、テーマ、個々のアクティビティのやり方、必要な情報やデータ、画像などが挙げられます。

一般的なスペースとしてはホワイトボードですが、少し内容の濃いワークショップになれば、たちまち面積が足りなくなります。模造紙やフリップチャートを貼れる「壁面」を確保してください。もし十分な壁面がなければ、イーゼルを用意する、それもダメなら段ボールでつくった掲示板を用意するといった努力をします。

進行のガイドとしては、パソコンのプレゼンテーションソフトでガイド資料をつくっておいて、プロジェクタで投影する方法もよく使います。他にも、タブレットとタッチペンを用いてグラフィックを描くアプリを使い、グラフィッカーが描いていったものをプロジェクタで映すというのも魅力的なやり方です。

図 2-23 │ 討議内容を皆に見てもらえる場をつくる

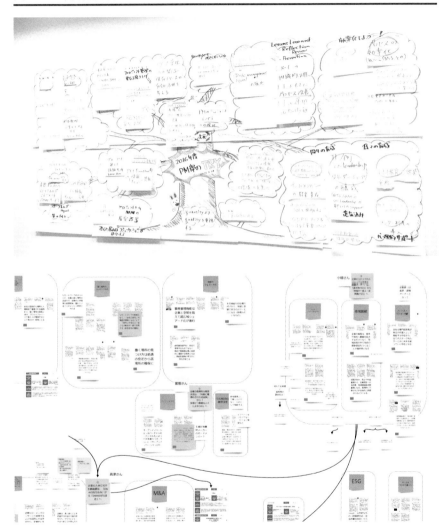

　オンラインでは、PowerPointを開いて画面共有してそこに意見を書いていく、専用ソフト(例：Miro)を使う、タブレットでグラフィックを描けるアプリを利用する、といった方法を使います。

グループサイズを設定する

　何人のグループで作業をするかも環境設定の大事な要素です。以下に述べるように、それぞれの**グループサイズ**には特徴があるので、それを考慮してグループサイズを設定するようにします。

1）1人

　課題に対する自分の考えを（他人に影響されずに）整理する、自分の感情と深く向き合う、ワークショップの終わりに自分が得たものは何かを考えて文字に落とす、など1人ひとりでじっくり思いを巡らすときに必要です。

2）2人

　密な意見交換が可能になり、「話しているうちに気づいた」といった触発作用が起こり始めます。しっかり話す、しっかり聴くという役割を全員が担いながら、考えを深められます。参加意識の喚起にもつながります。

3）3人

　2人よりも相乗効果が高まり、多様な意見を反映して、新しいアイデアを生みながら合意を形成していく感じが現われます。3人であるがゆえに、少々細かいテーマでも合意にたどりつきやすくなります。尖ったアイデアが変に丸くならないとも言えるでしょう。

4）4〜6人

　3人よりもさらに知識や意見の多様性が高まり、さまざまなアイデアや気づきが生まれてきます。意思決定をするにもちょうどよいサイズです。この人数までなら手抜きをする人も現われません。

5）全員

　多様な意見を共有してまとめたり、振り返りをしたりするには、やはり全員参加です。また、全員で同じアクティビティをして、お互いを知ったり、一体感を育んだりすることも必要です。

　全員で話し合うときに議論しやすくするポイントは、互いの顔が見えるようにすることと、互いの距離を詰めることです。次に説明する扇型、サークル型を基本としながら、ときには立ったまま密集した形をとって話し合うのも効果的です。

レイアウトを設定する

机・イスの配置で大きく雰囲気が変わります。人数やアクティビティに応じて適した**レイアウト**を選択していきましょう。

1）教室（スクール）型

講義に向く配置です。教える側・教えられる側という関係がぬぐえず、参加者が受け身になりがちで、ワークショップにはあまり向きません。ただし、「この配置のほうがかえって落ち着ける」「上役が挨拶する時にはスクール型にすべきだ」という人もいますので、1つの選択肢として持っておきましょう。お互いの顔が見えるように、机を少し斜めに傾けて並べる手もあります。

大学の講義室のようにスクール型に固定された部屋を使わざるをえない場合には、ときに隣同士で話し合う、奇数列の人に後ろを向いてもらって即席グループをつくる、といった工夫をします。

2）コの字型

コの字型あるいは馬蹄形に机・イスを配置します。参加者同士が顔を合わせられますし、ファシリテーターが中に入って進行しやすくなります。15人ぐらいまでならばお薦めです。それ以上の人数になると、互いの距離が遠くなり、活発な討議がしにくくなります。

3）島（アイランド）型

机1～3台を寄せて島をつくります。参加者同士で活動をするのに適したレイアウトです。それぞれの島の中での互いの距離が近くなるよう、机の数は少なめにします。

四角い机ではなく、カフェのような小さめの丸テーブルを使うのも魅力的です。自然と皆が対等な立場で気楽に話せます。社長のように力関係で上にある人が混ざっているときに特にお薦めです。

図 2-24｜レイアウト例①

教室型

コの字型

島型

079

ちなみに、島は整然と並べずに少し雑然と
した感じに崩すのがコツです。

4）扇（劇場・シアター）型

　机を使わず、イスだけを扇形に並べます。
互いの距離が近くなり、しかも大人数を収容
できます。周りの人とちょっとした会話を交
わすのも容易になります。進行役がメンバー
をコントロールしやすい配置でもあり、オー
プニングや振り返りに適したレイアウトです。

5）バズ型

　扇型に並べず、イスを寄せ合って少人数で
小さな円陣を組みます。扇型よりもさらに分
散した、くだけた雰囲気になります。人の移
動も容易で、参加者間での交流を深めながら
意見交換をするのに適しています。ワークシ
ョップのいろんな場面で組み込んでみてくだ
さい。

6）サークル（キャンプファイヤー）型

　円形にイスを並べます。視線を合わせやす
く、話し合いに集中できる形です。また、全
員で話し合っているという一体感も生まれや
すくなります。オープニングや振り返りでよ
く使いますが、かえって緊張する人がいるこ
とも忘れないでください。

7）床・地面に座る

　床に直に座ります。くつろいでアットホームな雰囲気になり、アクティビテ
ィによっては効果的です。会場として畳の部屋を使ったときには必然的にこの
レイアウトになります。ただ、このやり方も抵抗感のある人がいるので、メン
バーの意向を見極めて使うようにしてください。

図2-25 | レイアウト例②

扇型

バズ型

サークル型

直座り

オンラインでのグループセッティング

　オンラインにおいてもグループサイズの特徴は変わりません。レイアウトについては動かしようがないので、あまり考慮しなくてよいです。あえて気をつけるとしたら、全員で顔を見ながら討議・共有をしたい場合、パソコンの画面で一度に見られる人数を、ワークショップ参加者の上限にしておく（つまり、20数名が上限）ことぐらいです。

　ただ、参加者全員が1人ひとり別個の空間・部屋から参加している場合は簡単ですが、数名が同じ空間から参加していると途端に厄介なことになります。

　同じ部屋にいる人を別々のグループに分ければ、他の人の声が邪魔になりますし、同じグループにすれば、マイクとスピーカーのON/OFF設定をしくじると、ハウリングや声のエコーが発生したりします。皆が慣れているか、テクニカルサポート役がいるかでないと、まともに議論できるようにするだけで5分ぐらいすぐに浪費してしまいます。

　誰がどこからどういう状態で参加するかを押さえ、それに応じてグループ編成を考えておく、さらに、柔軟性を持たせるには、リアルで同じ場所にいる人たちを一時的に分散させられるような（別の小部屋を確保しておくなど）準備が必要になります。

グループワーク時の成果物制作キャンバス

　アクティビティの中には何らかの成果物を制作するものがあります。グループでアイデア出しをするなら、最終的なアイデアのリストが成果物になります。1人ひとり今の気持ちを漢字一文字で表現してみるなら、A4の紙に書いた漢字一文字が成果物です。

　これらの成果物を制作するときに、ふさわしい**キャンバス**が必要になります。以下のようなもので、制作媒体と呼んでもよいかもしれません。

　・ホワイトボード、模造紙、フリップチャート、付箋、A4やA3の白紙
　・ワークシート、パソコン上のソフト
　・段ボール、テープ、粘土、LEGO®など（モノをつくる場合）

　たとえば、アイデアのリストを制作するなら、ホワイトボードを使っておけばよいのでしょうか。いえ、即断はできません。グループが9つもあると、ホ

図 2-26 ｜ キャンバスの例

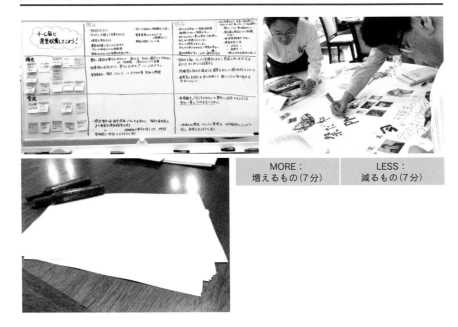

ワイトボードを9台用意するのは大変です。グループ間の視界が遮られるのも欠点です。それよりも、模造紙をテーブルの上に置いて作業してもらうほうがよいかもしれません。

　オンラインの場合は、PowerPointやGoogle Slidesなどを用い、前もってフレームを用意しておくと、アクティビティがスムーズに進めやすくなります。

五感に訴える演出を

　ここまで述べた、会場、掲示スペース、レイアウト、グループサイズ、キャンバスを基本としつつ、他にも五感に訴える環境づくりができないかを考えてみましょう。

　たとえば、深い自己開示を誘うときは、会場の照明をわざと暗くしたりします。互いの表情がよく見えないほうがカミングアウトしやすくなるからです。さらに凝りたければ、カーテンを引き照明を消して、皆で組んだ円陣の中にろうそくを灯して自分の思いを語る、といった具合です。

　音楽もうまく使えば和みや高揚感を演出できます。始まる前や休憩時間に流

しておくと、自然に雑談が始まります。シーンと静まり返っていると話すのがためられ、ヒソヒソ話が丸聞こえになってしまいます。

　気楽さを演出したければ、飴などを食べながら話し合うのもよいでしょう。テーブルの上にいろんな種類のお菓子を並べておけば、雑談のきっかけにもなります。

　最近流行りのVR（仮想現実）を使えば、満天の星空の下で語り合ったり、遠い異国の喧騒の中を歩く協働体験をしたりもできます（VRヘッドセットの手配が大変ではありますが）。

実践のヒント③

Q　お昼休みの過ごし方で思案しています。何かアドバイスは？

A　半日以上のワークショップになると、たいていは昼休みがプログラムに入ってきます。まずは、ランチをどこで食べるかが考えどころです。食堂や外食ではなく、会場で弁当を食べるのがお勧めの方法です。時間短縮になる上に、皆で一緒に食事をすることで、より親密になる効果も期待できます。

逆に、ワークショップ会場から出て外で食べると、頭と心がリフレッシュできます。みんなでゾロゾロとお店を巡るのも楽しく、飲食店を示したマップを用意しておくと喜ばれます。

次に時間です。あまり長いとダレてしまうので、50分ぐらいにすることが多いです。多めに取っておいて、進行が遅れた場合の余裕を見込んでおくのもよく使う策です。昼食をはさんでアクティビティをやって、「遅いグループは昼食時間を削ってやってください」と進行の調整に使う技もあります。

何時何分から昼休みに入るかも重要です。食堂・飲食店の一番混み合う時間帯から15分ずらすだけで、ストレスが随分減ります。思い切って1時間以上遅らせるのもよく、その場合は前もって了解をもらっておきましょう。

場を転換する

　ワークショップの最初から最後までずっと場を固定しておく必要はありません。進行やアクティビティに応じて、会場、レイアウト、グループサイズ、メンバー構成をむしろ積極的に変え、常に参加しやすく、目指すアウトプットが出しやすい環境をつくってください。場を転換することで変化が生まれ、参加者がリフレッシュできるようにもなります。

　たとえば、ビジョンやパーパスのフレーズを考える場面。フレーズに込めたい言葉や思いのアイデア出しは、5〜6人のグループで行い、アイデアの幅を広げるのが望ましいです。ところが、フレーズとして練り上げる作業は6人ではやりにくく、3人程度のサイズに切り替えたほうがよくなります。

　異業種交流会ならば、扱うテーマに応じて、同じ会社の人が違うグループに分散するようなグループ編成にするのが一般的です。逆に、あえて同じ会社の人同士でグループを構成したり、変えるのが効果的なケースもあります。

　業務プロジェクトでは、初めはランダムなメンバーで構成しておき、議論の様子を見てグループの編成を組み替えます。声の大きい人だけをひとつのグループに集めたり、発散型の人と収束型の人がバランス良くなるようにしたり。

　以下の例も参考にしながら、場の転換を埋め込んでみてください。

＜例1＞

　最初はサークル型になって全員で自己紹介。次は1人で課題について考え、それを2人でペアを組んで披露し合う。さらに島型に机を並べて5人グループで意見をまとめ（途中、飴を投入）、扇型になって全員で発表し合う。最後に、また個人に戻ってこのワークショップで感じたことを振り返る。

＜例2＞

　2日間の研修で、1日目と2日目でグループのメンバー構成を変え、着席場所も変えてもらう。1日目の夕方は、外の芝生に座って振り返りをする。

＜例3＞

　あるプロジェクトで、1回目のキックオフのワークショップはメンバー全員でホテルに2泊して3日間みっちり話し合う。2回目はサブグループごとにオンラインで集まって3〜4時間議論をする。3回目は検討の対象となった現場へ出かけて行ってインタビュー調査をする。

図2-27 | ワークショップ会場の様子

※このイラストは『WSの本』(こうべまちづくりセンター)を参考にして作成しました

ワークショップの開催準備をする

▥▥ プログラムをまとめる

プログラムシートを作成する

　デザインしたプログラムは必ずプログラムシートにまとめておきましょう。頭の中だけで考えていないで、言葉にして書き出してみることが大切です。狙いの不明確さや流れの不自然さは、シートを眺めていればおのずと見えてくるものです。プログラムをすべて完成させてからシートにまとめるのではなく、プログラムを考える段階からプログラムシートを活用するとよいです。

　プログラムシートにはさまざまなフォーマットがあり、人によって使いやすい形が違います。ここでは３種類のフォーマットを紹介します。

１）標準フォーマット

　コンセプト、基本３要件、セッションごとの時間、狙い、アクティビティ、テーマ、場の設定、準備物など、必要な情報をすべて収めた表形式の標準フォーマットです。見やすいだけではなく、必要な検討の抜けが発生しにくく、表計算ソフトでもつくりやすい形式になっています。他の２つのシートとは違い、時間の感覚がつかみやすいという利点もあり、当日の進行表としても威力を発揮します。一番のお薦めです。

２）マンダラフォーマット

　中野民夫『ファシリテーション革命』(岩波書店)で提案されているものです。円を４つくらいに割って、１つひとつをセッションと考え、上から時計回りに

図 2-28 ｜ プログラムシート　標準フォーマット

タイトル　これでよいのか販売2課!?

＜狙い／成果＞
　A営業所では最近売上が伸び悩んでおり、忙しく仕事をこなすわりに成果が上がらず、士気も下がり気味である。「いったいどこに問題があるのか」を所員全員で共有化すると同時に、明日からできる具体策を1つでも2つでもよいから見出していきたい。

＜対象者／人数＞	＜時間／場所＞
A営業所　8名(所長含む)	10月18日(土)9:00～17:00　第1・2会議室

	時間	狙い／目標	活動内容／問い	場の設定
1	9:00 (15分)	オープニング	・所長挨拶 ・本日のゴールやプロセスの確認	シアター型で
2	9:15 (45分)	関係性を高める	・チェックイン 「Good & New」(近況報告) ・営業所クイズ 簡単なものから5～10問も用意	島型に グループ分けは自由
3	10:00 (120分)	共通のゴールを見つける	・ダイアログ 「我々が本来なすべきことは何か?」 →出てきた意見をファシリテーション・グラフィック(マンダラ型)で構造化していく	壁面全部に模造紙を貼り出す
			昼食休憩(60分)	
4	13:00 (120分)	取り組むべき課題を見出す	・フリーディスカッション(付箋) 「我々は何をしなければならないか?」 ・重要度－緊急度マトリクス 効率化すべき仕事を洗い出す ・多重投票法(1人5票) 取り組むべき課題を3つに絞り込む	ホワイトボードと模造紙の併用
5	15:00 (90分)	具体策を考える	・ブレーンストーミング 「我々は何をしなければならないか?」 ・ペイオフマトリクス 「明日から取り組むべき方策は?」	4人×2チームに分け、部屋も分けて対抗戦でブレスト
6	16:30 (30分)	クロージング	・チェックアウト 「今日ここで感じたこと」を一言ずつ	サークル型に

＜準備物＞
　模造紙(20枚)、付箋(3パック)、水性マーカー(2セット)、ホワイトボード(1台)、
　飴、チョコレート、飲み物(ペットボトルお茶)、紙コップ

図 2-29 ｜ プログラムシート　マンダラフォーマット

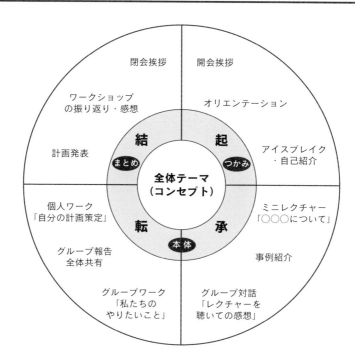

プログラムを記述していくフォーマットです。全体の流れや配分を直感的に把握しやすく、プログラム最終形の記述にも使えますが、大まかなデザインをするのに適しています。不思議なことに、このように同心円状に描くと、アイデアが湧きやすく、複数の人が集まってデザインするときに力を発揮します。

3）詳細シナリオフォーマット

　時間軸に沿ってやるべきことをこと細かに書き連ねていくフォーマットです。文書ソフトやエディタを使って、どんどん箇条書きしていくイメージです。

　思いついたアイデアをどんどん打ち込むほうが発想が膨らむ人や、表にきっちり整理するよりは、言葉を多めに使って書き込んだほうが安心できる人にはお薦めです。ただ、どちらかと言えば個人用で、大人数でプログラムを共有するには不向きです。そのときは標準フォーマットでまとめ直すようにします。

　ちなみにオンラインの場合は、参加者に意図が伝わらなかったときや、想定

外の事態が起きたときに、その場での臨機応変な対応がとてもとりにくくなります。「プログラムを極力つくり込んでおく」のが基本スタンスです。標準フォーマットを用い、対面のケースよりずっと詳細に記述しておくことが肝要です。

図2-30 │ プログラムシート　詳細シナリオフォーマット

関西支部定例会　2023年1月　『関西支部のビジョンを考える』

■日時：2023年1月14日（土）　12:45〜18:00
会場：○○○○株式会社　8階大会議室、5〜6名で1グループになるよう机を並べておく
参加者：会員65名（多少増減はあるかも）

■今回の定例会の狙い
①「自分たちが何をするか」にフォーカスする。
「ビジョンとは何か？」「ミッションとの違いは？」といった定義論は最小限にとどめる。
また、ビジョンを生み出す方法には色々あるが、そのさまざまな方法の学習も取り扱わない。
中身の議論にできるだけ多く時間を使いたい。各グループで表面的なビジョンをまとめて終わり、ではなく、具体的に定例会のテーマを考えることまでたどりつく。
②ワールドカフェを再体験するという「学び」の側面も盛り込む。

■プログラム
○導入
13:00〜13:10　オリエンテーション【加藤】
本日の目的、目標と進め方を説明する。
なぜ「自分たちが何をするか？にフォーカスする」のかを簡潔に説明（事前にMLにも流す）。

13:10〜13:20　グループ分け【冨永】
動物の名前が書いてあるカードを1人1枚取り、同じ動物同士でグループを作ってもらう。ただし、何人集まるか分からないので、多めにカードを用意しておき、その場で使うカードを決める。カードは裏返しにして中央のテーブルの上に置き、各自1枚ずつ取ってもらう。黙って取ってもらうようにする。また、カードを他の人に見せてはいけない。次に、動物の名前を口に出すのではなく、鳴きマネで仲間を探し、グループを作る。
※動物名候補：イヌ、ネコ、キツネ、スズメ、カエル、ヒヨコ、ニワトリ、トラ、ブタ、ウマ、イノシシ（これは難しい！）、ネズミ、サル、ウシ、ヤギ、マグロ（これも難しい）

○入り口の意識合わせ
13:20〜13:40　インプットタイム：日本ファシリテーション協会のミッション等【加藤】
今のミッションおよびビジョンの確認。ワード資料配布。
次に、過去3年および2023年4月までの関西定例会のテーマ一覧と分類表を見ながら、「ふぅん、こんなことやってきたんだな」とグループ内で確認。

13:40〜14:00　「来年1年、どんな定例会にしたいですか？」【加藤】
2023年4月から2024年3月までの関西支部定例会をどんな定例会にしたいか、のイメージを各グループで作ってもらう。スローガン、ガイドライン、全体を貫くコンセプト、そんなようなものを。九州支部のスローガンを参考に。

必要な役割と分担を決める

　プログラムが固まってきたら、そのワークショップを運営するのに必要な役割と分担を決めておきます。対面型の場合は、おおよそ以下のような役割を想定しておけば大丈夫です。

- ・主催者
- ・ファシリテーター（メイン、必要に応じてサブ）
- ・グループ・ファシリテーター（グループ討議の際、各グループに入る）
- ・グラフィッカー（板書係）
- ・運営サポート役
  - －資料準備、資料配布、備品調達、備品運搬、会場設営
  - －受付＆誘導、会計、会場対応＆宿泊手配、議事録、撮影

　これらの役割はすべて必要とは限りません。たとえば、グループ・ファシリテーターは、参加者が話し合いに不慣れだったり、互いに対立していたりするときにのみ必要になってきます。また、ファシリテーターがグラフィッカーを兼ねるケースも少なくありません。

　一方で、オンラインやハイブリッドの場合は、以下のようなオンライン特有の役割が必要になってきます。

- ・テクニカルサポーター：適切な機器設定、参加者の入退室管理、ハウリングなど発生時の対処や指示、参加者の通信・デバイス設定トラブルへの対応、グループ分け（ブレイクアウトセッション管理）、マイク・スピーカーON/OFF、資料・音楽・映像切り替え
- ・オペレーションサポーター：チャットでの問合せ対応／進行支援（「15時まで休憩」「議論のテーマは〇〇」などと発信）／質疑議論促進、ブレイクアウトセッション中の議論の様子のモニタリングと状況に応じてのファシリテーターとの連携、さらに各グループとのやり取り

　さらに、グラフィッカーをファシリテーターが兼ねるのは難しいので、ファシリテーターとは別にグラフィッカーを立てる必要が出てきます。

　また、すでに述べましたが、テクニカルサポーターは参加者がどのような環境から参加するのか（全員別部屋なのか、何人かは同じ部屋なのかは特に重要な情報）を把握しておかねばなりません。

プレゼン資料を入念につくる

　プロジェクタでプレゼンテーション資料を映しながら、ワークショップを進めることが多いと思います。その資料をつくるのも大切な準備のひとつです。

　特にワークショップのインストラクション（教示）の部分は、これから何をやるのかが正確に伝わるようにしておかなければいけません。「何をするのか？」（What：内容）、「なぜするのか？」（Why：目的）、「どうやってするのか？」（How：手順）の順で説明するのがセオリーとなっています。

　手順が複雑なときは、一気に説明しても頭に入らず、かといって小間切れだと作業の全体イメージがつかめません。大まかに説明した後に１ステップずつ解説するのがよく、それがしやすいスライドにしておく必要があります。ときには、１枚の紙に１つの手順を書き、順番に掲示していく「紙芝居」を使うと、参加者の頭に強く印象づけることができます。

　オンラインの場合、グループに分かれて作業が始まったら、進み具合をモニタするのも軌道修正も大変です。事前に入念に作業内容を伝えないと参加者が右往左往してしまいます。加えて、参加者が困ったときに立ち戻れるよう、配布する資料に手順を詳しく書いておくとともに、トラブルがあったときの連絡先を示しておくのを忘れないようにしましょう。

▰ ワークショップの開催に備える

参加者に伝える内容をアレンジする

　必要な準備はまだあります。今度はワークショップの概要を参加者にどう伝えるかを考えなければなりません。プログラムシートをそのまま配っても分かりづらく、目的、目標、進め方、ルールなどの必要な情報を参加者に伝わりやすいようにアレンジする作業が必要です。そして、それらを掲示物や告知資料として準備していきます。

　何より大切なのがタイトルとコンセプトです。コンセプトの文言が堅苦しければ、多少言葉をくだいて参加者に分かりやすい表現にアレンジします。

次に、ワークショップで到達したい具体的な成果目標やアウトプットの表現を考えます。たとえば、学習や成長といった内面的な成果を求めるワークショップの場合は、「皆が○○○な気持ちになる」「明日からの工夫のヒントが手に入る」など、予定通りにいったときのイメージが分かるようにします。

そして３つ目は、プログラムを簡潔に表現して、当日のスケジュール（時間割）をつくります。終了時間が決まっている場合には、終了時刻を明示しておくのがちょっとした気配りです。

最後に大切なのがワークショップへ参加する心構えです。行動指針や**グラウンドルール**とも言います。こだわりたい点を明確にし、協働作業を阻害する問題行動を予防する効果を持っています。あまりたくさん示されても頭に残らな

図 2-31 ｜ グラウンドルールの例

■上下関係を持ち込まず、対等な立場で、意見交換してもらいたい

- ・「さん」づけで呼び合おう
- ・他の人の意見を真剣に聴こう
- ・1人で話しすぎない
- ・話があちらこちらに揺れ動くのを
  受け入れよう

- ・この時間は上下関係を忘れよう
- ・自分の意見にこだわらない
- ・相手に興味を持って

■思い切って発言してもらいたい～アイデア／思いを自由に出してほしい

- ・オープンに、素直に、考えを出そう
- ・質より量を！
- ・「言い出しっぺがやれ」は言わない

- ・勇気をもって反対意見を出そう
- ・思い切って常識や思い込みを
  ぶち壊そう
- ・「できる／できない」の議論は後回し

■前向きに、かつ、当事者として意思決定に関与してほしい

- ・できない理由より、何ができるかを考えよう
- ・わたしたちでこの部門の将来を決めよう
- ・議論の勝ち負けへのこだわりは捨てて

- ・犯人探しはやめよう
- ・終わった後で不満や反対意見を
  愚痴らない

■オンラインの議論を盛り上げる

- ・カメラONに！
- ・他の人が発言している時は、多めに・派手に
  うなずき・笑顔で！

- ・背景が静かなら、常時マイクON
- ・ジェスチャーを積極的に
  （挙手、○／×）

いので、3〜7項目にする
のがよい頃合いです。

これら4点は会場に掲示
する資料として、模造紙に
書いて用意をしておきます。
あるいは当日にホワイトボ
ードに描いて、いつでもみ
んなから見えるようにして
おきましょう。

図 2-32 | 掲示物の例

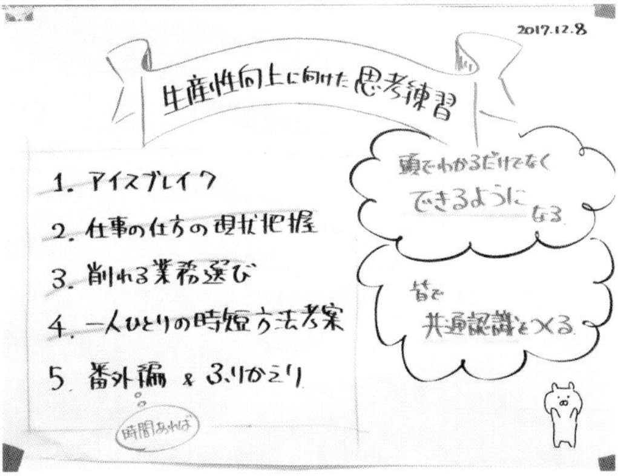

告知を通じてマインドセットをする

同時に告知資料もつくります。前にも述べましたが、ワークショップを研修
あるいは普段の会議と思って参加する人が少なくありません。事前の告知段階
から、「ワークショップとはどのようなものか」が伝わるように努めることが大
切です。先に述べた基本的な内容を伝えるのはもちろん、必要であれば、以下
のメッセージを案内文に盛り込むと参加者の心構えがセットされます。

・講演・研修ではない／先生はいない

・話を一方的に聞く場ではなく、参加者が一緒に体験したり考えたりする

・そのために主体的な意欲を持って集まってほしい

さらに、以下の実務的な項目も告知資料に載せる必要があり、連絡もれがな
いように注意しましょう。

・日時、開催場所、交通アクセス、宿泊施設など。オンラインならばURL

・参加に当たっての準備(例:事前情報収集・考察)、持参品、服装
　オンラインならばPCからカメラONで参加してもらうよう念押し

・参集メンバー、(公開型の場合)想定参加者、定員、個人情報取扱注意

・申込方法、(費用発生の場合)参加費／支払方法

・主催、後援、協賛、問い合わせ先／担当者

・過去の参加者の声など

093

ワークショップの小道具を用意する

　小道具（ツール）の準備も忘れてはいけません。すべての小道具を網羅はできませんが、ワークショップでよく使う代表的なアイテムを載せておきますので、チェックリストとして使ってください。

図2-33 | ワークショップの小道具

図 2-34 | 準備物チェックリスト

	アイテム	数量	備考
機器類	☐ パソコン		
	☐ プロジェクタ		接続ケーブルも忘れずに
	☐ スクリーン		なければ壁面で代用
	☐ 延長電源ケーブル		
	☐ ホワイトボード		マーカーのインク切れに注意
	☐ マイク		広い会場では必要
文具類	☐ 模造紙		
	☐ フリップチャート		
	☐ A3〜A4の白紙		
	☐ 付箋		75mm×75mmや76mm×127mmのサイズ
	☐ ペン		カラフルな水性マーカー
	☐ テープ		布製のガムテープ、養生テープ
	☐ マグネット		スチール製の壁に掲示物を留める
	☐ マーキングシール		皆で投票するときなどに便利
	☐ ハサミ、糊		
	☐ 下敷きバインダ		
文書	☐ 資料		プログラム、必要情報、マニュアルなど
	☐ 掲示物		プログラムやルールなどを書いたもの
	☐ 参加者名簿		必要に応じてグループ分け表も
	☐ アンケート		参加者の反応を知りたいときに
小道具	☐ 名札		
	☐ 班タワー		テーブルに立てて置いて班を示す
	☐ 時計類		ストップウォッチやキッチンタイマー
	☐ アラーム類		鐘やベル類
	☐ スマホ／デジカメ		成果物やワークショップの様子を記録
	☐ お菓子や飲み物		
	☐ 外付けスピーカー		BGM用
	☐ トーキングオブジェクト		発言権があることを示す小物
	☐ フリップ		「あと2分」などと書いたカンペ類
	☐ 花と花瓶		

さあ、いよいよ当日だ！

　主催者やファシリテーターは、オープニングでの趣旨説明を担当することになると思います。冒頭で10分も15分も演説してしまうと、「参加者が主役」という雰囲気を損ないます。長々としゃべる癖のある人は要注意です。コンパクトに話せるよう練習しておくことをお薦めします。

　ワークショップ当日は、会場設営のために（設営の面倒さ加減にもよりますが）少なくとも30〜60分ぐらい前に現地入りするのが望ましいです。設営準備もさることながら、会場の雰囲気に慣れておく必要があるからです。

　会場設営をするときには、座席のレイアウトと掲示物を貼り出す以外に、次のような場所づくりも確実にやっておかねばなりません。案外、忘れやすく、当日慌てることがあります。

　・受付
　・参加者やスタッフの荷物置き場
　・資料、模造紙、ペン、お菓子など準備物の置き場

　また、元々あった座席のレイアウトを変えるときには、元のレイアウトを忘れずにメモしておくのがコツです。ワークショップ終了後に現状復帰するときに役立ちます。

　こうやって完璧に会場設営して参加者を迎えるのが普通ですが、状況によっては早めに到着した参加者と一緒に会場設営するのも手です。協働作業をすることが関係を深める一助となってくれるからです。

第3章

技術編 | 3

アクティビティを使いこなそう

場を温める

　最初に、アイスブレイクと呼ばれる、心と頭をほぐすアクティビティを紹介します。ワークショップの冒頭はもちろん、議論が行き詰まったときや小休止を入れてリフレッシュしたいときに効果的です。

心をほぐす

●ひとこと自己紹介 　　　　　　（人数無制限、所要時間20分、付箋と筆記具）

　付箋（またはA4紙）を配り、①名前、②普段やっていること、③得意なこと、④今日の期待など、与えられたテーマについて記入してから、書いた内容を順番に披露していきます。いいテーマを考えるのが腕の見せ所です。場の設定やグループサイズを変えるとムードも変わります。

●呼ばれたい名前 　　　　　　　（人数無制限、所要時間20分、準備物なし）

　肩書きや役割から離れて、1人の人間としてワークショップに集中するために、ワークショップの間だけで使う「自分が呼ばれたい名前（ニックネーム）」をつけてみましょう。それを名札に書いて胸につけ、その名前をつけた理由から自己紹介を始めます。呼ばれたい名前ですから、外国人っぽいものでも、芸能人の名前でも、動物やモノでも何でもかまいません。自分とは関係ない名前のほうが、自分の枠を離れて参加しやすくなったりします。

●チェックイン　　　　　　　　　　（人数無制限、所要時間20分、準備物なし）

　1人ずつ順番に、最近身近にあった出来事、気になるニュース、今の気分などを、自己紹介を兼ねて順番に話していきます。できるだけ話（自己開示）しやすいテーマ——最近あった良いこと（Good & New）や、嬉しかった甘い体験とやらかしてしまった酸っぱい体験（Sweet & Sour）といった具合に——を設定するのがコツです。ワークショップのテーマに関わる話題にしておくと、次のアクティビティへのつながりも期待できます。いきなりで話しにくければ、話したい内容を考えたり手元に書いたりする時間を取ります。

●財布の中身　　　　　　　　　　（人数無制限、所要時間10分、準備物なし）

　財布から1つアイテム（レシートや会員カードなど）を取り出し、それに関連づけて自己紹介をします。ありきたりな自己紹介にならず、しかも、その人の普段の生活や習慣が意外によく見えてきます。3〜8人の小グループでやることが多いです。

●共通点探し　　　　　　　　　　（人数無制限、所要時間10分、紙と筆記具）

　スタートの合図とともにペアをつくり、自己紹介をしながら互いの共通点をひとつ見つけます。見つかったら相手の名前と共通点をメモして別れ、また別の人と共通点を探します。ただし、同じ共通点は使えず、新しいものを見つけてください。そうやって、できるだけ多くの人と知り合いになります。大人数が一時に知り合うのに適した手法で、同様なものに**握手でチェーン**があります。

●ラインナップ　　　　　　　　　（人数無制限、所要時間10分、準備物なし）

　皆で並ぶ順番を、誕生月日順、名前の五十音順、起床時間順、会場までの距離順のように、宣言します。皆で立ち上がって、その順に並び、部屋全体に広がる大きな輪をつくります。輪ができあがったら、軽く両隣で自己紹介をします。次に、起点となる人を決め、「1、2、3、1、2、3…」といった具合に、グループの数だけ順番に番号をコールして、同じ番号同士でグループをつくります。グループ分けのアクティビティはたくさんあり、他にも**甘い仲間たち**や**瞬間グループ分け**などがあります。

●マイク／カメラチェック　　　（人数無制限、所要時間10分、準備物なし）

　オンライン向けです。ワークショップが始まる前、ミーティングルームに入ってきた人から順番に、「〇〇さん、こんにちは。声が聞こえていますか。マイクチェックで一言話していただけますか。カメラはどうですか。お顔出せますか。大丈夫ですね。ではお時間までOFFにしていただいていいですよ」といったやり取りをします。チェックするという意味合いもありますが、「今日は発言をする場である」「顔を出す場である」という意識づけを狙っています。

●借り物競争　　　　　　　　　（人数無制限、所要時間15分、準備物なし）

　皆がさまざまな場所から参加しているオンラインならではのアクティビティです。数分時間を取り、自分が大切にしているもの、一番古いもの、虹の七色のうちどれかの色のもの、などをひとつ持ってきてもらいます。それを画面上で一斉に見せた後、1人ずつ順番に持ってきた物について説明してもらいます。

●私の取扱説明書　　　　（人数無制限、所要時間30分、ワークシートと筆記具）

　自分を家電製品のように見立て、ワークシートのフォーマットに沿って、自分の取扱説明書を作成します（約10分）。その後、この取扱説明書を用いて自

図 3-1 ｜ 取扱説明書のワークシート

「　　　　　　　」さんの取扱説明書

①商品説明
◇あなたの特技、特筆すべき経験、強み、売り

◇用途：こういう時での活用がオススメ！

②上手な使い方
◇私にとって好ましい仕事の依頼・任され方

◇嬉しいほめ言葉・やる気のでる環境

③上手なお手入れ～いつも「元気」でいるために…
◇調子が悪くなると、こうなります…

◇これだけはしないで！

己紹介します。普段から顔なじみのメンバー同士であっても、意外に知らなかった1人ひとりの性分が見えてきて、互いのより深い理解につながります。大人数でやるのは時間的に厳しく、3～6人の小グループでやるのが適当です。

●ローテク・ソーシャルネットワーク　（人数無制限、所要時間30分、大サイズの付箋あるいはA5～A4紙、模造紙）

　準備段階で、壁面に模造紙を並べてたくさん貼っておきます。アクティビティが始まったら、各自で付箋または紙に、自分のアバター、自分の特徴3つ、自分の名前（呼ばれたい名前にするのも一法です）などを書きます。次に、それを使って自己紹介をしてもらい、終わった人は模造紙の上にその付箋／紙を貼り付け（アップロードし）ます。貼る場所は好きなところでかまいません。全員分が出そろったら、皆で水性マーカーを持ち、壁面のところに行って、他の人との共通点や関係性を線でつないで（リンクして）楽しみます。

図3-2｜ローテク・ソーシャルネットワーク

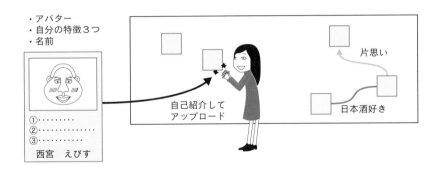

・アバター
・自分の特徴3つ
・名前

①・・・・・・・・
②・・・・・・・・
③・・・・・・・・
西宮　えびす

自己紹介して
アップロード

片思い

日本酒好き

●グループ名を決めよう　　　　　（人数無制限、所要時間10分、準備物なし）

　グループ分けをした後で、最初の協働作業としてグループ名やシンボルを決めてもらいます。どんな名前でもよいのですが、テーマを絞ったほうが考えやすく、食べ物（料理やお菓子）、スポーツ、お店（レストラン）などがあります。メンバー全員の共通点をチーム名にするのでもよいでしょう。ただし、独断や多数決ではなく、必ず全員のコンセンサスで決めるようにします。

頭をほぐす

　頭を使うちょっとしたエクササイズを通じて思考を柔らかくする「脳のトレーニング」です。テーマへの関心を刺激するのにも適しています。チャレンジ精神や競争心をくすぐり、誰もが抵抗感なくできるという利点もあります。

●クイズ／テスト　　　　　（人数無制限、所要時間10〜30分、問題用紙）

　クイズやテストは、皆が食いつきやすく、脳を起動するのにピッタリです。しかも、正解があるので皆の知的関心も満たされます。以下、いくつかのパターンを紹介します。

　まずは、二択（○×）クイズです。ワークショップのテーマに関する記述を示し、正解（○）か不正解（×）を挙手で答えてもらいます。たとえば、新人採用の方法を考えるワークショップならば、「今年の大卒の求人倍率は昨年比30％アップである」といったクイズを出します。やさしいものから選択に悩む難しいものへ、一般的な話題からワークショップのテーマへと、さりげなく段階を踏めると良いです。

　挙手以外にも、「○」「×」のプラカードを掲げてもらったり、部屋の真ん中に線を引いて、○のゾーンと×のゾーンに移動してもらったりするのもよい工夫です。○と×の2択では簡単すぎる場合は、選択肢を増やしましょう。チーム対抗で正解数を競うと盛り上がります。

　次は、診断テストです。上のクイズをテスト（筆記試験）形式でやるものです。たとえば、自分の地域の問題について語り合うワークショップなら、その地域に関する基礎知識を問う問題を20問程度載せたテストをつくって、回答してもらいます。これから議論をしようという身近な対象にもかかわらず、案外知らないことは多いものです。頭をほぐすとともに、基礎知識を確認・共有できて一石二鳥です。

　オンラインでは、前もってアンケートアプリで回答画面を作成しておくと、そのリンクをチャットに貼ればすみます。全員の集計も簡単に取れます。

　テストの対象を自分にして、普段の行動や癖などに関する設問に順番に答える自己診断テストを使うやり方もあります。頭を柔らかくすると同時に、後述

する資源を引き出すアクティビティとしても使えます。

　もうひとつは、**穴埋め問題**です。たとえば、自分たちの部門のビジョンをつくるワークショップのオープニングで、会社の経営理念を書いた紙を配ります。その時に、重要なフレーズを虫食い状態にしておいて、空いたところに正しい言葉を埋めてもらいます。1人で考えるのが大変なときは、数人で集まって相談するとよいでしょう。やってみると案外難しく、珍回答が続出して笑えること請け合いです。

図 3-3 ｜ 穴埋め問題の例

ワークショップとは□□□に□□□したメンバーが□□□を通じて□□□と□□□を生み出す□□□を意味します。ワークショップに最も大切なのは□□□です。すなわち□□□こそがワークショップの□□□です。

●フェルミ推定　　　　　　　　　（人数無制限、所要時間30分、準備物なし）

　もともとは、論理的な思考力を高めるためのエクササイズです。これを、グループ対抗で正解を競い合うことで、チームの結束力を高めます。テーマは、誰でも意見が出せて、正解の想像が容易につかないものを用意しておきます。正解が分からないと居心地が悪いので、事前に正解を探しておきましょう。

　（例）・アメリカにピアノの調律師は何人いる？
　　　　・お寺の多い都道府県ランキングのトップ5は？
　　　　・戦車1台の値段はいくら？

●これは何／誰／どこ？　　　　　　（人数無制限、所要時間10分、素材）

　ワークショップのテーマに関連するアイテムや写真（ビデオ）を見せて、これは何（誰、どこ）なのかを答えてもらいます。一例を挙げると、世界の食文化に関するワークショップであれば、どこかの街角のレストランの写真を見せて、どこの国の様子なのかを当ててもらうといった方法です。頭の体操になり、自分の偏ったものの見方に気がつくと同時に、答えを見つける過程でいろいろな知識が引き出されます。

●勝てるかな、負けるかな　　　　（人数無制限、所要時間10分、準備物なし）

　身体もあわせて使うものの代表例です。全員が立ち上がって、ファシリテーターとジャンケンをします。最初はファシリテーターが出したものに後出しで勝つようにします。次に、後出しで負けるようにします。

　慣れてきたところで、ファシリテーターから「次は勝ち」「次は負け」と指示をランダムに出し、その指示通りになるようにジャンケンをします。間違えた人はその場に座り、最後の1人になるまでやります。これもけっこう頭を使い、ワークショップに疲れたときのリフレッシュにも役に立ちます。

●リフレッシュ体操　　　　　　　　（人数無制限、所要時間5分、準備物なし）

　両手を頭の上に伸ばして背伸びをしたり、軽いストレッチ体操をしたりして、身体と頭脳の両方をリフレッシュさせましょう。オンラインでも、全員が画面の向こうで体操すると意外に楽しいものです。ずっと机の前に座っていて固まった身体をほぐすのにも効果的です。

図 3-4 ｜ リフレッシュ体操

　リアルならば、ペアになって交代で肩もみをするのもよく、互いの親近感が高まります。もちろん、身体接触を嫌がる人もいますので、「やりたくない人は抜けてもいい」というガイドを出すようにしましょう。

●連想ゲーム／古今東西　　　　　　（人数無制限、所要時間15分、準備物なし）

　真剣な議論をする前に、自由に発想することを練習するゲームです。最初の人が何かテーマを決めます。たとえば「夏」がテーマだとしたら、「夏といったら海！」「夏といったらスイカ！」というように、テーマから連想する言葉を順番に披露していきます。できるだけ素早く連想することがポイントで、リズムをとりながらやると盛り上がります。チーム対抗にして、最後の人までいきつく時間を競争する方法もあります。

似たようなアクティビティとして、「おいしいビールの飲み方」といった軽い
テーマで、ブレーンストーミングをアイスブレイク代わりに使うこともできま
す。さらには、尻取りのように連想するものをつなげていく方法があります。
先ほどの例で言えば、「夏といったら海！」「海といったら魚！」「魚といったら寿
司！」…といった具合で、行き詰まった人がアウトです。

●インプロ　　　　　　　　　（人数無制限、所要時間15分、準備物なし）

インプロビゼーションの略で、本来は即興演劇を使った創作の手法です。ア
イスブレイクとして使えるアクティビティがたくさんあり、ここでは即興を通
じて発想力を高めるものをいくつか紹介しましょう。

先ほどの連想ゲームと似ているのですが、2人ペアもしくはグループで輪に
なり、相手が言ったことに対して、追加でアイデアを加えていくアクティビ
ティがあります。たとえば「夏は暑いよね」「しかも日差しがきついね」「しかも宿
題もさついね」といった調子です。このように肯定や順接の接続詞で受ける
のがルールで、「しかし」「けれども」「ところで」といった否定や転換で受けるのは
禁止です。

逆のアクティビティもあります。今度は、相手が言ったこととまったく無関
係な話をし続けるのです。「夏は暑いよね」「でも、ＴＶを昨日見たよ」「でも、腹
が減ったよね」といった調子です。相当頭を柔らかくしないと、どうしても関
連のある話にしてしまいがちで、挑戦しがいのあるアクティビティです。

●チャットでつぶやき　　　　　（人数無制限、所要時間10分、準備物なし）

オンライン向けです。軽いテーマを出して、それに対するアイデアや考えを
皆でチャットに打ち込みます。すでに解説した二択クイズや診断テストに対す
る答えをチャットに打ち込んでもよいです。その場合は、グループ対抗戦にす
ることもできます。

ただそれだけのアクティビティですが、チャットを用いれば、全員が短い時
間で意見を表明できたり、他の人の発言中にコメントをつけたりできることを
実感できます。その後のアクティビティでチャットをうまく活用し始める人が
増えてきます。

資源を引き出す

第1章でも述べたように、ワークショップの最良の素材（資源）は、個人が持つ経験・考え・思いと、ワークショップの場でみんなが体験したことです。それをうまく引き出せるか否かで、ワークショップ全体の質が決まってきます。

考えを引き出す

過去の体験やワークショップのテーマに対する今の自分の考えや思いなど、個人が持っている資源を引き出すアクティビティです。

●人間マトリクス（人間マップ）　　（人数無制限、所要時間15分、準備物なし）

アンケートを、身体全体を使ってやる方法で、自由に動き回れるスペースがあるときに使います。会場に仮想の線を引き、賛成か反対かで分かれて立ってもらいます。どちらか悩む人は、立つ位置で微妙な気持ちを表現します。

さらに、選択肢を2セット用意してマトリクスをつくることもできます。近くになった人同士で「なぜその位置？」を話し合うと、同じ考えをもった者同士、自然と話もはずみます。この変形として、部屋の隅を使って4つ（真ん中も入れれば5つ）の選択肢で選ばせる方法があり、**部屋の四隅**と呼びます。

●手挙げアンケート　　　　　　　（人数無制限、所要時間5分、準備物なし）

いきなり「今日のテーマについてどう思いますか？」と本題を投げかけられても答えにくいでしょう。そういう時に役立つのがアンケートです。イエスかノ

ーか、あるいはいくつかの選択肢を
用意して答えてもらうのです。手を
挙げてもらうのが一番簡単な答え方
で、腕の角度、グー・チョキ・パー、
指の本数などを使って、細かい意思
も表現できます。

図 3-5 ｜ 手挙げアンケート

　このように、選択肢を用意して、
答えてもらってから、選択した理由
や判断のもとになった過去の体験を
尋ねると、割と簡単に資源が引き出
せます。人は、いったん意思表示を
したらそれを貫こうという一貫性の
原理が働くからです。

●みんな、集まれ！　　　　　　　（人数無制限、所要時間10分、準備物なし）

　まず、ファシリテーターから1人の参加者に何かの質問をします。回答をも
らったら、その答えに賛同できる人は、回答者のそばに移動をして共感する気
持ちを表します。また別の人に同じ質問をして、共感できる人を集めます。こ
れを繰り返して、参加者全体をいくつかにグルーピングしていきます。

●マグネットテーブル　　　　　　（人数無制限、所要時間15分、紙と筆記用具）

　ファシリテーターから全員に質問やテーマを投げ、それに対し参加者は自分
が取り組みたいアイデアやテーマを紙に大きく書きます。記入できたら、参加
者はその紙を掲げながら、部屋中を歩き回り、なるべくたくさんの人の考えを
見るようにします。しばらくの後、似たような人同士、一緒に考えたい人同士、
面白い刺激が生まれそうな人同士といった観点で、4〜6名のグループを、参
加者同士で話し合って形成します。

●フリップ／ボードスピーチ　　　　（人数無制限、所要時間20分、紙と筆記用具）

　ＴＶの討論番組のようにフリップに自分の意見を書き、それを他のメンバー
に見せながら説明する方法です。リアルでもオンラインでもできます。

書く内容の例としては「このテーマ（言葉）から思いつくもの」「○○なものをひとつ挙げるなら？」「今まで打ち込んできたもの」「自分（またはチーム）の長所・短所」「今まで最高にうれしかった体験をひとつ」「自分がしたいことベスト3」「私のこだわり」などがあります。簡単に答えられるテーマであれば何でもよく、いったん言葉にすることで、真面目に自分に向き合って考えをまとめざるをえなくなります。

フリップには、大きめの付箋かA4〜A3大のコピー用紙が手ごろです。一斉にフリップを掲げて眺め合うと、全体の傾向もつかめます。その後で、近くの人と互いのフリップを見ながら軽い意見交換をするとよいでしょう。

図 3-6 ｜ フリップスピーチ

●ペアインタビュー 　　　　　（人数無制限、所要時間30分、紙と筆記用具）

何について話してほしいか、テーマを提示し、2人ペアになって、1人がインタビューする側、もう1人がインタビューされる側になり、インタビューされる側にとことん語ってもらいます。**ストーリーテリング**とも呼びます。

その後、役割を交代して、もう一度インタビューをします。インタビューする人は、出てきた話を軽くメモしましょう。その上で、メモを読み上げて内容を確認し、他のメンバーに相手の意見を紹介してあげます。インタビューすることで、意見に対する理解度が双方とも深まると同時に、しっかり語れた／他人に受け入れてもらえたという感じがもてます。

インタビューするテーマを自分に関することにすると、アイスブレイクでよく使う他己紹介になります。自分の最高の体験を語り合うと、組織開発でおなじみのハイポイント（ヒーロー）インタビューになります。

●タイムライン 　　　　　　　（人数無制限、所要時間30分、紙と筆記具）

過去や現在の自分（あるいは組織）を振り返ることで、今までの体験や現在の状況を整理し、ワークショップへの関心を高めていくアクティビティです。た

とえば、自分のキャリアを考えるワークショップであれば、今までの人生をグラフで表してみましょう。好調なときをプラスに、不調なときをマイナスにして、年齢とともにどう変化したかを表すのです。大きく変動しているところには、転機となったトピックを記録します。描いたら互いに紹介し合います。

　あるいは、働くスタイルや業務時間削減を考えるワークショップであれば、1週間のカレンダーを描いて、1週間のうち何にどれくらいの時間を使っているかを記入すると、楽しみながら業務の棚卸しができます。

図 3-7 ｜ タイムライン

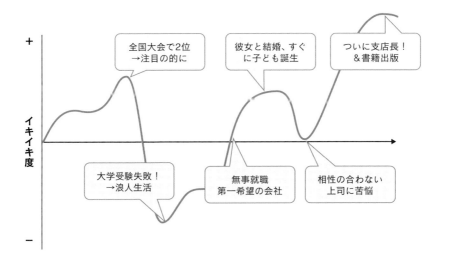

●ショー＆テル　　　　　　　　　　（人数無制限、所要時間30分、発表素材）

　ワークショップのテーマに関係する素材（商品、本、写真、記事など）を持ち寄り、それを見せながら自分の体験や考えを順番に述べていきます。みんなで戸外（現場）に出て、目に留まったものを拾ってきたり、写真に撮って見せ合うというやり方もできます。また、進行側で素材を多く用意しておいて、その中から参加者に選んでもらうというやり方でもOKです。

　素材を選ぶ過程で、自然と自分の思いや傾向が表れてきて、また、テーマに対する考えが深まっていきます。説明する時に、視覚に訴えるものがあったほうが述べやすく、聞いているほうも分かりやすくなります。

●辞書づくり　　　　　　　　　　（人数無制限、所要時間30分、紙と筆記具）

　たとえば、コミュニケーションがテーマのワークショップであれば、最初の
アクティビティとして、コミュニケーションという言葉の定義をみんなで考え
てもらいます。それをグループで議論したり、順番に披露し合ったりして、テ
ーマに対する理解と関心を深めていきます。お題は抽象的なほうが面白く、カ
タカナ（外来）語がうってつけです。ワークショップ終了後にもう一度やって、
どれくらいみんなの認識が共有できたかを計るのも面白いでしょう。

●マップづくり　　　　　　　　　　（人数無制限、所要時間60分、紙と筆記具）

　ワークショップで主に扱いたい対象をマップにして、自分の知識や考えを一
覧化する方法です。たとえば、寂れた商店街を再生したいなら、対象となる商
店街の全体像をマップに、あるいは、災害時の避難を考えたいなら、いろいろ
な場所から避難所までの道筋やリスクをマップ（**逃げ地図**）にするのです。実際
に地図を手に、1人ひとり現地を歩き回って気づいたことをメモしてくること
もあります。

　他にも、体の絵を描いてそこに過去の思い出や記憶を記入していく**体の記憶**
や、地図や家の間取りをもとにした**ライフマップ**などもこの応用です。

●ステークホルダーマップ　　　　　（人数無制限、所要時間60分、紙と筆記具）

　扱っているテーマに関連して登場する人や組織や環境（ステークホルダー）を
洗い出し、互いの関係性を表現します。関係性をより正確に表現するためには、
誰が誰に影響を与えているのかの方向性や強さを矢印で示し、また、どのよう
な影響なのかを補足で書くようにします。はじめは気づかなかった、思いもよ
らぬ登場人物や影響が、幅広く存在していることを認識でき、影響や因果を狭
い範囲に限定してしまうことが避けられます。

●分解ゲーム　　　　　　　　　　　（人数無制限、所要時間30分、紙と筆記具）

　同じく、コミュニケーションをテーマにしたワークショップで、今度はコミ
ュニケーションという言葉を3つの要素に分解してもらうアクティビティです。
たとえば、「見る＋聞く＋話す」「理解する＋信頼する＋共感する」「家族＋組織＋
社会」といった具合です。

図 3-8 ｜ ステークホルダーマップ

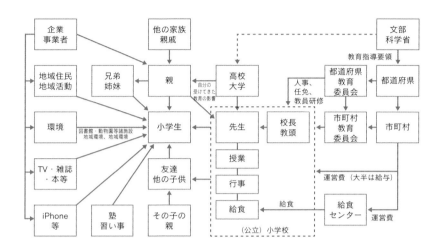

あえて３つの要素という制約を設け、テーマの主軸となる要素をあぶり出そうというのが狙いです。コミュニケーションのような機能を表すテーマなら簡単ですが、恋愛、人生、社会、サステナビリティといった抽象的な概念になるとかなり悩まされ、珍回答が続出します。

このバリエーションとして、２つの軸に分解するというのもあります。先ほどの例で言えば、コミュニケーション＝論理×感情といった具合です。いずれのパターンもゲーム感覚で楽しくやるのがコツです。

●資本棚卸　　　　　　　（人数無制限、所要時間60分、ガイド資料、紙と筆記具）

企業や組織がどのような資本（リソース）をベースに事業や活動を行っているのかを洗い出します。ただ単に資本と言われても発想がしにくいので、「財務資本」「製造資本」「知的資本」「人的資本」「社会関係資本」「自然資本」の６つの観点から考えてもらうようにします。参考として事例を提示してあげると考えやすくなるでしょう。

単に「強み／弱み」を洗い出すよりも、より精密に考えることができるのが利点です。気づかなかった自社のリソースが出てくることも少なくありません。

●未来年表 （人数無制限、所要時間60-120分、思考素材と紙と筆記具）

　今後到来するであろう将来の社会像を描くアクティビティです。１グループ４～10人ぐらいでやるとよいでしょう。

　まず年表の枠を描きます。横軸（時間スケール）は、自分たちがどの程度の期間で考えたいかによって変えます。縦軸には着眼点を置いておくと考えやすくなります。その上で、「20xx年ごろには、こういう世の中になっているのではないか」という予想を、１人ひとりが10～15項目ぐらい考えて付箋に書きます。次に、皆で年表の上に１枚１枚貼りながら、どのような予想を考えたかを共有していきます。１人が手持ちの付箋を全部出すのではなく、全員順番に１枚ずつ、似たような項目は寄せながら出していくのがコツです。

　時間に余裕がなければ、その場で各人が考えて書くことになりますが、頭の中にある情報だけで未来に対する発想を膨らますのは難しいです。今世の中で起こっている事象や、専門家が予測している将来に向けた動向（書籍やレポート類）を事前にインプットしておき、それを起点に考えるのがお薦めです。

　また、この年表は、次項の考えを広げ、深め合う場合にも使えます。たとえば、自分たちがどのような社会を実現「したい」か、を話し合って形にしていくときに有用です。

図 3-9 ｜ 未来年表

着眼点	2030	2040	2050
人々の暮らし、ライフスタイル、価値観の変化	□ □	□	□ □
実現化される技術、商業化される製品・サービス	□	□ □	□
地球環境や経済・市場の変化	□		□ □ □
人々の働き方、稼ぎ方の変化	□	□	□ □

疑似体験をする

　ここからは体験を通じて自分の資源を引き出すアクティビティです。まずは、擬似的な体験を活用した手法を紹介します。

●ゲーミング・シミュレーション　（人数、所要時間、準備物はゲームによる）

　実際に世の中で起こっていることをゲームに仕立て、楽しみながら擬似的に体験してもらおうというものです。膨大な数のゲームが開発されており、「教育（研修）ゲーム」とも呼ばれています。

　本書では、1つひとつのゲームのやり方までは説明せず、どんなゲームがあるのかの解説にとどめます。詳しく知りたい方は、個々のゲームの解説書や、藤原武弘編著『人間関係のゲーミング・シミュレーション』（北大路書房）をご覧ください。

　まず「ビジネスゲーム」と呼ばれているジャンルがあります。いくつかのチーム（会社や店）に分かれて、資源（お金や材料）を持ち合い、取引を通じて儲けを

図 3-10 ｜ ゲーミング・シミュレーション

2050 カーボンニュートラル・カードゲームの実施風景

出所：福嶋慶三ほか『SDGs時代に知っておくべき環境問題入門』（関西学院大学出版会）

増やしていくことを競い合います。以前から企業研修などでよく用いられており、最近では学校教育や職業教育でも使われるようになってきました。

「経営シミュレーションゲーム」「マネジメントゲーム」「予算配分ゲーム」と呼ばれているものも、このカテゴリーに入ります。

一方、開発教育や環境教育でよく用いられるものに「仮想世界シミュレーションゲーム」があります。やり方はビジネスゲームと似ているのですが、現実の社会を反映させ、持てる資源に極端（先進国と途上国のよう）な差をつけたり、異なる利害を持つ人々同士（開発派と環境保護派）で競わせます。ビジネスゲームと仮想世界シミュレーションゲームの両方を兼ね備えた「貿易ゲーム」や、SDGsの理解を深める各種のゲームが、典型例です。

現実の社会の反映という意味では、「集団意思決定ゲーム」も定番のひとつです。代表的なものが、後述する「コンセンサスゲーム」で、たくさんの人が集まって物事を決めるときの難しさを学びます。

阪神・淡路大地震を契機に開発された**クロスロード**も、広い意味ではこのカテゴリーに入ります。危機的な状況の中で2つの選択肢が与えられ、どちらか一方を選んだ後に議論を重ね、疑似体験を通じて自分たちのノウハウを培うというものです。災害以外のシーンでも使え、さまざまな応用が可能です。

加えて、「交流ゲーム」「コミュニケーションゲーム」と呼ばれるジャンルもあります。たとえば、協働作業を通じてコミュニケーションの難しさを味わったり、人が異なる文化に接触した時に何が起こるのかを疑似体験しようというも

図3-11 ｜ クロスロード

〈設問例〉
被災から数時間。避難所には3000人が避難しているとの確かな情報が得られた。現時点で確保できた食料は2000食。以降の見込みは、今のところなし。まず2000食を配る？

出所：矢守克也、吉川肇子、網代剛『防災ゲームで学ぶリスク・コミュニケーション』ナカニシヤ出版

のです。後述する「ロールプレイ」をあわせてやる場合もあります。

●プロジェクト・アドベンチャー （人数無制限、所要時間30分、準備物なし）

「体験学習ゲーム」とも呼ばれ、身体を使ったエクササイズを通じて、信頼関係を築くことや協力して課題を達成することを学びます。組織立ち上げ時のチーム・ビルディングにプロジェクト・アドベンチャー(PA)を導入するところも少なくありません。

大きく4つのゲームがあり、順番にこなしながら、振り返りを通じて学びを深めていきます。最初にやるのがいわゆるアイスブレイクで、緊張関係をほぐして互いに打ち解け合います。

2つ目が、ディインヒビタイザーと呼ばれる、少し勇気がいるアクティビティです。声を出したり、大きく身体を動かしたりという動作が入ってきます。

3つ目は、信頼を築くためのアクティビティでトラストと呼びます。代表的なものに、目をつぶって倒れて相手に受け止めてもらう**トラスト・フォール**や、ペアになって手をつなぎ、1人が目をつぶって歩く**ペアウォーク**があります。

そして、最後にやるのが「イニシアティブ」と呼ばれる、人と人が協働作業を通じて課題を達成するアクティビティです。「安全地帯」「クモの巣」「風船列車」「スタート＆ストップ」「人間知恵の輪」などたくさんあります。

ビジネス界では、紙でタワーをつくるペーパータワーや、スパゲティ(乾麺)とテープを使ってなるべく高い場所にマシュマロを置く**マシュマロタワー**が有名です。アクティビティを通じて、1人ひとりがチームの中でどのような行動を取ると目標達成につながりやすいのかを学べます。

図3-12｜マシュマロタワー

これらのアクティビティは、身体を使った体験をもとにしているため、頭で考えるよりも直感的で分かりやすいのですが、「楽しかった」だけで終わらせるのではなく、振り返りをキッチ

リやって、体験から学びをくみ取るのが大切です。

●ロールプレイ　　　　　　　（30人くらいまで、所要時間30〜60分、役割シート）

　特定の役割を演じる中で、その人の体験を擬似的に体験するロールプレイ（役割演技）はワークショップの重要な手法のひとつです。それは、ワークショップの潮流のひとつが演劇から生まれたことを見ても分かります。基本的なやり方から説明していきましょう。

　まずは、テーマを話し合うのに必要な役割（役者）を設定します。シンプルには賛成派／反対派、上司／部下、店員／客といった2役でやりますが、役者が何人いても問題ありません。参加者から配役を募り（あるいは全員どれかの役になってもらい）、その人の立場で演じ、話し合ってもらいます。

　多くの場合、それぞれの役者に応じて、その人の意見、考え方、性格などを書いた役割シートを渡して、その通りに演じてもらいます（なしでもできるなら用意する必要はありません）。役になり切ればなり切るほど面白くなり、やっているうちに、シートがなくてもアドリブでできるようになってきます。ある程度進んだら、役から離れて自分なりの演技をすることも歓迎します。

　合意や解決に達したり、逆に完全に決裂したりするなど、山場を越えたら、ロールプレイは終了です。自分や相手の立場についてどう思ったか、互いの言い分のどこに共感できたか、などを振り返ります。

　ロールプレイは、家庭の小さな問題から地球全体の問題まで、ありとあらゆるテーマで使えます。互いの利害や見解が対立する局面では、相手の立場を理解することがすべての出発点になり、その大切さを気づかせてくれます。ロールプレイがうまくできるようになれば、いろいろな人の立場で物事が考えられるようになるはずです。

　ロールプレイに慣れてくると、人ではなくモノ（例：自分が大

図3-13 | ロールプレイ

切にしているもの、海や樹といった地球の資源)になって語ることができます。チームが暗黙に持っている考え方や問題に直接関係のない第三者を架空の役割（ゴーストロール）として演じるやり方もあります。

ロールプレイをさらに進めて、演劇そのものをつくるのが**プレイバックシアター**です。これは、ある人に自分の体験を語ってもらい、その状況を再現する即興の演劇を、語られた情報をもとにしてみんなでつくっていく手法です。演者は他人の体験が擬似的に味わえ、体験提供者は自分の体験を客観的に見られるという大きな効果があります。

どんなロールプレイでも、どれだけ役になり切れるかが、結果を左右します。そのために、打ち解けた雰囲気づくりをするとともに、あくまでも「役割としてやっている」という安心感を共有しておくことが大切です。加えて、できるだけ役に対する理解を深めてからスタートするようにしましょう。

●フォトランゲージ 　　　　　（人数無制限、所要時間30分、素材写真）

ファシリテーターが1枚の写真を見せて、「これは何か」「どこで撮ったものか」「写っている人は何をしている（考えている）のか」「彼女はどういう気持ちでそれをしているのか」などを問いかけます。答えを考える過程で、自分の知識や経験が引き出され、想像力も刺激されます。同時に、自分の偏見や固定概念にも気づき、なぜそれが生まれたかについても思いがいくようになります。

あるいはこんなやり方もあります。いろいろなものやシーンの写真を100枚〜200枚程度用意します。たとえば「今のチームの状態は？」「今回の新サービスのイメージは？」などと問いかけ、各自でそれを表していると思える写真を直感的に1枚選んでもらいます。その後で選んだ理由を語ってもらうと、豊かな言葉が飛び出してくると同時に、選んだ人の思いに共感できるようになります。

図 3-14 ｜ フォトランゲージ

●ケーススタディ 　　　　　（30人くらいまで、所要時間60〜120分、事例資料）

　事例を考察することを通じて、その状況を擬似的に体験するアクティビティです。**事例研究**とも呼ばれています。

　一般的なやり方では、まず「ライバルの出現によって業績が不振に…」といったような事例（ケース）が文章や動画で提示されます。次に、事例が抱える原因や解決策を個人あるいはチームで検討して、結果を発表し合います。最後に、そこから問題解決に役立つ原理・原則を、全員で引き出していきます。

　一方、現実に起こったケースを素材に、こと細かく情報提供された後に解決策を導くのが、MBAの授業でお馴染みの**ハーバード式（ケース・メソッド）**です。膨大なケースを読み込む必要があり、事前学習が不可欠となります。答えもさることながら、それをどうやって導いたか、問題解決のプロセスが重要であり、長時間かけて熱いディスカッションが繰り広げられます。

　これと対照的なのが**インシデント・プロセス**です。ごく簡単な出来事（インシデント）だけが提示され、参加者はファシリテーターへの質問を通じて必要な情報を収集して、問題の分析や解決策を立案していきます。事例の設定の仕方や事前の情報の与え方によって、いくつかのやり方が開発されています。

●ヴァーチャル・リアリティ（VR）(4〜20人、所要時間30〜60分、動画とVR機器)

　実際の現場の体験をしたくてもできない場合は少なくありません。たとえば、過疎の村や遠い異国の生活に思いを馳せたくても、参加者が揃って現地滞在するなんてことはそう簡単にはできません。

　こういうときに使える代替手段のひとつが映像、もうひとつが現地とオンラインでつないだ対話です。あるいは、最近技術が進展してきたVR（Virtual Reality）を活用するのも一法です。VRのリアル感や没入感を利用しない手はなく、観たいところをじっくり観られたり、「もう一度そこを観てみたい」ができたりするのも魅力です。

　大きなハードルは、自分で動画コンテンツとVR機器を用意するのが難しいこと。必ずしも自前でやる必要はなく、東南アジアの農村の暮らしやアフリカの未電化地域の暮らし、あるいはプラスチックごみによる海洋汚染の実態などのコンテンツを提供している法人があり、うまく活用するとよいでしょう。

実体験をする

ワークショップの場でさまざまな体験をすることを通じて、持てる資源をインプットする／増やすアクティビティです。

●レクチャー／講義　　　　　　　　（人数無制限、所要時間不定、説明資料）

資源を増やすのに一番簡単なのが、事前にテーマについて下調べをしてもらうことです。とはいえ、いつもそれができるとは限りませんし、その後のアクティビティに取り組む上で全員が持っておきたい知識や考え方は、1人ひとりに任せっきりにせず、ワークショップの早めの段階で（もちろん流れに応じて、後ろのほうに持っていってもかまいません）、きっちりとインプットしておくほうが得策です。

一番良いのは、知識がある方からレクチャー（講義）を受けることです。必ずしも体系的な知識のプレゼンでなくても、実践者から経験談を語ってもらうという形でもかまいません。発想を刺激することから**インスピレーショントーク**と呼ぶ場合があります。

それが難しい場合は、資料や映像を使って足りない知識をインプットしておきましょう。インパクトはあまり強くありませんが、最も手軽な体験であり、短時間に効率よく知識を伝達できるという利点があります。

ただし、レクチャー（講義）ばかりだと受け身的になり、参加感が失われます。ポイントを絞る、ビジュアルや動画を使う、配布資料を用意する、気軽に質問できる雰囲気をつくる、ところどころ問いかけて考えてもらう、ときにはレクチャーの間にミニグループ討議（バズ）をはさむなど、少しでもレクチャーそのものを楽しめるようにしましょう。そして、印象が強く残るように、伝え方を工夫してみてください。

オンラインの時代になって、専門家・有識者や当事者の方々を呼んで、本人に直接語ってもらうのがとてもやりやすくなりました。「誰にレクチャーしてもらうか」も一考する価値があります。

●事前学習　　　　　　　　（人数無制限、当日の時間は不要、指示資料）

参加者の参加度合いを高めるには、自分で学んできてもらうのが間違いなく良い方法です。負荷が過大にならない程度に、資料や指定図書を読む、動画を観る、事前に課題について考えてくる、といったお願いをします。ポイントのズレた取り組みをしてしまわないように、指示（インストラクション）を分かりやすく、丁寧にしておかなければなりません。

●フィールド調査　　　　　（人数無制限、所要時間不定、筆記具とカメラ）

問題が起こっている場所やテーマに関わりの深い場所に行って、自分の目と足で情報を集めるのがフィールド調査です。代表的なものに、地域の合意形成のワークショップでよく使われる「まち歩き（まちウォッチング）」があります。

普段何気なく暮らしているまちも案外知らないことが多いものです。地図とカメラとメモ用紙を持ち、テーマ（例：○○を発見しよう）意識をしっかり持って歩けば、いろんな発見があります。うまくやるコツは、虫の目・鳥の目など、いろんな角度から対象を眺め、さらに五感をフルに動員することです。

これをやると、自分がいかに無知であったかを知り、自分と他人との視点の違いにも気がつきます。戻ってから発見をしたものをみんなで整理すると、テーマに対するイメージの共有化にもつながります。テーマにリアリティが出てくるため、後の議論が観念的にならずにすみます。本格的にやるなら、事前に、観察の仕方、記録の取り方などの原則を、フィールドワークの解説書で学習しておくのがお薦めです。

図 3-15 ｜ フィールド調査のフレームワーク例

●現場取材 （人数無制限、所要時間不定、紙と筆記具）

　自分たちの観察だけでは得られる情報に限りがあります。せっかく現場に足を運んだなら、経験者に過去の体験を語ってもらうなど、そこで活動している方々にインタビューをしてみましょう。現場の生の声は貴重な情報源であり、レポートや資料では得られない、ユニークな情報が得られるはずです。

　うまく引き出すためには、あらかじめインタビューする内容や質問を練っておくことが大切です。答えを誘導したり、相手が答えにくくなったりしないようにするには、最低限のインタビューの技術を身につけておくとよいでしょう。

●現場へ行こう！ （人数無制限、所要時間不定、準備物なし）

　ワークショップそのものを、問題が起こっている場所やテーマに関わりの深い場所で開いてみましょう。たとえば、学校教育の問題を議論するのなら現実の小学校で、環境問題について考えるなら環境破壊の現場へといった具合です。現場には現場にしかない独特の雰囲気があります。その中でワークショップをやるだけでも、ずいぶん引き出される資源が違ってきます。

　さらに良いのは、現場の人がやっている活動を体験することです。たとえば、車椅子に乗っている人向けのサービスを開発したいというのであれば、自分たちも車椅子に乗ってみたり、サポートする側を体験してみたりするのです。実際に観て、やってみることで、相手の立場に立った物の見方が得られます。

●発見ゲーム （人数無制限、所要時間不定、準備物なし）

　必ずしも現場に行かなくても発見はあります。雑誌、新聞、テレビ、写真、音楽などの資料からテーマに関わりの深い題材を探してみるのです。たとえば人権をテーマにしたワークショップなら、人権を侵害している表現をメディアやネットから探し出して、どんなものがどれくらいあるかを、体験を通して実感します。観察眼を持って資料を眺めれば意外にたくさん発見できるはずで、あらためて普段あまり意識せずに暮らしていることに気がつきます。

　検索サイトのおかげで簡単に情報が手に入るようになりましたが、やはり自分の知恵と努力で探し出したほうが、テーマへの理解が深まります。労を惜しまずに、ワイワイガヤガヤとゲーム感覚でやってみましょう。

話し合う

　引き出された個人の体験や思いは、話し合いを通じて相互作用を起こしていきます。話し合いには実にさまざまな手法があり、ワークショップの狙いやメンバーの状況に応じて適切に使い分けるようにしましょう。

考えを広げる

　既存の枠組みにとらわれずに意見を発散させる代表的な手法を紹介します。さらに詳しく知りたい方は発散系の発想法を勉強してみてください。

●ブレーンストーミング　　　　（人数無制限、所要時間30分、紙と筆記具）

　アイデアを出すこと自体をブレーンストーミングと呼ぶ人がいるくらいポピュラーな技法です。メンバー全員で可能な限り多くの意見を出し合って、アイデアの幅を広げていきます。次の4つのルールを守らなければなりません。
 ・自由奔放：一切の聖域や制限はなく、どんなアイデアでもかまいません
 ・批判厳禁：人のアイデアを批判したり、評価したりしてはいけません
 ・結合改善：アイデアをどんどん付け足して、発想を広げていきましょう
 ・質より量：いきなり質の高いアイデアを目指さず、量を追求しましょう
　ルールはシンプルですが、場を上手に盛り上げるノウハウや慣れをどれだけもっているかが勝負の分かれ道になります。まったくの自由ではやりにくいと感じるのであれば、テーマを属性や要素で分解をして、切り口をファシリテーターが提示するとよいでしょう。

●ブレーンライティング 　　（人数無制限、所要時間30分、専用シート）

　ブレーンストーミングでは、どうしても特定の人に発言が集中してしまいがちになります。面白いアイデアを思いついても言い出せない人もいます。みんなでワイワイやるよりも、1人でじっくりと考えたいという人もいます。そういうときに役立つのがブレーンライティングです。

　机を取り囲んでメンバーが座り、それぞれがブレーンライティングシートを手にします。まずシートの上段にアイデア出しのテーマを書き、その下にテーマから連想するアイデアを3つ書きます。次にそのシートを隣の人に回し、前の人が書いたアイデアをヒントに、さらに3つ書き足します。無理にアイデアをつなげる必要はなく、まったく新しいアイデアでもかまいません。これを3〜5分間隔で、一巡するまで繰り返します。共有ファイルを用意しておけば、オンラインでも手軽にできます。

図 3-16 ｜ ブレーンライティングのシート

| テーマ | ペットボトルの使い方 | | |

	A	B	C
1	お茶を入れる	花を挿して花瓶にする	水を入れて重しにする
2	水を入れる	植物を育てる	ダンベル代わりに使う
3	水槽にしてメダカを飼う	水中栽培をする	新体操に使う

●希望点（改善点）列挙法 　　（人数無制限、所要時間30分、紙と筆記具）

　与えられたテーマに対して「こうありたい」「こうだったらいい」といった希望や理想を挙げて、新しいアイデアを出す方法が希望点列挙法です。現状や常識に縛られず自由な発想を生み出したいときに向いています。

　これに対して、「これは困る」「これが悩みだ」といった不満や問題点を挙げていく方法が改善点列挙法です。現実的な改善のアイデアを生み出したいときに役に立ちます。いずれの場合も、ブレーンストーミングと組み合わせて使うと効果的です。

●ストラクチャード・ラウンド 　　（人数無制限、所要時間30分、準備物なし）

　ファシリテーターが話し合いのテーマを出し、1人1〜3分と発言に制限時間を設け、全員が1人ずつ順番に自分の意見を披露していきます。ただし、他

123

のメンバーが発言している間は黙って聴き、発言に口をはさまないようにします。これを何回も回して、議論を深めていきます。

　うまくやるポイントは、時間とルールの管理で、特に「相手の発言をじっくりと聴く」という点を、態度も含めてしっかりと守ってもらわなければなりません。そのために、それを持った人だけが話す権利がある、トーキングオブジェクトを使うのも効果的です。

●アンチプロブレム　　　　　　　（人数無制限、所要時間30分、紙と筆記具）

　本来考えたいテーマと正反対の極端なテーマを設定します。たとえば、「どんな職場にしたいか？」を考えたいのであれば、「絶対に行きたくない最悪な職場はどんな職場か？」をブレーンストーミングなどでアイデア出しをします。時間で区切って終え、皆で気づきや感想を話し合います。

　応用編としてこんな方法もあります。先ほどと同様、正反対の極端なテーマで10分程度ブレーンストーミングをし、その後、本来のテーマでアイデア出しをします。次に、正反対のテーマで出てきたアイデアと、本来のテーマで出てきたアイデアを、「組み合わせて」より良いアイデアが出せないかを考えます。最悪だと思ったアイデアの中に、意外な目のつけどころが潜んでいるのが、このアクティビティの味わい深いところです。

●アイデア・チェックリスト　　　　（人数無制限、所要時間30分、紙と筆記具）

　あらかじめアイデアを出す切り口（チェックリスト）を用意しておいて、強制的に意見を出させる方法です。有名な手法として、オズボーンのチェックリスト法やその簡便法であるSCAMPERがあります。

　ファシリテーターが話し合いのテーマを告げ、壁に次のようなアイデアの切り口をA4用紙に書いて貼り出します。それを見ながらメンバーは、思いつくアイデアを付箋や紙に書き出し、それぞれの切り口のところに貼っていきます。

　　・変えたらどうか？　　　　　　　・拡大したらどうか？
　　・縮小したらどうか？　　　　　　・逆にしたらどうか？
　　・組み合わせたらどうか？　　　　・入れ替えたらどうか？

　大人数で議論しにくい場合は、チェックリストを各自に渡して書いてもらう方法もあります。いずれの場合も切り口を何にするかがポイントで、テーマを

活用するシーン、テーマに関わりある人(ステークホルダー)などが使えます。

●強制発想　　　　　　　　　　(人数無制限、所要時間不定、紙と筆記具)

　切り口を2つ用いる方法です。なるべく独立な切り口を2種類用意し、それを縦軸と横軸に並べた、大きなマトリクスを用意します。そこから先は、マトリクスのマス目を順番にたどって、縦軸と横軸の切り口の両方を組み合わせたらどのようなアイデアが生まれるかを考えていきます。

　すべてのマス目で強制的に考え、意外な組み合わせの可能性を探れるのがこの手法の特長です。代表的な切り口の組み合わせを以下に示しておきます。

　　・「市場ニーズや事業領域」×「自社のコア技術」
　　・「ユーザー・対象者セグメント」×「商品・サービス・支援カテゴリー」
　　・「ステークホルダー」×「役割」

図3-17 ｜ 強制発想

	過疎地における生活インフラ確保	健康寿命延伸	生き抜く力を身につける教育	晩婚化・少子化への対応	……
お客様の要望に合ったxxx素材を、迅速にカスタマイズし提供できる能力					
仮設建造物をどこよりも早く提供・設置できる能力					
非常時に、人々に日常の生活の安心・安全のひとときを提供する能力					
記憶に残る一日／場所／エンタメを創り出すプロデュース能力					

●マインド・マッピング　　(20人くらいまで、所要時間30分、ホワイトボード)

　アイデアを自由に発想するときは、箇条書きで記録をとるのではなく、放射

状（マンダラ状）に描いたほうが、発想が広がりやすくなります。

　ホワイトボードや模造紙を用意して、中央にテーマを書いて丸で囲みます。次に、テーマから思いつくキーワードやアイデアをおのおの挙げてもらい、切り口別にツリー状に描いていきます。このとき、1本の枝には1つのキーワードだけ書き、幹と枝を意識しながら書き分けていきます。大人数の場合は付箋を活用すると便利で、全員でひとつの図をつくっていくのも楽しいです。できあがったら、どのようにアイデアが広がったかを話し合います。

●マンダラート　　　　　　　　　　　　　（人数無制限、所要時間30分、紙と筆記具）

　アイデアを広げる仕掛けはマインドマップと同じですが、日本オリジナルの手法です。3×3のマス目をつくり、中心にテーマを書き出します。次に、テーマから連想するアイデアを周囲の8つのマス目に書きます。それが終わったら、新たに3×3のシートを8枚用意して、先ほどの8つ

図 3-18｜マンダラート

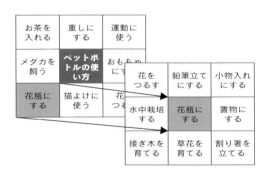

のアイデアを中心に書き、さらにアイデアを周囲に広げていくのです。まさに仏教のマンダラのように、アイデアの世界を無限に広げていく手法です。

●フリー・ディスカッション　　　　　（人数無制限、所要時間不定、準備物なし）

　アクティビティと呼ぶのに違和感があるかもしれませんが、フリー・ディスカッション（トーキング）も立派なアクティビティです。進め方や発言者を特にコントロールせずに、全員が自由に発言し合います。普通はファシリテーターすら置かず、完全にメンバーに任せます。互いの考えを知ることが目的となり、考えが深まるとか、結論が出るということは特に期待しません。

　まったく自由ではやりにくければ、トーキングオブジェクトを使いましょう。全員で円陣を組んで座り、中心にアイテムを置き、何か話したいことがある人がそれをとって発言をする、トーキングストーンというやり方もあります。

━━ 考えを深め合う

今度は互いの考えを深め合うアクティビティです。どの意見が正しいのか決めたり、結論を出したりする必要はなく、みんなの考えが深まればOKです。

●バズ　　　　　　　　　（人数無制限、所要時間10分、準備物なし）

近くにいる人2〜3人でワイワイガヤガヤと自由に雑談をするのがバズです。蜂がブンブンとうなっている様子からこのように呼ばれています。

大人数を前にして発言するのは勇気がいり、自然とあらたまった話になってしまいます。ところが、2〜3人なら気兼ねなく話せ、話をしているうちに自分が言いたかったことに気がついたり、話を聞いている間にひらめいたりすることもあります。雑談には、考えを深める大きな力が秘められているのです。

使い方としては、何かテーマ（問い）を決めて、感じたことや思ったことを自由に語り合うというのが一般的です。あるいは、振り返りをバズで行うのもよいでしょう。バズはワークショップのいろいろな局面で使え、バズをうまく組み込むことで、ワークショップにアクセントをつけることができます。

●ダイアログ　　　　　（10人くらいまで、所要時間2時間以上、準備物なし）

ダイアログ（対話）は「意味」を探求し、互いの考えを深めるための話し合いです。意見をまとめる必要はなく、できるだけ多様な考え（仮説）を出し合い、新たな物の見方を探していきます。テーマは、あらかじめ決まっている場合と、話しながら関心の深い共通の話題を見つけていく場合があります。

ダイアログでは、自分の意見を主張すると同時に、他人の意見を尊重することが大切です。良い／悪いといった判断を保留し、どの仮説もいったんは受け止め、すべての仮説をみんなの前に並べていきます。さらに、それぞれの意味を探求したり、新たな仮説をつくり出したりしていきます。

特に結論は必要なく、1人ひとりの中に新しい気づきがあったり、皆の中に、何か新しい考え、意味、意識、気持ちが共有できればそれが成果です。語り合いの中から「そんな考え方もあるのか」「私の考えが絶対的に正しいわけではないのかも…」という気づきや発見が生まれるのを期待します。とことん話し合

ったというだけでも立派な収穫です。

　このような発見は似た者同士で語り合ってみても生まれづらいので、参加者の中に異分子がいるとよいでしょう。意図的に外部の関係者（ステークホルダー）を招いて、その人も交えて行うダイアログは特に有用で、**ステークホルダーダイアログ**と呼ばれます。

●ワールドカフェ 　　　　　　　（人数無制限、所要時間不定、紙と筆記具）

　大人数を４〜５人のグループに分けて、全面に模造紙を広げたテーブルに着席してもらいます。テーブルごとに話し合いのホストを決め、話し合いのテーマが告げられたら、ホストを中心にテーブルごとに自由に語り合います（ダイアログ）。その中で印象に残ったキーワードは、各自テーブルの上の紙にメモ（落書き）していきます。

　20分程度ダイアログをしたら、各テーブルでホストを残して、他の全員はバラバラになるように他のテーブルに移動します。新たなメンバーで、自分のいたテーブルでどんな話があったかを紹介し、先ほどと同じようにダイアログを続けます。時間が許す限り、何度かこれを繰り返し、最後は全員が元のテーブルに戻ります。旅先での話を披露し合い、さらに対話を続けます（回数が多いときは、この間にホストをどんどん入れ替えていきます）。不思議と全員で話し合ったような内容や雰囲気に落ち着いていくのがこのアクティビティの妙です。100〜200人規模（慣れれば、それ以上）でも実施できます。

　ただ、各グループで話し合っただけで終わりにしてしまってはもったいないです。必ずしもひとつにまとめる必要はありませんが、ハーベストと呼ばれる成果の共有はぜひやりましょう。紙を壁に貼り出して全員で重要な箇所を挙げていく、個人／グループごとに印象に残った案を選び発表する、それらを親和図法やマインドマップでまとめる、などの方法があります。

　可能ならテーブルを円卓にしたいところです——上下関係が場所に反映されず、互いの距離も均等になります——が、いつも実現できるわけではありません。そこで重宝する道具が「えんたくん」です。直径１メートルほどの丸い段ボール板で、その上に円形のクラフト紙が重なっています。皆で円座になり、膝の上に乗せて使います。ダイアログするのにとても便利です。

図 3-19 | えんたくん

●オープンスペース （人数無制限、所要時間不定、紙と筆記具）

　ワールドカフェと同様、関係者一同が会して自分たちの考えをつむいでいく議論の手法のひとつです。参加者が自分たちでトピックをつくって主体的に話し合うところがポイントで、大人数で広い会場を使って話し合うのに向いています。できれば3日間くらい時間をかけてじっくりとやりたいところです。

　まず、参加者全員が輪になって座り、中央に紙と筆記具を置きます。テーマが宣言された後、そのテーマに関して話し合いたいトピックを思いついた人が中央に進み出てトピックを書き出し、みんなに説明をします。トピックがたくさん集まったら、何時からどの場所でそのトピックについて話し合うのかを調整して、スケジュール表を掲示します。

　後は、その時間になれば、興味ある人が集まり、自由に話し合っていきます。誰がどこに行ってもよく、面白くなければ途中で移動をしてもかまいません（バンブルビー：蜂と呼びます）。あるいは、どのトピックにも参加せずに、見ているだけでも結構です（バタフライ：蝶と呼びます）。

　時間がきたら、話し合いを終え、記録係が議論の内容をパソコンなどでまとめます。必要であれば、それをニューズレターとしてみんなに配布するようにします。そうやって話し合いを繰り返しながら、全体をまとめていくのです。

　オープンスペースには、いくつかの決まりごとがあり、ハリソン・オーエン

『オープン・スペース・テクノロジー』(ヒューマンバリュー)から紹介しておきましょう。

＜４つの原理＞

　・ここにやってきた人は誰でも適任者である

　・何が起ころうと、起こるべきことが起こる

　・それがいつ始まろうと、始まった時が適切な時である

　・それが終わった時が、本当に終わりなのである

＜１つの法則＞

　主体的移動の法則

図 3-20 ｜ オープンスペース

●シェアリング／分かち合い　　　　　（人数無制限、所要時間20分、準備物なし）

　ワークショップのほとんどすべての局面で使える、基本のアクティビティのひとつです。自分の考えを他のメンバーに話して、それを相手がしっかりと聴くことで、互いの考えを深めていく方法です。

　基本は、２人ペアで互いの考えや気持ちを伝え合います。他に、いったん自分の考えを紙に書いてから見せ合って伝えたり、インタビューをしてもらって相手から復唱してもらうなどいろいろなバリエーションがあります。人数も２人から何十人までいくらでもでき、時と場合に応じて使い分けてください。

　単に意見を分かち合うだけではなく、それに対する感想を聞きたければフィードバック、さらに助言や解決方法まで教えてほしければグループ・コンサルテーションというアクティビティになります。

●フィッシュボウル　　　　　　　　　（20人、所要時間60分、観察シート）

　金魚鉢という意味で、観察とフィードバックを使って、考えを深める方法です。まず、参加者を活動チームと観察チームに分けます。観察チームは、活動チームの周囲を取り囲み、彼らが活動する様を観察します。慣れないうちは、ポイントを書いた観察シートを用意するとよいでしょう。

　活動が終わったら、観察チームのメンバーが、自分たちが観察した結果を共有し、話し合います。それを今度は、活動チームが周囲を取り囲んで、観察するのです。これは何度でも繰り返すことができます（**リフレクションチーム**と呼びます）。考えを深めたいときや最後に振り返るときにも使えます。

●エンカウンター・グループ　　　　　（10人程度、所要時間不定、準備物なし）

　メンバーの主体性（自由度）を最大限に高めた話し合いの手法がベーシック（非構成的）エンカウンター・グループです。エンカウンターとは「出会い」という意味で、グループでの話し合いを通じて、自分や他者と出会い、個人の成長とともに対人関係を改善していくものです。

　10人程度が数日かけて話し合うのが一般的なやり方で、あらかじめ用意されているテーマや課題は何もありません。集まった人々が、感じた事を思うままに本音で話し合っていくだけです。その中で、自己開示、共感、葛藤、分裂など、さまざまなことが起こり、それこそが話し合いの素材になります。

　この手法を効果的にやるには、専門のトレーニングが必要なのですが、似たような非構成のワークショップに**オフサイトミーティグ**があります。現場を離れて気軽に真面目に共通の問題について語り合おうというものです。

　最初は1人30〜60分の自己紹介から始めます。自己開示と他者受容が進んだところで、特にテーマを決めずに気分のおもむくままに組織や人間関係の不満や問題点を語り合います。誰がどのように口火を切っても、話がどこに脱線してもかまわず、場にまかせて思うがまま話をしていきます。

　ある程度言いたいことを言い合うと、必ず前向きの力が生まれてきます。自分の意見に共感してくれる人がいると、互いの信頼感が深まってきます。そうするうちに、自然と少しずつ具体的な、これからの行動の話へと議論が移っていくのです。

互いの固い頭を打ち破り、創造を生み出すには、対立を使うのが一番です。意見を戦わせたり、いろんな立場から物事を考えたりすることで、互いの考えを深めていくアクティビティを紹介します。

●ディベート　　　　　　　　　　（20人、所要時間60分、紙と筆記具）

与えられたテーマに対して、賛成派と反対派に分かれてチームをつくります。メンバーには、自分が賛同できるほうを選んでもらい、なるべく数のバランスがとれるようにします。それぞれのチームは、軽い作戦会議の後、相手の考えを論破するために、主張、質問、反論を繰り返します。

正式なディベートでは、審判員が勝敗を判定するのですが、ワークショップでは、そこまでは必要ありません。それよりは振り返りをきっちりやって、意見の応酬から何を学んだかを議論するようにしましょう。

ディベートは、テーマに対する理解を深める優れた手法です。同時に、論理的に考えて議論をする能力を鍛え、立場が異なる人の考え（思考のプロセス）を理解することにもつながります。ワークショップの定番のひとつであり、中盤以降にテーマをもう一段深掘りするのに使うと効果的です。慣れないメンバーの場合は、意見や論拠を紙にまとめ、事前と事後で比較するとよいでしょう。

●ロールプレイディベートゲーム　　（20人、所要時間60分、役割シート）

ディベートを、違う立場の人を演じるゲームとしてやる方法です。これであれば、議論がヒートアップしても険悪にならずにすみます。

参加者をランダムに賛成派と反対派に振り分けるのが一般的なやり方で、それぞれの立場になってディベートをします。論拠が分かりにくければ、役割シートを用意して、できるだけ役になりきってもらいます。

あらかじめ、賛成か反対か、各人の意見を聞いた上で、自分の主張と逆の役割を演じてもらう方法もあります。これをやれば、相手の立場や背景がよく分かり、相互理解が深まっていきます。

さらにもっと大掛かりにやる方法もあります。ある問題に対する複数の利害

関係者(たとえば、顧客代表、社長、従業員、ライバル企業など)を役割として設定して、順番に役を回しながら、何度もディベートするのです。このときは、誰が誰の役をやっているかが分かるよう、名札を用意するとよいでしょう。

いずれの場合も、目的がテーマや互いの立場への理解を深めるところにあることを忘れないように。あくまでもゲームであり、役割として議論していることを強調して安全・安心の場づくりを心がけ、役になりきって楽しむことを伝えるようにしましょう。

●コンセンサスゲーム　　　　　　（人数無制限、所要時間60分、ワークシート）

ランキング(優先順位付け)を課題にして議論してもらい、テーマに対する理解を深めると同時に、考え方の違いや協働作業のポイントを学ぶゲームです。「月で迷ったゲーム」「砂漠に不時着したゲーム」などの定番モノがあるのですが、ここではオリジナルのゲームをつくることで、テーマを深める方法を紹介しましょう。

たとえば、ワークショップのテーマが「女性活躍推進」だったとします。インターネットなどで統計データを探し、「女性の管理職比率が高い職業」を7つ挙げ、正しいランキングに並べてもらうのを問題とします。最初は個人で考え、その後でグループで話し合って答えを出します。正解に近いほうが勝ちですが、個人の成績とグループの成績との改善度合い(チーム効果)も勝敗の材料となります。

あるいは、正解がないゲームもできます。たとえば、新任マネージャー研修で、「会社にいる困った上司」を7タイプ列挙して、同様の方法でランキングしてもらいます。これは正解がないのですが、共通の見方(傾向)や各人のこだわりの違いが分かり、ワークショップで議論する中身への関心が高まります。

いずれの場合もポイントは選択肢のつくり方で、いかにも判断を迷うような選択肢を7つくらい用意するのが適当です。選択肢が多いときや時間が不足するときは、1位を1つ、2位を2つ…といった具合に複数回答ありとするか(「ダイアモンドゲーム」と呼びます)、「少なくともベストとワーストを見つけてください」と指示するとよいでしょう。

133

●パネル・ディスカッション　　　（人数無制限、所要時間60分、準備物なし）

　複数のパネリスト（専門家）が集まって、ひとつのテーマについて議論を戦わせていく、ＴＶ番組やシンポジウムなどでおなじみの公開討論会です。単なる自説の披露に終わらないよう、パネリストを３～５名程度に絞り、パネリスト同士がしっかりと議論ができる場づくりを心がけましょう。

　一般的なやり方は、最初にパネリストにテーマに対する自分の意見を一通り述べてもらい、その後でパネリスト同士で意見を戦わせます。そして最後に、会場の参加者から質問や意見を募り、会場を巻き込んで議論を重ねます。

　もう少し聴衆の参加度合いを高めたければ、こんな方法もあります。ファシリテーターからパネリストと会場の両方に問いを投げ、それぞれA3用紙などのフリップに意見を書いてもらいます。最初に参加者全員にフリップを掲げてもらい、バズで意見交換すると同時に、気になる意見を少し説明してもらいます（飛び入りでパネリストになるのもあり）。その後で、パネリストの意見を披露してもらい、みんなで議論を戦わせていくのです。

● ６つの帽子　　　　　（人数無制限、所要時間30分、準備物なし／できれば帽子）

　強制的に特定の視点から意見を出す方法がいくつかあり、代表として「６つの帽子」を紹介しましょう（エドワード・デ・ボーノ『会議が変わる６つの帽子』翔泳社）。

　・白い帽子（情報）・・・事実と情報のみを見る

　・赤い帽子（感情）・・・感情的に見る

　・黒い帽子（消極的）・・・マイナスの側面を見る

　・黄色い帽子（積極的）・・・プラスの側面を見る

　・緑の帽子（創造）・・・創造的な視点で見る

　・青い帽子（戦略）・・・戦略を組み立てる

　通常は、これらの帽子を話の流れに沿って順番に使っていきます。最初は全員が白い帽子をかぶり、次に…といった具合です。実際に、６色の帽子を用意すると分かりやすくなります。

　あるいは、ロールプレイディベートゲームと組み合わせて、特定の帽子同士を戦わせるというやり方もできます。帽子の数や視点は必ずしもこれでなければならないということはなく、自分なりに工夫するとよいでしょう。

●リーダーズ・インテグレーション　（20人くらいまで、所要時間60〜120分、ホワイトボード）

　チームの中で、リーダーとメンバーの相互理解を深めたいときにとても効果的なアクティビティです。まずは、リーダーにこのチームをどうしたいと思っているか語ってもらいます（省略可）。次に、リーダーにはその場から退席してもらい、メンバーだけで以下の項目を順番に挙げて記録していきます。

　・メンバーがリーダーについて知っていること
　・メンバーがリーダーについて知らない（知りたい）こと
　・メンバーがリーダーに知っておいてほしい（期待する）こと
　・メンバーがリーダーに対して（貢献）できること

　それが終わったら、リーダーは戻ってきて、必要なところには答えつつ、メンバーと意見交換をします。リーダーを先生や親、メンバーを生徒や子どもとすればビジネス以外でも応用できます。

　利害関係者の相互交流でもこのアクティビティは使えます。たとえば、Aチーム（例：スタッフ部門）とBチーム（例：現場部門）でやる場合は、最初はAチームに対して、以下の項目を挙げてもらい、書き出して整理します。

　・自分たちAチームをどう思っているか？
　・Bチームに対してどういう思いを持っているか？
　・BチームがAチームに対してどういう思いを持っていると思うか？

　次に、Bチームに対しても同じ作業を行い、結果を突き合わせます。食い違っている点については、どうすればよいのかを議論していきます。

　これらのアクティビティのベースにあるのはジョハリの窓です。自己概念を自分が知っている／いない、他人が知っている／いないで区分けして考えるモデルです。

図 3-21 ｜ ジョハリの窓

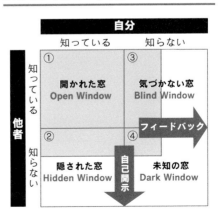

つくりあげる

　ワークショップも終盤になると、そこまでに広げたり深めたりした考えをアウトプットとしてまとめて形にするアクティビティ、あるいは、結論を出すためのアクティビティが中心となってきます。

■話し合いをまとめる

●Ｔチャート　　　　　　　　　（20人、所要時間30分、ホワイトボード）

　意思決定のときに使う最も基本的なアクティビティのひとつです。プロコン表とも呼ばれています。

　まず扱うテーマを確認した後、ホワイトボードの中央に１本の縦線を引き、左側を賛成（Pro）、右側を反対（Con）のエリアとします。次に賛成する理由と反対する理由を、出し合って記入していきます。このときに付箋を使うと、後でまとめやすくなります。

　一通り出し尽くしたら、それぞれの理由の重要度（重み）を考えながら、左右を比較していきます。たとえば、賛成の１つの項目と、反対に２つの項目を相殺する、といった具合です。そうやって最後に残った項目の数で、どちらにするかを決定するのです。

　賛成／反対だけでなく、メリット／デメリット、良い点／悪い点、増えるもの／減るもの、コントロール可能／不能など、二項対立のテーマであれば何にでも使えます。

●フォースフィールド　　　　（20人、所要時間30〜60分、ホワイトボード）

　現在のポジションを中心の1本の線として表し、右の端に自分たちの達成したい目標を書きます。目標が達成できれば中心の線が右端まで移動すると考えるわけです。まずは、目標達成を後押しする要因（推進力）を挙げて、中心線から左側の領域に記入し、同様に、目標達成を阻む要因（抑止力）を挙げて、右側の領域に記入します。

　こうやって項目が出そろったら、どれが目標達成に対して影響力が大きいかを議論して、重要度に応じてランクづけし、それに応じて太さや長さの異なる矢印で表現します。また、要因の種類によって色を変えて記入し直します。

　最後に、このチャートを見ながら、自分たちでコントロールしやすく、重要度の高い要因の中から順番に、どのように対処していくか、実行策を議論していきます。その上で、現状の線を目標達成の線まで動かせるかを確認します。

図 3-22 ｜ フォースフィールド

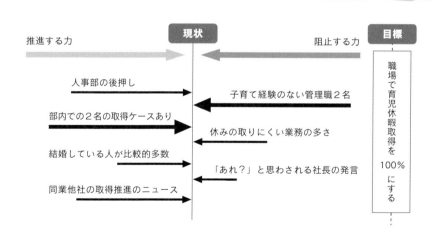

●タイムマシン法　　　　（20人、所要時間30〜60分、ホワイトボード）

　N年後の自分たちの姿を想像して、そのときどうなっていたいか、どういう状態であれば気分がよいかなどを出し合って、ホワイトボードの右側に書きます。次に、それを実現するためにはN／2年後にはどうなっていればよいかを、同じように出し合って、先ほどの左隣り（つまり、ホワイトボード中央部分）に

書きます。さらにＮ／２年後の姿を実現するために、Ｎ／４年後はどうなっていなければならないかを出し合っていきます。

　現状の延長線上で考えるのではなく、先に将来の姿を置いて、そこからバックキャストで考えることのできるアクティビティです。

●マトリクス／表　　　　　（20人、所要時間30〜60分、ホワイトボード）

　二項対立とは違い、期待と課題など、切り口が複数あるときに効果的なのが、マトリクスや表でまとめるやり方です。有名なのが、アイデアの絞込みに使うペイオフマトリクスです。解決策のアイデアを付箋に書き、簡単にできる⇔難しい、効果が大きい⇔小さいといった２つの軸でアイデアをマッピングして、少しでも効率的な案を選ぶのに使います。

　意思決定マトリクスもよく使います。想定される解決策のアイデアを１つの軸に、そして、望ましい策を選ぶ際の判断基準をもう１つの軸に置いて、マトリクスを書き、ひとマスひとマス検討していって、最終的にどの解決策にするかを決めます。

　あるいはビジネス分野でよく使うフレームワークのひとつにSWOTがあります。強み（資源）⇔弱み（課題）、機会（追い風）⇔脅威（向かい風）の２つの軸で内外の環境を分析して、自分たちが進むべき方向性を考えていきます。

　他にもマトリクスを使った整理法はたくさんあり、切り口を変えればいくらでもバリエーションができます。ただし、軸を選ぶときには、なるべく切れの良い、つまり互いに相関のない（独立している）２つを用意するのがコツです。そうしないと、同じ位置づけのところにアイデアが集中してしまい、整理にならないからです。

●親和図法　　　　　（20人、所要時間60分、ホワイトボードと付箋）

　最初に、テーマについて全員でレベル合わせをした後、各自の意見を付箋に書き出します。次に、付箋を提示して発表し合い、似たような内容のものを近くに並べていきます。全員の発表が終わったら、似た意味合いの意見の（小さな）塊ごとに、枠囲みをした上で、まとめの言葉を書いた付箋（メッセージカード）をつけます。

　さらに、メッセージカード同士を見比べて、似たようなものをグループ化し

て、同じようにメッセージカードをつけます。この作業を繰り返し、小グループ、中グループ、大グループと階層的にアイデアをまとめていきます。そうやって、最終的に3～5つの大きなグループに整理できれば、グループ同士の関係を議論して矢印で結んでいきます。余裕があれば、全体を見ながら結論をひとつの文章にまとめていきます。

　親和図法は、どのタイミングで使うかの見極めが、成功のカギとなります。あまり議論が成熟していない段階でやると、いろいろなレベルの意見が出てしまい、まとめるのに苦労します。メンバーのレベルが、ある程度そろってきた段階で使うようにしましょう。

　もうひとつ大事なポイントは、まとめの言葉を抽象的にしないことです。よくあるのは、「○○の問題」「○○系」といった、分類のカテゴリーワードをメッセージにしてしまう失敗です。元の付箋に書かれたキーワードをつなげたり、裏にある思いを引き出したりすると、分かりやすいまとめになります。いちどきにたくさんの付箋をまとめようとせず、こまめにくくっていきましょう。

●ピラミッド　　　　　　　　　　（20人、所要時間60分、ホワイトボードと付箋）

　大項目、中項目、小項目と意見を階層的に整理して、アイデアのヌケモレをなくそうという手法です。まとめ方や用途によって、**ロジックツリー**、**特性要因図**（フィッシュボーンチャート）などの名称で呼ばれています。

　ピラミッドのつくり方に2通りのアプローチがあります。ひとつはテーマを大きな切り口から分解していって、1段ずつ細かな切り口へと攻めていく方法です。たとえば、「売上アップ」というテーマを、商品、価格、販促…と分解していくやり方です。テーマに対して十分な知識があるときには、このほうが早くてスマートなまとめができます。

　もうひとつは、思いつくアイデアを全部出し切ってから、順に大きな切り口へと統合していくやり方です。どちらかと言えば「やる気を高めるには？」といった漠然としたテーマに向いており、時間はかかるものの誰でも参加できるのがメリットです。いずれの場合にも、できあがったときに、ヌケモレがないか、分かりやすい形になっているか、各段のレベルはそろっているかなどを必ずチェックするようにしましょう。

139

●セブンクロス　　　　　　　（20人、所要時間60分、ホワイトボードと付箋）

　たとえば「メンバーのやる気を高めるには？」をテーマに話し合うとしましょう。アイデアを付箋に書き出して、グルーピングをしてメッセージカード（例：成果と報酬を連動させる）をつけるところまでは親和図法と一緒です。今度はその後で、メッセージカードの重要度を比較して、優先順位をつけます。それを優先度の高いものから７つまで選んで、横並びに貼り出します。

　さらに、メッセージカードをつけたグループに入っていたアイデア（例：360度評価）を、重要度に応じて７つまで選び、各々の下に順番に並べていきます。これで７×７のアイデアが優先順位とともに整理できたことになります。

図 3-23 ｜ セブンクロス

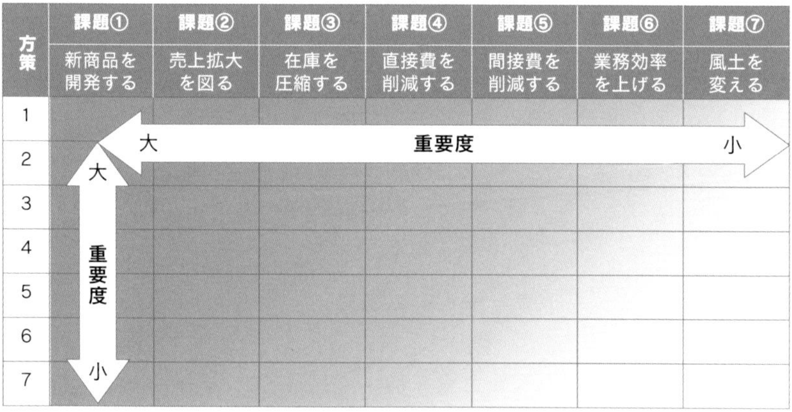

●３つの輪　　　　　　　　（20人、所要時間60分、ホワイトボードと付箋）

　初めに、テーマにふさわしい切り口を３つ選び、３つの重なった円としてホワイトボードなどに書き出します（例：Will、Can、Must）。最初は、１つずつの切り口に着目して意見を出して記録していきます。次に、円の重なり部分に着目し、同じように意見を出し合って記録していきます。３つの円の重なったところの意見が、すべての切り口を兼ね備えたアイデアになります。

　この手法の良さは、切り口の重ね合わせができるところにあります。あらかじめランダムに意見を出してから、３つの円で整理するやり方もあり、テーマやメンバーに応じて使い分けてください。

140

●プロセスマッピング （20人、所要時間60分、ホワイトボードと付箋）

　物事を因果関係や時系列で考えるときに向いた手法で、似たようなものに**フローチャート**、**連関図**などがあり、**システムシンキング**もこの流れです。

　たとえば、「新商品開発の期間を短縮する」がテーマであれば、新商品開発の指示が出てから完成までの出来事を分解して、付箋やボックスに書き出していきます。次に、それを順序関係や因果関係に沿って並べ、矢印で結んでいきます。完成したらそれを見ながら、業務のムダがどこで多く発生しているか、タイミングが合いづらいステップはどこか、どこのプロセスがボトルネック（隘路）になっているかを議論して特定し、改善策を考えていきます。

●ロジックモデル （20人、所要時間60分、ホワイトボードと付箋）

　サステナビリティをテーマとして扱う場合に頻繁に使うアクティビティです。現時点で行っている活動と、その活動が直接生み出すアウトプット（製品、サービス、直接的効果など）だけでなく、そのアウトプットが顧客、社会、環境などにどのような変化をもたらすか（アウトカム、インパクトと呼びます）までを考えるのに適しています。

　1つの使い方は、左から「活動」「アウトプット」「アウトカム」「インパクト」と書き、順番に、活動によってどんな結果が生み出されるか、その結果によって誰にどのような変化が現れるか、その変化によってさらにどのような変化や効果が生み出されるかを、丁寧に因果をつなぎながら、考えていきます。

図 3-24 ｜ ロジックモデル

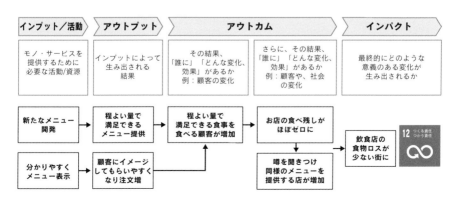

141

もう１つは、左に「達成したいゴール、課題」を置き、そこから順に「長期目標」「短期目標」「具体的活動」を考えていきます。最終的にどのような姿を達成したいかを先に考え、そこから現在に引き寄せながら必要な取り組みを考えるので、まさにバックキャスティングの思考の実践になります。

●ビジネスモデルキャンバス　　　（20人、所要時間60分、ホワイトボード）

　顧客や提供価値、チャネル、収益など９つの項目を持ったフレームワークを埋めながら、自分たちの考えている新しいサービスや事業の構造を整理していくアクティビティです。みんなで新サービスや事業を考えていると、散発的なアイデアを発散して終わりになってしまうことが多くなります。ところが、このキャンバスを使うと、アイデア同士の整合を取ることができ、抜けている検討のポイントに気づけるようになります。

図 3-25 ｜ ビジネスモデルキャンバス

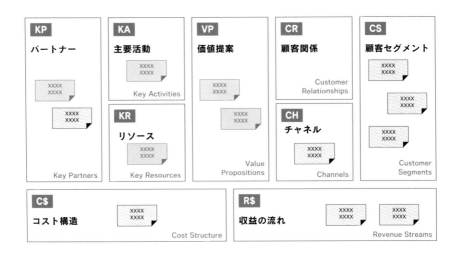

　ワークショップの成果（アウトプット）の形を決めれば、みんなの思いや考えがまとめやすくなり、活動に対するやる気も高まります。

●言葉／短文をつくる　　　　　（人数無制限、所要時間30分、紙と筆記具）

　活動の成果を言葉や短い文章でまとめる手法です。一例を挙げれば、グループワークの結論を、思い切ってA3用紙上の短文に集約するのです。

　ポイントは、紙の大きさ・種類・形、筆記具の種類、文字数、提出する短文の数、図表などを使って、まとめ方を上手にコントロールすることです。そうすることで成果のイメージ、まとめのレベルをそろえます。「ベストだと思われるアイデアを短冊にひとつだけ大きく紙に書いて提出してください」といったように、制限を強くすればするほど、まとめ作業の密度が上がってきます。

　他にも、キャッチフレーズ（コピー）、標語、俳句、川柳、ポエム、ルール、問い、漢字一文字、定義にするなど、まとめ方をいろいろ指定してみてください。内容だけではなく表現の仕方にも工夫が必要となり、まとめ作業が楽しくなります。

●物語をつくる　　　　　　　　（人数無制限、所要時間30分、紙と筆記具）

　短文でのまとめは、ポイントが絞られてよいのですが、文字数の制約からどうしても抽象的な表現になりがちです。そういうときに使いたいのが物語です。イメージが湧きやすくなると同時に、いわゆる暗黙知の部分が伝えられます。たとえばリーダーシップについて議論をしてきた場合、あるべきリーダーの行動の様子を実話風のストーリーとしてまとめてもらいます。社会的な問題に対して、将来の自分たちの生活を物語にまとめるといった使い方もできます。

　ひとつの物語をつくるには、相当突っ込んだ議論が必要となり、やっているうちに自然と、みんなが大切だと思う事柄に絞り込みがなされていきます。これも、成功談、失敗談、昔話、シナリオなど、表現を工夫することで、さまざまなバリエーションが楽しめます。

●宣伝物をつくる　　　　　　　　（人数無制限、所要時間60分、紙と筆記具）

　商品やイベントの企画を考えるワークショップでは、言葉だけで抽象的な議論をしていてもコンセプトの共有化がなかなか進みません。そういうときは、パンフレット、ポスター、チラシなどの宣伝物をつくりあげるのが近道です。マーケティング分野で**イメージカタログ**と呼ばれてきた手法もそのひとつです。

　言葉はもちろん図形やイラストなどの視覚情報をふんだんに使えば、イメージが共有しやすくなります。メディアの洪水の中で生活する現代人にとっては、宣伝物をつくることが、意識の共有に大きく貢献してくれます。

　さらには、物語と組み合わせて、ＴＶコマーシャルのシナリオや絵コンテをつくるのも盛り上がります。後で述べる演劇とあわせて、コマーシャルを実際に演じてみたり、短い動画をつくったりするのもよいでしょう。

●新聞をつくる　　　　　　　（人数無制限、所要時間60分、模造紙と筆記具）

　新聞、ＴＶニュース、雑誌記事などのマスメディアの情報は、将来像を共有するのに重宝します。それをうまく利用したのが、**未来新聞**と呼ばれるビジョンづくりのアクティビティです。

　最初に、自分たちが新聞のトップを飾るとしたらどんな記事になるかを考えます。次に、それをもとに実際の紙面（番組）をつくっていきます。見出しに工夫を凝らし、コラムを載せたり、広告を載せたりしてリアルな紙面をつくりましょう。そうやっているうちに、紙面の裏にある共通の思いがだんだんひとつになってきます。それを抽出してビジョンにまとめあげるのです。

図 3-26 ｜ 未来新聞

●紙芝居をつくる　　　　　　　（人数無制限、所要時間60分、紙と筆記具）

　先に述べた物語を発展させたのが紙芝居です。言葉だけではなく、絵や台詞

を使ってワークショップの成果をまとめていきます。起承転結やオチをつける
などしてストーリーに工夫を凝らすようにします。紙芝居の代わりに4コマ漫
画や絵コンテにするのも楽しく、このほうが直観的で分かりやすいという人も
多いかもしれません。

　紙芝居づくりでは、絵を描く人、台詞を考える人、発表をする人などが協力
して取り組まなければならず、チーム意識もさらに高まってきます。発表を見
るほうも楽しく、大いに盛り上がるアクティビティのひとつです。

●図／絵をつくる　　　　　　　（人数無制限、所要時間60分、模造紙と筆記具）

　「百聞は一見にしかず」の諺があるように、1枚の図や絵が持つ力は長い説明
を聞くよりもインパクトがあります。特に、まちの景観、部屋、新商品などの
デザインを目的としたワークショップでは、成果を絵（地図、模型、オブジェ
など）にまとめるのが一番の方法です。

　他にも、みんなのアイデアを付箋に書きだし、木（ツリー）や山登りなどにな
ぞらえて絵にまとめると分かりやすくなります。絵や写真を切り貼りしてコラ
ージュをつくったり、「イキイキってどんな状態？」といった抽象的なテーマを
みんなでひとつの絵にまとめていったりもできます。

●演劇をつくる　　　　　　　　　（人数無制限、所要時間60分、準備物なし）

　身体を使った表現は、人類が最も古くからしてきたコミュニケーションの手
段です。たとえば、仕事のストレスについて議論をしているときに、「仕事が思
うように進まない」という状態を身体で表現してみるとどうなるでしょうか。
1人でもできますが、数人が集まってやると、大掛かりな表現ができるだけで
はなく、そのときの心理状態も共有できます。これを人間彫刻と呼びます。

　さらに、そこに動きやストーリーを加えると表現の幅が広がってきます。シ
ナリオや役づくりをみんなで考え、寸劇に仕立て上げるのです（役に入れば即
興でも台詞は出てきます）。舞台演出や音響効果などにも凝って、本格的な演
劇をつくるのに挑戦するのもよいでしょう。

●音をつくる　　　　　　　　　　（人数無制限、所要時間60分、音の出るもの）

　ワークショップの成果は何も文章（言語情報）や画像（視覚情報）に限るわけで

はありません。一例を挙げれば、「いじめ」を音で表すとどんな音がするでしょうか。その答えを見つけるには、いじめを受けたときの経験や気持ちについて深い議論をしなくてはなりません。しかも、良し悪しが直観的に判断できるので、試行錯誤が繰り返されて相互作用が高まります。

　このように音、匂い、味、感触といった、普段あまり意識をしていない感覚を活用すれば、さらにワークショップは深まっていきます。実際に音や感触がつくれない場合は、擬音語や擬態語で表現してみましょう。

●エクササイズをつくる　　　　（人数無制限、所要時間60分、紙と筆記具）

　少し今までとは毛色の違った成果のまとめ方です。ワークショップの成果を直接的にまとめるのではなく、それに気づくようなエクササイズ（演習問題）やゲームに仕立てるのです。一番やりやすいのは「ワークショップを成功させる秘訣を３つ挙げてください」「どの行為が許される範囲でしょうか」といったクイズづくりです。どんなエクササイズも、回答するよりも出題を考えるほうが大変で、自然と議論が深いものになっていきます。もちろん、できあがったら、チーム対抗でエクササイズの出来栄えを競い合ってみましょう。

●ペルソナ　　　　　　（人数無制限、所要時間60分、ホワイトボード）

　商品開発のワークショップなどにおいて、ターゲットとなる顧客に関する情報をひとまとめにして、顧客像を明らかにしたのがペルソナです。架空の人物（一人）を設定し、名前、性別、年齢、家族構成、居住地、学歴、職業、年収、趣味、嗜好、ライフスタイル、行動パターン、悩みなどを整理していきます。絵空事にならないよう、調査をして仮説・検証・修正することが大切です。

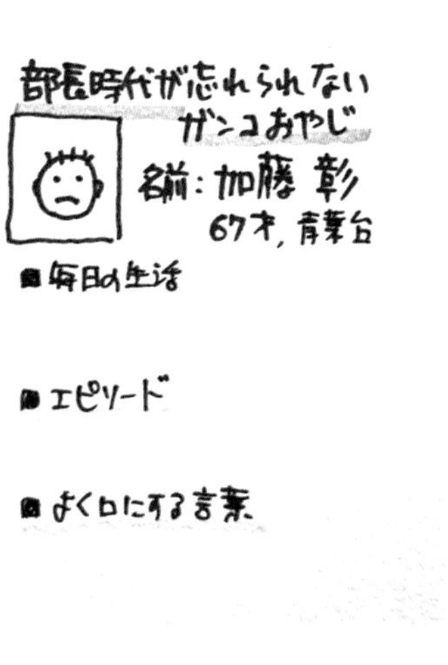

　そこからさらに、その人が感じていること、言っていること、考えていることなどを想像して、マップにして整理して

図 3-27 ｜ペルソナ

いくのも有用です。共感図法と呼ばれる手法です。人物像がさらに明らかになり、体感的に理解できるようになります。

●カスタマージャーニー　　　　（人数無制限、所要時間60分、ホワイトボード）

典型的な顧客であるペルソナが、商品を知ってから購買に至る体験プロセスを可視化するのがカスタマージャーニーマップです。顧客視点でマーケティングを考える際の格好の材料になります。

カスタマージャーニーマップでは、ペルソナが商品とのさまざまな接点（タッチポイント）に触れたときに、どんな行動を取り、何を感じたり考えたりしているかを、時系列に書き出して一覧表にまとめていきます。こうすることで顧客への理解が深まり、みんなで共通の認識を持つことができます。そこからさらに、各時点において顧客が抱いたニーズへの対応を考え、具体的な施策へと落とし込んでいきます。

図 3-28｜カスタマージャーニーマップ

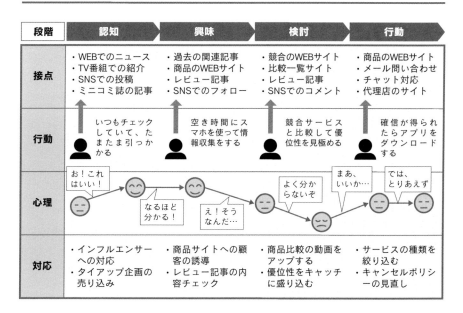

分かち合う

　ワークショップの最後では、成果を分かち合うと同時に、活動そのものを振り返ることが大切です。時間が足りないからといって省いてしまうと、ワークショップが尻切れトンボになってしまいます。

成果を共有する

　グループや個人の成果を発表し合うアクティビティと、それらを評価しつつさらに深めていくアクティビティを紹介します。

●プレゼンテーション型　　　　　　　（人数無制限、所要時間不定、発表資料）

　個人やグループごとに順番に成果を発表していく、最もオーソドクスなやり方です。グループの場合は、発表者1人に任せず、なるべく全員で発表する形にします。発表で使った成果物は1箇所にまとめて掲示しておくと、全体の一体感が高まります。発表の後は暖かい拍手をお忘れなく。

　この方法は、1つひとつの成果への理解を深めるにはよいのですが、時間がかかるのが難点です。長演説をする参加者がいると、聴いている側もたまりません。「1グループ3分で、残り1分で予鈴を鳴らす」といったタイムキーピングが大切です。

　さらに「結論とその理由をお願いします」「A4の紙にまとめておいてください」などとあらかじめポイントを絞っておいたり、「言葉／短文をつくる」アクティビティのようにまとめ方に制約を課したりするのが、コンパクトに発表して

もらうコツです。発表の文言を規定し、必要箇所だけ言葉を入れてもらう、穴埋めプレゼンテーションという方法もあります。

●バザール型　　　　　　　　　　　　（人数無制限、所要時間30分、発表資料）

　プレゼンテーション型には、興味のない発表にもつきあわないといけない上に、質疑応答に十分な時間がかけられない、という欠点があります。これを補うのがバザール（ポスターセッション）型です。

　グループワークが終わったら、それぞれの成果を壁に貼り出してブースをつくり、そこに説明員を1人つけます。残りのメンバーは解散をして、興味のあるグループに行って話を聞いたり、質問や批評をして回ります。こうすれば、短時間で密度の濃い成果の共有ができます。ただし、説明員の人も他のグループの話を聞きたいので、途中で交代をすることを忘れないでください。

●回遊型　　　　　　　　　　　　　　（人数無制限、所要時間15分、発表資料）

　バザール型よりもっと手軽なのが回遊型（ギャラリーウォーク）です。グループワークの後、成果物をその場に残したまま、1グループずつ移動をして、順繰りに他のグループの成果を眺めていきます（山手線方式と呼びます）。あるいは、全員がまったく自由に回遊するのでもかまいません。説明員が残っていないので質疑応答はできませんが、当事者がいない分、批評がしやすくなります。

　似たようなやり方で、人ではなく、成果物のほうを順繰りに送っていくやり方もあります。グループ内で個人の成果を共有するときにも使えます。

図 3-29 ｜ バザール型（左）と回遊型

● 2 → 4 → 8 → 16 　　　　　　　（人数無制限、所要時間30分、紙と筆記具）

　話し合いをまとめるのと共有するのとを同時進行させる簡単な方法です。何について結論を出してほしいか告げた後、まずペアになって話し合い、2人の結論を紙に書きます。次に2つのペアが合流して4人になり、結論を共有してからさらに話し合い、4人の結論を紙に書きます。さらに、4人のチーム2つが合流して8人になり…とだんだん人数を増やしていきます。8人か16人になったところで、全体で、各チームからの発表をしてもらいます。

　みんなで立ち上がって、動き回りながら、話し合ったり、床に座って紙に成果を書いたり、という作業が動きや一体感を生み出します。場がとても活性化するアクティビティです。

● 会場アンケート 　　　　　　　　（人数無制限、所要時間10分、紙と筆記具）

　ここからは互いの成果を評価し合うアクティビティを紹介していきます。まずは、アイデアや成果を比べたり、人気（注目）度合いを調査するのに使う「会場アンケート」です。やり方にいくつかのバリエーションがあります。

- ・拍手で人気度合いを調査します。拍手できるアイデアの数を決めておくか、拍手の大きさで気持ちを表します
- ・全員に番号を書いた5本程度の旗を渡して挙げてもらう（複数回答あり）、**旗揚げアンケート**という方法です。指や手で表現するのでもOKです
- ・バザール型で気に入ったアイデアに記号（○や△、笑顔マークなど）を書き込んだり、付箋（優秀を緑、次点を黄色など）を貼っていきます
- ・紙や付箋にアイデアを書いて並べておき、気にいったものを各自が数十センチだけ一定方向に移動させていけば、人気度グラフができあがります。会場全体を使えば、メンバーの立位置や歩数でも表現できます

　いずれの場合もあくまでも「好感度調査」であり、これで決着をつけるわけではないことを明言しておきましょう。優秀なアイデアを選び取るのにも使えますが、その場合はそれを断ってから使うようにしてください。

● 多重投票法 　　　　　　　　　　（人数無制限、所要時間15分、投票アイテム）

　1人で複数の票を持って多数決する方法です。優れたアイデアや提案を選んだり、優先順位をつけたりするのに使います。票数分だけ丸シールを配り、ア

イデアに貼りつけてもらうのが一般的です。

　１人に何票を持たせるのか、票の重み付けをするのか（例：優秀３点、秀２点、良１点）、評価基準を設定するのかなど、ルールを工夫することでいろいろな状況に対応できます。「会場アンケート」で紹介したさまざまな方法を組み合わせることもできます。ノミナルグループプロセスと呼ばれる、ブレーンストーミングと重み付けの多重投票法を一体化した方法もあります。

　多重投票法では、１人が持つ票数を増やせば増やすほど、結果が平均化されていきます。すべてのアイデアがそれなりに報われるのですが、票の差がつきにくく、最終的な意思決定に使うのには向きません。その場合は、上位のアイデアで決戦投票をやるか、最後は話し合いで決めるようにします。

　なお、「会場アンケート」も「多重投票法」も、どれに票が入っているのか／入っていないのかが見えるため、票入れ行動がそれに影響されるものです。この影響を避けるにはアンケート作成・集計アプリを活用するのが有効です。結果が直ちに集計されるのも楽しく、使える技術は使わないと損です。

●付箋でコメント

（人数無制限、所要時間20分、付箋）

　バザール型や回遊型で成果を分かち合うときに、評価や感想などのコメントを付箋に書き出して、成果物の該当する箇所に貼りつけて、残していきます。こうすれば、プレゼンテーションをしてから質疑応答やコメントするよりも、密度の濃いフィードバックができます。少し凝りたければ、ポジティブなコメントを緑色に、ネガティブなコメントをピンクにといった、付箋の色分けをする工夫もできます。

図 3-30 | 付箋でコメント

151

活動を振り返る

　ワークショップの締めくくりは、活動の中で得た気づきを分かち合い、次の活動につなげるアクティビティです。単なる反省会やダメ出しにならないように気をつけましょう。

●チェックアウト　　　　　　　　（人数無制限、所要時間20分、準備物なし）

　ワークショップが終わって感じたことや今の心境を語ってもらう、最も手軽な振り返りのアクティビティです。次のような問いをファシリテーターが投げかけて、1人ひとりの思いを引き出していきます。

　　・ワークショップに満足できましたか？　どこが満足（不満）？
　　・終わってみて、今、どういう気持ちですか？
　　・ワークショップで何に気づき（感じ、学び）ましたか？
　　・今日の気づきを明日からどう活かしますか？

　サークル型のレイアウトでやると、場のムードがガラッと変わり、互いに聴き合おうというムードが生まれます。話しにくい場合や特定の人の話が長い場合には、時計をトーキングオブジェクトとして使うと効果的です。

●振り返り／リフレクション　　（人数無制限、所要時間30分、振り返りシート）

　体験→指摘→分析→概念化の体験学習のサイクルに沿って気づきを深めていく手法で、振り返り（省察）の標準型といってもよいでしょう。ファシリテーターが以下の4つの問いを順番に出して、体験を行動へと結びつけていきます。

　いきなりでは話しづらい場合や、1人ひとりにしっかりと考えてほしい場合は、振り返りシートを活用します。いったん、自分の考えをそこにまとめてもらってから、みんなで共有するようにするのです。

　　①ワークショップで何が起こりましたか？　何を感じましたか？
　　②なぜそのようなことが起こった（感じた）のでしょうか？
　　③そのことから、あなたは何を学びましたか？　何が言えますか？
　　④学んだことを、これからどのように活用していきますか？

●沈黙 (人数無制限、所要時間5分、準備物なし)

その名の通り、少しの間一言も話さずに、ワークショップで起こったことを各自で振り返ります(正座や寝てやるのでもよい)。これだけで気づきがグッと深まり、その間に考えたことを書き出したり、チェックアウトや振り返りをやると内容に深みが増します。

あるいは、連続ワークショップをやっているときに、沈黙を使って、前回起こったことをオープニングで振り返るというやり方もできます。気づいたことを毎回記録していくと、ワークショップの貴重な財産になるはずです。

●フィードバック (人数無制限、所要時間30分、準備物なし)

相手を見て自分が感じたことを、そのまま相手に返すのがフィードバックです。いわば相手の鏡になって、「こんなふうでしたよ」と相手の様子を伝えてあげるのです。助言や忠告は無用で、それを聞いてどうするかは、相手に委ねます。フィードバックをするときは次の原則を必ず守るようにしましょう。

・相手の了解のもと、建設的な目的のために行う
・相手の態度や行動についてのみ伝える
・個人の観察／印象／判断のみを伝える
・具体的かつ明確に相手を描写する

●2ストライク3ボール (人数無制限、所要時間30分、紙と筆記具)

振り返りでは、他のメンバーに対するネガティブな意見(フィードバック)が出しにくいものです。そこで活用したいのが2ストライク3ボールです。良い点を2つ、改善点を3つずつ挙げてもらうのです。

数を決める、良い点を先に挙げる、悪い点ではなく改善点を、というのがミソです。こうやれば無理なくネガティブな意見が出せます。ストライクとボールの数は、その場に合わせて調整するようにします。似たような手法にプラスとデルタ、I like・I wishなどがあります。

改善点だけを抽出したいときは、「役割だと思って、わざとコキ下ろしてください！」とお願いする**悪魔の批評者**というアクティビティもあります。この場合は、険悪なムードにならないようにゲーム感覚でやるようにしてください。

●友人への手紙 （人数無制限、所要時間10分、紙と筆記具）

　ネガティブな意見も遠慮なく出してもらうためのもうひとつのやり方は、フィードバックシートに書いて相手に渡すことです。参加者それぞれに対して、良かった点（こんなことをしてくれてありがとう）と改善点（もっとこうしてくれたら良かった）を書いてプレゼントするのです。ただし、ここでも先に述べたフィードバックの原則を守るようにしてください。

　これを応用すれば自分への手紙もできます。自分が振り返った内容を書いて預けてもらい、一定期間たってから返します。忙しい日常の中で忘れがちな気づきを思い出してもらうための優れた方法です。

図 3-31 ｜ 友人への手紙

友人への手紙 （フィードバックシート）　　　　　　　　　（　　　　）さんから、（　　　　）さんへ
1．ワークショップの中で相手に対してどんな印象を持ちましたか？
2．ワークショップの中でどんな点が良かったですか？　もっと頑張ってほしい点はありませんか？ 　　＜良かった点：具体的に＞　　　　　　　　　　＜努力してほしい点：具体的に＞
3．その他、相手に対して、ワークショップの中で気づいたことはありませんか？

●私の宣言／公約 （人数無制限、所要時間30分、紙と筆記具）

　ワークショップという場は、現場から離れた非日常的な空間です。そこで得たものを、しっかりと日常に橋渡しをして、一過性のお祭り騒ぎに終わらせないようにしなければなりません。それには、自分の決意や明日からやろうと思ったことを、1人ひとり公約（マニフェスト）として（できれば書いてから）宣言してもらうのが一番です。ワークショップで得た気づきを見つめ直し、これからの自分にとっての意味を考えざるをえなくなります。

●KPT （20人、所要時間30分、ホワイトボード）

　プロジェクトマネジメントの世界で広く用いられてきた振り返りの方法です。

最初に、これからも続けるべき
良い点（K：Keep）をできるだけた
くさん出してもらいます。次に、
今後改善が必要な問題点（P：
Problem）を洗い出します。最後
に、問題点への対策を含めて、こ
れからやってみたい点（T：Try）
を挙げていきます。こうすれば、
効率的に活動を振り返ることがで

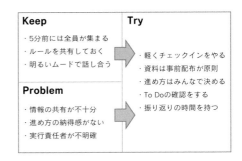

図3-32 ｜ KPT

Keep	Try
・5分前には全員が集まる	・軽くチェックインをやる
・ルールを共有しておく	・資料は事前配布が原則
・明るいムードで話し合う	・進め方はみんなで決める
Problem	・To Doの確認をする
・情報の共有が不十分	・振り返りの時間を持つ
・進め方の納得感がない	
・実行責任者が不明確	

きます。普段の会議でも使えるので、ぜひ試してみてください。

●落書きボード　　　　　　　　　　（人数無制限、所要時間不定、掲示板）

　振り返りの時間が十分にとれないときや、幅広い気づきを集めたいときに効果的な方法を紹介しましょう。

　ひとつは、ワークショップへのアンケートを兼ねて、振り返りシートを提出してもらう方法です。言えなかった話や、言い足りなかった点も書いてもらうようにすれば、参加者の満足度も高まります。

　ただ、これだとその場で分かち合えません。そこで、感じたことを紙に書いて壁に貼り出し、バザール型か回遊型を使ってみんなで眺める方法をお薦めします。あるいは、会場の外に大きな掲示板を用意して、休憩時間など時間のあるときに自由にコメントを書いて（付箋を貼りつけて）もらうのも一法です。

●ワークショップ通信　　　　　　（人数無制限、当日の時間は不要、制作物）

　ワークショップの成果や振り返った内容を、その場だけで終わらせるのはもったいないです。手間はかかりますが、ワークショップ後に、ワークショップの模様を伝えるニューズレター（会報）やメールマガジンを発行して、みんなで分かち合うようにしてみてはいかがでしょうか。

　ワークショップの記録になるだけではなく、参加できなかった人に、その模様を伝えることができます。連続ワークショップをする場合に、途中から参加した人に、今までの経緯を伝える役目もしてくれます。参加者以外の意見を載せる場も提供できます。

Q　いつも同じアクティビティでマンネリ気味です。もっといろいろなアクティビティを身につけるにはどうしたらよいでしょうか？

A　手っ取り早いのは本を活用することです。そのなかで興味を引くものを見つけたら試してみましょう。世の中には極めて多種多様なアクティビティが開発されており、ここで紹介できなかった素晴らしいものもたくさんあります。さまざまなフレームワークもアクティビティを設計するときに有用です。巻末のブックガイドと少しかぶりますが、著者がしばしば参照する参考図書を挙げておきます。

・森時彦『ファシリテーターの道具箱』ダイヤモンド社
・森時彦『組織を変えるファシリテーターの道具箱』ダイヤモンド社
・堀公俊、加藤彰、加留部貴行『チーム・ビルディング』日本経済新聞出版
・青木将幸『アイスブレイク　ベスト50』ほんの森出版
・ワークショップ探検部『今日から使えるワークショップのアイデア帳』翔泳社
・ワークショップ探検部『そのまま使えるオンラインの"場づくり"アイデア帳』翔泳社
・プロジェクトアドベンチャージャパン『グループのちからを生かす成長を支えるグループづくり』みくに出版
・情報デザインフォーラム編『情報デザインのワークショップ』丸善出版
・デイブ・グレイほか『ゲームストーミング』オライリー・ジャパン
・前野隆司『システム×デザイン思考で世界を変える』日経BP
・山口高弘『アイデア・メーカー』東洋経済新報社
・堀公俊、加藤彰『アイデア・イノベーション』日本経済新聞出版
・鈴木克明『インストラクショナルデザインの道具箱101』北大路書房
・堀公俊『ビジネス・フレームワーク　第2版』日本経済新聞出版
・株式会社アンド『ビジネスフレームワーク図鑑』翔泳社

第4章

実践編 | 4

さまざまな場面で実践してみよう！

ワークショップをデザインしてみよう

ここまでは、ワークショップをデザインする上で基本となる要素について、さまざまな技法とあわせて解説をしてきました。後は、これらを自在に組み合わせて自分なりのプログラムをつくるだけです。

とはいえ、いきなりワークショップをデザインしろと言われても、慣れない人は面食らうかもしれません。素材とレシピが手元にあっても、料理の経験が乏しいと、全体像がイメージできないからです。

そういうときは、すでにあるプログラムを読み解いて勉強するのが、一番の近道です。実際のプログラムの中から、素材の活かし方やレシピに込められた意味を学んだり、実践する際のノウハウを感じとっていくのです。

また詳しくは第6章で述べますが、ワークショップのデザイン力を高めるひとつの方法は、既存のプログラムを流用することです。まずは、それをそのままやってみて、自分なりにアレンジしていくところから始めるのが、手っ取り早い上達法です。

代表的な20のワークショップ

そこで本章では、代表的なワークショップのプログラムを取り上げて、それがどういう考えのもとに構成されているのかを紐解いていくことにします。ワークショップの各タイプから、20のシーンを選んでみました。いずれも実践の中から練り上げてきたものであり、そのままでも使えるようになっています。

＜組織系（問題解決型）＞

①課題を発見するワークショップ

②業務を改善するワークショップ

③新しい商品を企画するワークショップ

④新ビジネスを構想するワークショップ

⑤新しい経営手法の導入を促進するワークショップ

⑥部門横断的な問題を解決するワークショップ

<社会系（合意形成型）>

⑦チームの力を高めるワークショップ

⑧部門のビジョンを定めるワークショップ

⑨全国組織の結束を高めるワークショップ

⑩イベントを企画するワークショップ

⑪地域住民と合意を形成するワークショップ

<人間系（教育学習型）>

⑫リーダーシップを開発するワークショップ

⑬特定の技能を習得するワークショップ

⑭テーマの理解を深めるワークショップ

⑮社会的スキルを学ぶワークショップ

⑯自分のキャリアを考えるワークショップ

<複合系（変革型）>

⑰職場の問題を語り合うワークショップ

⑱M＆A後のチーム・ビルディング・ワークショップ

⑲問題解決型研修としてのワークショップ

⑳組織の存在意義を紡ぎ出すワークショップ

ワークショップのコンセプトやプログラムについては、第2章（87ページ）の標準フォーマットを使って、左側のページに記載してあります。まずはこれをざっと眺めて、コンセプトをどのようにプログラムに落とし込んでいるか、個々のセッションの狙いをどのようにアクティビティ・問い・場に展開しているか、大まかな流れをつかんでください。

その上で、それぞれがどのような思いや意図でデザインされているか、ワークショップ・デザイナーの頭や心の中の様子を、右側の解説のページを読んで知ってください。あわせて、プログラムを実践する際の進行役の注意事項や、実際にやってみた後で気がついた改善点も付記しています。これらを丹念に読めば、デザインへの理解を深めるとともに、皆さんがこのプログラムを実践するときのヒントになるはずです。

図4-1 ｜ ワークショップの様子

1 課題を発見する

（起承転結型、10名程度、2時間）

> **タイトル 「ここ1カ月の活動振り返りワークショップ」** ←

＜狙い／成果＞
T開発部門全員で、ここ1カ月の自分たちの活動を振り返った上で、今後、重点的に取り組む ←
項目を決めたい。

＜対象者／人数＞ T開発企画部　9名	**＜時間／場所＞** 11月25日（金）15:30～17:30　開発棟会議室B

	時間	狙い／目標	活動内容／問い	場の設定
1	15:30 （10分）	オープニング 話しやすくする	・ゴールとプロセスの説明 ・チェックイン 　→Good & New（最近のトピックス）	扇形、真ん中に飴 を置いておく ←
2	15:40 （20分）	状況を共有する	・報告「ここ1カ月の活動と現況」 ・質疑応答	プロジェクタ
3	16:00 （65分）	アイデアを発散 する	・ステップを踏んで振り返り 　→付箋に1人3枚程度書いては 　　出していく 　「今後も続けるべき活動は何か？」 　「現状の問題点は何か？」 ← 　「改善策には何があるか？」 　「今後試したいことは何か？」 ← 　「抜け落ちていることはないか？」	付箋、マーカー、 KPTの枠を書いた 模造紙を壁に貼っ ておく
4	17:05 （15分）	アイデアを絞り 込み、決定する	・全体討議 　「今後1カ月は何に注力するか？」	
5	17:20 （10分）	成果を確認する クロージング	・重点取り組み項目確認 ・チェックアウト	←

＜準備物＞
模造紙（2枚）、付箋（2パック）、水性マーカー（2セット）、プロジェクタ、説明資料、飴　など

160

いわゆるPlan-Do-SeeのサイクルのSee（振り返り）→Plan（計画）にあたります。とても単純なワークショップですが、すべての組織に適用できるでしょう（例：開発、営業、QC）。

いつもと違うミーティングという色合いを出すために「ワークショップ」という用語を織り込んでいます。ただ、職場によっては、ここまでしなくてもよいかもしれません。

問題解決の話し合いですが、大きな流れは起承転結型、発散収束型が基盤になっています。

壁に模造紙を貼って、それを取り囲むように扇型に座席を配置しました。手元資料は最小限ですむようにしています。

図 4-2 | 会場風景

図 4-3 | KPTを使った振り返り

あらかじめ枠をつくっておくと、振り返りと計画をする項目が明確になり、皆の議論もぶれにくくなります。

一度にたくさんの問いを投げかけるのではなく、ひとつずつ順を追って課題提示しています。また、この問いの数を調整したり、ひとつの問いにかける時間を調整したりすれば、トータルの所要時間もある程度柔軟に変えられます。短いケースでは1時間もあれば、それなりの振り返りワークショップができるでしょう。

できれば、いつまでに（When）誰が（Who）何を（What）するのか、3Wを確認して、To Doリストをつくって確認するようにするとよいでしょう。

※プロジェクト活動の振り返りの勘所そのものについては、「プロジェクトファシリテーション　実践編　ふりかえりガイド」（オブラブ　天野勝）が大変参考になります。（http://www.objectclub.jp/community/pf/）

2 業務を改善する

（発散収束型、10名程度、2時間半）

> **タイトル** 「皆でお客さまに喜ばれる営業所をつくろう」

＜狙い／成果＞

B営業所では、これまで所長と所員が一緒になって職場の問題を考えたことなどなかった。所長からの一方的な指示ではなく、皆で話し合って営業所をよくする方策を生み出したい。

＜対象者／人数＞	＜時間／場所＞
B営業所　10名（所長含む）	1月12日（月）17:00～19:30　営業所会議室

	時間	狙い／目標	活動内容／問い	場の設定
1	17:00（5分）	オープニング 話しやすくする	・本日のゴール、プロセス、ルールの確認	イスを丸く並べる、紙で掲示
	17:05（15分）		・1人作業：「年頭の決意」を書く ・チェックイン：書いたものを見せつつ	紙に漢字1文字を書く
2	17:20（15分）	アイデアを 発散する	・バズ（2人で） 「お客さまにもっと好かれる営業所になるには何をすべきか？」	
	17:35（30分）		・グループ分け 　誕生日順にラインナップ ・付箋を使ってアイデア出し 　※テーマは先ほどと同じ 　　1グループ40個と目標を設定	机を寄せて2グループに、お菓子も出す、模造紙を壁に貼る
3	18:05（15分）	アイデアを 共有する	・2グループからそれぞれ発表	発表側にイスを寄せる
休憩（10分）				
4	18:30（30分）	アイデアを 絞り込む	・多重投票法 　上位～20個に絞る ・ペイオフマトリクス 「明日から早速実行する項目は？」 　5つ選ぶ→所長意思決定	丸シールを利用
5	19:00（30分）	成果を確認する クロージング	・実施項目確認 　役割分担、必要経費の割当など決定 ・チェックアウト 「皆で話し合った感想は？」	全員で

＜準備物＞

A4紙（10枚）、模造紙（5枚）、付箋（2パック）、水性マーカー（2セット）、ゴール／プロセス／ルールを書いた紙（掲示用）、マーキングシール（1袋）、飴とチョコ　など

典型的な発散収束型のワークショップで、どんな場合にも使える基本形です。アクティビティを
うまく組み合わせることで、発散も収束も密度濃くできるようになっています。

前向きになれそうなタイトルをつけました。

営業所の改善というと、所長からの指示が飛んでくるというイメージができあがってし
まっています。今日はそういう話し合いにはしない、という自分の決意を皆に示します。

テキパキやれば2時間弱で終わりそうです。ただ、ワークショップは初めてで、途中で
もたつくと予想されるので、若干長めに設定しました。早く終わる分には皆も満足で
しょう。許容できる時間設定はそれぞれの職場のルールに合わせてください。

数人に声をかけ、会場準備を手伝ってもらいま
す。また、今日やることを、手元資料ではなく、
掲示物で示しました。

図4-4 今日やること

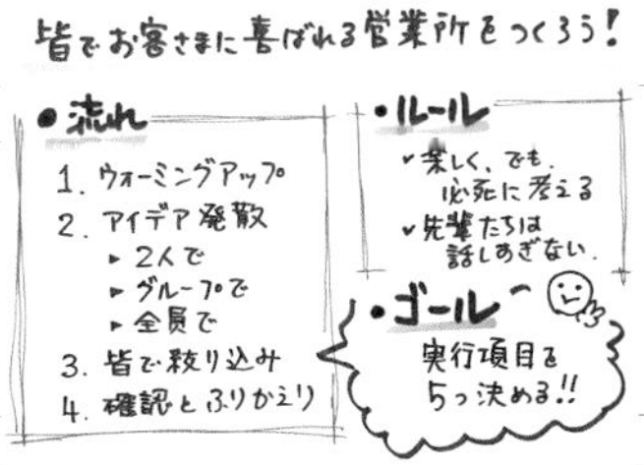

皆でお客さまに喜ばれる営業所をつくろう！

●流れ
1. ウォーミングアップ
2. アイデア発散
  ▶ 2人で
  ▶ グループで
  ▶ 全員で
3. 皆で絞り込み
4. 確認とふりかえり

・ルール
✓楽しく、でも、
 必死に考える
✓先輩たちは
 話しすぎない。

・ゴール ☺
実行項目を
5つ決める！！

事前にリーダー格2名と話し合って、テーマを練
りました。初めは「当営業所の問題点は何か？」
だったのですが、もっと前向きな問いのほうが討
議しやすいと彼らが言い出したのです。

「内容は突拍子もないものでいいから、とにかく数を出そう」と励ましました。また、自分
から「営業所で犬を飼う」などと笑えるアイデアを出して、ハードルを下げようとしました。
また、ファシリテーターは所員に任せるようにしました。

多重投票法とペイオフマトリクスを簡潔に説明で
きるように、事前に説明文を考えておきます。ま
た、ペイオフマトリクスは、同期の所長と一緒に
試してみて、進め方の感覚やコツをつかんでおき
ました。

図4-5 アイデアの絞込み

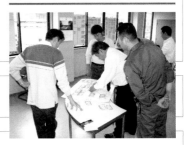

決定事項は、ちゃんと大書して、全員で確認する
ように努めます。

決まったら終わり！としてしまいそうですが、最
後の感想を語り合う時間を忘れずに入れておきま
す。

163

3 新しい商品を企画する

（企画発想型、20名程度、1日）

＜狙い／成果＞

次世代のスマホの商品ラインナップを立案するにあたり、従来にないまったく新しいフィーチャーを盛り込んだパイロット商品の基本コンセプトを企画したい。できれば新企画のイメージを固めるところまで、それが難しければいくつかのベースコンセプトができればOK。

＜対象者／人数＞	＜時間／場所＞
次世代企画プロジェクト　15名	10月18日(金)9:30～18:00？　セミナールーム

	時間	狙い／目標	活動内容／問い	場の設定
1	9:30 (20分)	オープニング	・リーダー挨拶 ・チェックイン（私のベストショット）	
2	9:50 (80分)	体験を通じて 頭をほぐす	・フィールド調査 「みんながどのようにスマホを使っているか を知ろう！」	屋外 （駅や繁華街）
3	11:10 (50分)	アイデアの もとになる 情報を集める	・ブレーンストーミング（付箋で） 「スマホは何に使えるか？」 ・回遊型でシェアリング	付箋を壁一面に 貼って、情報を共 有する
	昼食休憩（45分）			
4	12:45 (65分)	アイデアを 発想する	・ブレーンストーミング（A4紙で） 「こんなスマホがあったらいいな」 →アイデアチェックリストを併用 →さらにマンダラートも投入！ ・回遊型でシェアリング→付箋で多重投票	5人×3チームに 分けて対抗戦でブ レスト（アイデア の数で勝負）
5	13:50 (60分)	アイデアを 企画化する	・優秀作品をマインドマップ風につなげる →核となるコンセプト案をつくる ・この指止まれ方式で優秀案を採用	模造紙を4枚つな げて巨大マップを つくる
6	14:50 (160分)	企画を具体化 する	・イメージカタログ 「新商品のコンセプトは？」 ・プレゼンテーション＆質疑応答 ・会場アンケート（拍手で）投票 →優秀企画を3つに絞る	3チーム程度でカ タログづくりを競 争させる。パソコ ンなども大いに活 用する
7	17:30 (30分)	クロージング	・チェックアウト 「今日のワークで感じたことは？」	

＜準備物＞

スマホ（15台）、付箋（30パック）、模造紙（50枚）、ホワイトボード（5台）、紙（多数）、パソコン（5台）、カラープリンタ（3台）、雑誌（数十冊）、アイデアチェックリスト　など

1日がかりで一気にアイデア発想から企画までやってしまうプログラムです。かなり盛りだくさんなため、集中力を持続させるよう、ファシリテーターの舵取りが重要です。

「従来の発想にとらわれない新しい商品を」という願いをタイトルに込めています。

どこまでやれるかやってみないと分からないところがあります。なので、ゴールは2段階で設定しました。結果的には最終ゴールまでいったものの、ちょっと掘り下げが浅くなってしまい、2日かけてやるほうがよかったかもしれません。

終了時間を明確に知らせず、「満足できるまでやるぞ！」という決意を示しています。

ベストショットを持ってきてもらい、順番に披露して自己紹介。話し合いのきっかけにするとともに、テーマへの興味をかきたてるのに一役買いました。

抽象的（観念的）な議論にならないよう、通常の企画発想型のパターンの前に、体験を入れてみました。短くても振り返りの時間を取っておいたほうがよかったかもしれません。

20分で1人100枚書き出すという高いハードルを与え、徹底的に知識や情報の吐き出しをしました。それを壁に貼った姿はまさに壮観！　達成感もあります。

図4-8　アイデア出し

弁当を持ち込んで一緒に食事をとり、チーム・ビルディングとして活用しています。

午後の眠たくなる時間なので、競争の要素を取り入れて動きを与えるようにしました。アイデアチェックリストやマンダラートは行き詰まったときの対策として用意しておきました。

できあがったマインドマップは壁に貼り出して、みんなの成果とするとともに、行き詰まったときに振り返れるようにしました。

イメージカタログの制作には写真やイラストなどのビジュアルが必要となるので、パソコンとカラープリンタを用意しました。そのお陰で、どのチームも本物と見間違えるばかりの凝ったものが。ただし、気合いが入りすぎて、時間が大幅にオーバーしてしまいました。

時間オーバーのため、振り返りは飲み会の場でやることになりました。

アイデア発想のタネとなる雑誌などをたくさん取り揃えて場に置いておきます。発想型のワークショップでは、必要な素材・情報がすぐに手に入る環境を整えましょう。

4 新たなビジネスを創造する

（創造思考型、20名程度、2日）

タイトル　デザイン思考×DXサービス構想ワークショップ

＜狙い／成果＞

　自ら課題を発掘し、実際に新たなサービスのアイデアを創出するまでの一連のプロセス（デザイン思考）に、チームで取り組む。テーマは「ITを活用して、過疎地で有用となりうるサービスを考える」。新しいサービスの種を創案すること、およびその際に有効となる思考・活動プロセスを習得することを目的とする。

＜対象者／人数＞	＜時間／場所＞
DX推進委員　20名	6月2日（金）13:00、6月17日（土）9:00　研修センター301室

●1日目

	時間	狙い／目標	活動内容／問い	場の設定
1	13:00 （30分）	オープニング	・リーダー挨拶 ・ゴール、プロセスの確認 ・チェックイン	4～5名×4グループ、島型に
2	13:30 （45分）	知識をインプットする	・レクチャー　「デザイン思考とは？」 ・取り組み事例紹介 ・バズ　「感じたこと、思ったこと」	バズ時はイスを寄せ合いペアで
3	14:15 （90分）	観察・共感・課題設定を理解する	・レクチャー　「観察から課題設定まで」 ・観察のポイントを伝える ・個人演習：ビデオを使って観察練習 　→感想、気づき、疑問点をメモする ・メモをシェア	シェアリングはグループで
			・レクチャー　「課題設定のポイント」 ・問いづくりのポイントを伝える ・個人演習：問いを立てる ・シェアリング→振り返り	
4	15:45 （90分）	ペルソナとカスタマージャーニーを理解する	・レクチャー　「ペルソナとジャーニー」 ・グループ演習：ビデオを題材に ・個人でペルソナ作成	プレゼン時はイスを動かして扇型に集まる
			・個人でジャーニー作成 ・ジャーニーを披露（数人） 　→参加者、事務局などからコメント ・レクチャー 　「ジャーニーの作成のポイント」	
5	17:15 （15分）	クロージング	・インターバル課題（宿題）説明 ・チェックアウト	宿題は次回までにクラウドに

全体を創造思考型（デザイン思考のフレームワーク）で進めながら、部分的に知識体得型を何度も繰り返し、学習と創造を1つのプログラムの中でできるようにしています。

「デザイン思考」を前面に打ち出し、参加者の知的好奇心をくすぐるようにしてみました（逆に、組織の中で使い古されて、「またそれか…」と参加者に思わせてしまうようなキーワードなら、使わないほうがよいです）。一方で、教育的な狙いもあるのですが、あえて研修や講座とうたわず、アウトプットを求めることをタイトルに込めています。

学習（デザイン思考を習得する）と創造（新しいサービスを構想する）の二兎を追いながら、新規DXビジネス開拓への機運を高めることを狙っています。

1人ひとり個人で課題に取り組んでもらうために、2週間ほどのインターバルをとっています。間を空けすぎると習ったことを忘れがちになるので、これくらいがちょうどよい間隔です。課題のハードさに応じて、期間を延ばすと良いでしょう。

ビジネス寄りになればなるほど、場を打ち解けさせるアイスブレイク的な時間を省略してしまいがちになりますが、人間関係づくりは大事。極力早い段階で参加者に口を開いてもらう時間を取るようにします。開始後、長い時間にわたって受身的に聞く、というプログラムにならないよう工夫するのです。

まずはデザイン思考の考え方や進め方をしっかりと理解してもらいます。短時間に大量にインプットするにはレクチャーが打ってつけです。

ビデオは、共通のものを1本と、5本の中から1本を選んで、観てもらいます。以下のようにポイントを、壁に貼り出して、ガイドします。
・初めて観るようなつもりで、曇り無き眼で見る
・気づきをとことん書きとめる〜「濃い記述」を心がける
（状況、言動、表情・しぐさ、間の時間、空気、それらの時間的関係）
・記録を他の人が見たときに現場をイメージできるぐらいに書く
・「あれっ？」と思ったこと、意外に思ったこと、不思議だなと思ったことを書く
・人々の心の動きを反映しているのではないかと思われる事象に焦点を当ててみる

顧客の一連の行動や五感に触れる物事、そして感情を、時系列に沿ってできるだけ具体的に想像し、視覚化していきます。
共通のフレームワークで取り組むと、皆のアウトプットレベルが揃います。

図4-7 | ペルソナとジャーニー

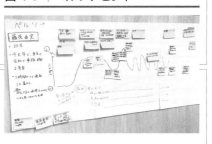

①あなたが着目する対象者のペルソナ、ジャーニー、着目するペインを再考し、見やすいように資料化／②着目するペインを2つ選び、それぞれのペインに対しどのような価値を提供できるかを発案——という課題に取り組んでもらいます。

●2日目

6	9:00 (20分)	オープニング	・今日のゴール、プロセスの確認 ・チェックイン	
7	9:20 (70分)	課題を絞り込む	・宿題のシェア ・各人の課題をブラッシュアップ ・グループ討議 「どの課題に重点的に取り組むか？」 ・課題を練りこみ、問いに仕上げる ・各グループの課題を発表	
8	10:30 (90分)	アイデアを発想する	・レクチャー　「ブレストの4原則」 ・グループ練習：子どものお手伝い問題 ・振り返り ・レクチャー　「ブレストのコツ」 ・ブレーンストーミング 「ITを活用した過疎地での新サービス」	フリップチャートと水性マーカー
		昼食休憩（60分）		
	13:00 (60分)	（続き）	・アイデアの追加 　→アイデア同士のかけ合わせと発展 ・シールによる多重投票 　（新規性、効果性、実現性） ・軸となるアイデアを決定する	丸シール
9	14:00 (120分)	プロトタイプをつくる	・レクチャー　「プロトタイピング」 ・プロトタイプづくり 「自分たちの新サービスを紹介する 　ポスターを作成する」 ・作品にタイトルをつける ・プレゼンの準備	フリップチャートと水性マーカー、雑誌の切り抜きなど画像素材
10	16:00 (90分)	アイデアをレビューする	・レクチャー　「レビューの進め方」 ・レビュー合戦（20分×3ラウンド） ・レビューを受けてアイデアを改善 ・ピッチ（プレゼンテーション） 　→コメントをシートに記載	フリップチャートを並べて貼りだせる壁面
11	17:30 (30分)	クロージング	・チェックアウト ・2日間の感想をみんなでシェア	

> **＜準備物＞**
> A4紙（30枚）、フリップチャート（30枚×1冊）、付箋（6パック）、水性マーカー（4セット）、ホワイトボード（4台）、ゴール／プロセス／ガイドを書いた紙（掲示用）、観察用ビデオ、マーキングシール（1袋）、飴とチョコ　など

必要であれば、もう一度課題やその意味について軽くレクチャーをします。重点課題の選び方は各グループに任せますが、必ずメンバー全員が納得するように。

1日目と同様、学習体得型を小さなサイクルにして所々に埋め込んでいることに着目してください。

演習の課題は「5歳のお子さん、そして、夫婦の3人家族。お子さんが家事のお手伝いをするようにするにはどんな方法がある?」といった簡単なものを用意しておきます。グループ対抗戦にしてアイデアの数やユニークさを競い合うと盛り上がります。

アイデアは必ずホワイトボードなどに記録します。マインドマップなどを使い、軽くグルーピングしながら書くと後で便利です。付箋を使うときは、必ず声を出すように伝えておかないと、相乗効果が生まれにくくなります。

3つの評価基準ごとにシールの色を変えて、気に入ったアイデアに貼り付けていきます。ただし、これで決めるのではなく、あくまでも決定のための判断材料として使い、最終的には話し合いで決めます。

図4-8 │ プロトタイプの例

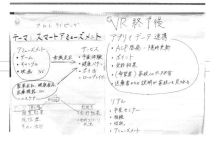

あくまでもアイデアを検証するためであり、合意を得るためではありません。見た目は大事ですが、不完全でいいから時間をかけずにつくるよう促します(凝りすぎる人に要注意)。

3グループで1組となり、1つが発表して残り2つがレビューのコメントをします。その場合は4つの観点からアイデアをレビューします。これを3回繰り返します。時間管理を怠らないようにしましょう。

図4-9 │ レビューのポイント

今回はサービスの開発なのでこれで十分ですが、モノを開発するときは、ブロック玩具、粘土、段ボール、布などをプロトタイプのために用意するようにします。

169

5 新しい経営手法の導入を促進する

（体験学習型、30名程度、1日）

タイトル　「バランス・スコアカード　はじめの一歩」

＜狙い／成果＞
　管理職の方々に、新しく導入する経営手法、バランス・スコアカード（BSC）とは何かを理解してもらい、不信感・抵抗感を軽減し、さらには良さも感じてもらって、導入への納得感を高める。実務で使えるようになってもらうレベルまでは欲張らない（それは次回以降）。

＜対象者／人数＞	＜時間／場所＞
管理職　1回あたり25名	3月13日（水）9:00～17:30　豊中研修センター

	時間	狙い／目標	活動内容／問い	場の設定
1	9:00 （25分）	オープニング 話しやすくする 頭をほぐす	・本日のゴール、プロセスの確認 ・グループ内自己紹介 ・○×クイズ	5名1グループで 島型、グループは 事前に設定
2	9:25 （85分）	基本をインプットして体験してみる、疑問などを気楽に口にできるようにする	・レクチャー「BSCの基本的な考え方」 ・ケーススタディ（短く簡単なもの） ・質疑応答：事前にグループで話し合って、3つの質問に絞ってもらう ・自由感想→休憩	コーヒーを 飲みながら、 模造紙、マーカー
3	10:50 （70分）	応用をインプットして疑問に答える	・レクチャー「当社の中でどのように使っていこうと考えているか」 ・質疑応答	
			昼食休憩（60分）	
4	13:00 （80分）	当社に適用し、実感をつかむ	・演習①「当社の置かれた状況は？」 　SWOTを使って、状況と今後の方向性を体系的に整理する ・壁に掲示して回遊型で共有→休憩	説明資料、模造紙、付箋、マーカー、グループ討議中は音楽を流す
5	14:20 （100分）		・演習②「当社の戦略マップをつくる」 　40分経ったところで中断し、感想を聞き、ポイントや留意点を補足説明	説明資料、模造紙、付箋、マーカー
6	16:00 （30分）		・バザール型にて発表	壁に掲示
7	16:30 （60分）	実際にやってみてどうだったかを共有する クロージング	・1人で作業「感想」 ・グループ内で意見交換 ・チェックアウト ・取締役より「皆さんへの期待」	感想シート、 丸くなって

＜準備物＞
模造紙（20枚）、付箋（10パック）、水性マーカー（5セット）、説明資料、コーヒー／菓子　など

体験学習型を使って、新しい経営手法を体感するワークショップです。一方的に押し付けるのではなく、参加型学習を使うことで納得感や当事者意識を高めるのが狙いです。

正確には「バランスト・スコアカード」ですが、言いやすい「バランス・スコアカード」で統一しました。また「導入説明会」よりも軽いタッチのネーミングを工夫しています。

新しい経営手法が全員から歓迎されることなどありません。不信感や疑念を感じている人たちに警戒心を解いてもらうのが重要な狙いであることを確認しています。つい欲張りたくなるので、「ここまではやらない」という線引きを明記しておくのも効果的です。

本題に時間をしっかり取りたいので、グループは事前に決めてしまいました。時間的余裕があるのなら、アイスブレイク効果も期待して、グループ分けやグループ名決めをしてもよいでしょう。また、頭をほぐすための、テーマに絡んだ簡単なクイズを用意しました。

冒頭のレクチャーでいきなりコーヒーを出します。この会社ではありえない常識破りをすることで、皆の意表を突き、「気楽に聴けばいいんだな」と印象づけました。

この段階での全員での質疑応答は、まだ気分がほぐれていない、発言者が少数の決まった人になる、周りと話せば解決するような瑣末な質問に時間を取られるなどのデメリットが想定されます。そこで、前もってグループ内で何を質問したいかを討議し、選別してもらいます。

ここでは全員での質疑応答でよいと割り切りました。出てきた質問をホワイトボードに書いていき、今、何のテーマで質疑応答がなされているのか明確にする工夫をします。

やってみて納得感を高めるには体験学習型のプログラムが基本になります。プログラム全体を通じて、体験→質疑／感想のセットが地道に繰り返されていることに着目してください。

図4-10 │ バザール型

自分たちでつくったものを発表するという行為は達成感があります。その一方で、長ったらしい発表が延々と続くのも避けたいところです。そこで、バザール型での発表、というアクティビティを採用しました。

討議風景および討議の成果物を撮影しておき、後日、全員にメール配信してフォローします。

6 部門横断的な問題を解決する

（問題解決型、10名程度、1日）

> **タイトル 「購買費削減ワークアウト」**

＜狙い／成果＞

A社では、さまざまな部門が好き勝手に購買をしてきた結果、もっと安く買えるルートがあるのに気づかなかったりしている。購買部単独ではなく、営業部、開発部、製造部が部門横断的に参集して、購買費を削減する方策を創案し、実行を決定したい。

＜対象者／人数＞	＜時間／場所＞
購買、営業、開発、製造、経理、山本取締役　計10名	2月17日(金)9:00〜18:30　会議室A

	時間	狙い／目標	活動内容／問い	場の設定
1	9:00 (30分)	ゴールを確認する、メンバーの関係性を築く	・本日のゴール、プロセスの確認 ・自己紹介「最近買った高い買い物」 ・握手でチェーン ・討議ルール制定	机を2グループ島型に配置、山本取締役以外がまず参集
2	9:30 (30分)	テーマを明示する	・討議テーマ提示・説明 ・質疑応答	山本取締役合流
3	10:00 (60分)	問題を共有する	・購買部より情報提供(ビデオ利用) ・プロセスマッピング→発表＆共有 「購買業務の問題点を洗い出す」	山本取締役退席 ホワイトボード、付箋
4	11:00 (60分)	課題を抽出する	・どの問題に絞り込むか？(親和図法など) ・発表＆全体討議 ・課題決定	
			昼食休憩 (60分)	
5	13:00 (90分)	原因を探索する	・問題の原因は何か？(特性要因図など) ・発表＆全体討議 ・休憩	
6	14:30 (90分)	解決策を立案する	・どのような解決策が考えられるか？ 　(ブレーンストーミングなど) ・全員で解決策を合体	
7	16:00 (60分)	提言する解決策を決定する	・リフレッシュ体操(肩もみ) ・解決策決定→発表準備 　(プロコン表、ペイオフマトリクスなど)	模造紙に清書
8	17:00 (60分)	提言し、意思決定する	・提言、質疑応答 ・山本取締役「Go or No Go」意思決定 ・役割分担など決定	山本取締役合流
9	18:00	クロージング	・振り返り	サークル型で

＜準備物＞ 模造紙(5枚)、付箋(3パック)、水性マーカー(2セット)、ホワイトボード(3台)、ゴール／プロセス／ルールを書いた紙(掲示用)、プロセスマッピングの概説資料、飴とチョコ　など

ワークアウトと呼ばれる典型的な問題解決型のワークショップです。このケースでは1日で討議し終えていますが、テーマの難しさによっては複数日かけるのが普通です。

研修と受け取られる可能性も低く、そのままストレートにネーミングしました。ワークアウトという「おや？」と思わせるキーワードを使っています。

この問題を話し合う上で必要な部門やメンバーを、欠けることがないように参集させました。また、このワークショップでは、最後の意思決定まで行うことがポイントですので、最終的に出てきた方策に対して意思決定できる権限を持った人にも参加を求めています。

各部門が協力し合って解決策創案に取り組んでもらわねばならないため、互いの距離を縮めるのに30分かけることにしました。軽いテーマを決めて自己紹介し、次にお互いに握手をします。また、本日の討議ルールも、事務局側から押し付けるのではなく、皆さんに決めてもらいました。

今回の討議テーマを最終的な意思決定者から提示してもらいます。テーマは「各部門が協力することにより、今後半年間で購買費を15%削減するにはどうすればよいか？」でした。ワークアウトでは具体的で明確なテーマを示すことが重要です。

図4-11 ワークアウトの様子

夕方の疲れた時間を、リフレッシュして乗り切るため、身体をほぐすアイスブレイクも織り込んでおきます。

たくさんある解決策の中から、良いものをいくつか選ぶのに、ペイオフマトリクスは使いやすい方法です。

討議の間は、要らぬ圧力がかからないように、意思決定者には席を外してもらい、最後の提言のセッションで再び登場してもらいます。ここでは、意思決定者は討議メンバーとしっかり質問・討議をし、提言内容、意図を理解した上で、「その場で」やるかやらないかの意思決定をします。持ち帰り／先延ばしをしないのがポイントです。

173

7 チームの力を高める

（体験学習型、20名程度、3日）

> **タイトル 「私たちは良いチームだろうか？」**

<狙い／成果>

部門のメンバーが、普段なかなか考えられないことを考える時間を持ち、互いをよりよく知り、活力と一体感のあるチームになっていけるようにする。

<対象者／人数>	<時間／場所>
部門全員　15人	6月9日17:00～20:00 会議室、6月27日13:30～28日15:00 青少年の家

●第1回

	時間	狙い／目標	活動内容／問い	場の設定
1	17:00 （20分）	全員が口を開く	・ゴール、プロセス、ルールの確認 ・Ｑ＆Ａ	イスを扇形に配置
2	17:20 （70分）	チームについて考える	・「あなたにとって理想のチームとは？」 ・チーム診断テスト→討議　・休憩	書いたものを写真に撮って後日配信
3	18:30 （75分）	1人ひとりの意外な側面を知る	・瞬間グループ分け（出身地） ・自己紹介「あなたの学生時代は？」	イスをサークル型にして3グループ
4	19:45	クロージング	・チェックアウト	

●第2回

	時間	狙い／目標	活動内容／問い	場の設定
5	13:30 （40分）	オープニング 気持ちをほぐす	・この2日間の進め方の確認 ・呼ばれたい名前　・握手でチェーン	イスだけをサークル型に並べる
6	14:10 （40分）	抵抗感を克服する	・大きな声を出してみよう ・振り返り「やってみてどうだった？」	
7	14:50 （90分）	信頼を感じる	・トラストフォール　・ペアウォーク ・振り返り　・長めの休憩	ペアウォークは屋外で
8	16:20 （40分）	集団で課題を達成する	・スタート＆ストップ ・人間知恵の輪	
	全員で夕飯料理→食事→片付け（150分）			
9	19:30 （90分）	体験を振り返る	・「何を感じたか？」「何のためにこのチームは存在しているのだろうか？」	キャンプファイヤーを囲む
	宿泊			
10	9:00 （70分）	思い切って語る	・友人への手紙を1人ひとり書き、その後ペアを順繰り変えて共有	床に直に座ってバズ型に
11	10:10 （110分）	目指す姿を表現する	・「この部門をどんなチームにしたいか」を表現する演劇を制作	3～4人×4グループ。部屋用意
	昼食休憩（60分）			
12	13:00 （90分）	（続き）	・演劇発表会	
13	14:30	クロージング	・チェックアウト	

<準備物>

ホワイトボード（1台）、チーム診断テスト用紙、名札、友人への手紙のシート　など

174

チームづくりは時間がかかります。このケースでは3日間のプログラムになっていますが、もっと細かく分けて、回数を多く設定するほうがよいかもしれません。

頭で考えて皆であれこれ言う場面と、四の五の言わずにまずは一緒に体感してみてその後で考える場面（体験学習）の両方をそろえたほうがよいでしょう。あわせて会場も変え、必要なら外部のファシリテーターを呼びます。

一連の取り組みの心構えをルールで確認しておきます（全員が出席する、積極的に参加する、思い切ってやってみる／言ってみるなど）。

図 4-12 | 輪になって話し合う

皆で「チームについて考える」ということについては早い段階で合意をつくっておきたいので、チームの存在意義を初めに確認しておきます。「あなたにとってチームは必要ですか？」という過激な問いを投げかけてもよいかもしれません。

それぞれのメンバーの歴史、価値観、信条、行動思考パターンなどを互いに知ることがチーム育成の土台です。自己開示しやすいテーマを設定して、互いに語り、聴きます。

図 4-13 | 人間知恵の輪

一緒に体を使って協働作業をするアクティビティです。

アクティビティに応じて、場を転換します。

「何を感じたか？」という答えやすいテーマから入って、「何のために…」という大本の目的（Big Why）を問うテーマに移っていきます。

一連のワークショップはこれで終わりではなく、ここから先は各人がチームにどう貢献するのかを考えていくようにすべきです。

8 部門のビジョンを定める

（目標探索型、20名程度、2日）

タイトル 「KYN事業部　ビジョンワークショップ」

＜狙い／成果＞
　着任後半年経った事業部長が自分の思いを皆に伝え、それを軸に皆でこの事業部のビジョン（想定期間3年後）を策定する。また、ビジョン実現に向けて、メンバー各人が貢献できる実施事項を考え決意表明する。また、この作業を通じて、メンバー同士の思いが共有でき、これまでより話しやすい雰囲気が生まれる。

＜対象者／人数＞	＜時間／場所＞
KYN事業部　10名	9月2日（金）9:00～9月3日（土）16:00　ホテルグリーンヒル

●1日目

	時間	狙い／目標	活動内容／問い	場の設定
0	8:30 (30分)		会場準備 早めに来たメンバーにも手伝ってもらう	サークル型に、掲示物など貼り付け
1	9:00 (15分)	オープニング	・本日のゴール、プロセスの確認 ・チェックイン	
2	9:15 (85分)	話しやすくする	・ショー＆テル（財布の中身）：自己紹介 ・傾聴の練習	ペアをつくり、ペアを替えながら
		グループ内で討議できる雰囲気をつくる	・グループ分け（事前に決めておく） ・討議ルールの確認 ・グループ名を決めよう！ ・穴埋め問題（新聞記事で）	5名×2グループに、島型に並べる、ホワイトボードも1台ずつ
3	10:40 (75分)	リーダーを知る、我々の思いを伝える	・リーダーズ・インテグレーション 　ー事業部長の思いの発表 　ーメンバーからの意見出し 「事業部長について知っていること」 「事業部長について知りたいこと」 「事業部長に知っておいてほしいこと」 「思いに応えるために我々ができること」	討議しやすいようイスを動かして扇型に集まる、ファシリテーターが皆の意見を記録する
		昼食休憩（60分） 事業部長は討議結果を見て、ランチタイムに回答をじっくり考える		
4	12:55 (95分)	（続き）	・事業部長からの回答 ・全員討議 ・休憩	
5	14:30 (90分)	不安を吐き出す	・5分間1人で考える→グループ討議 「今、気になっていることは何？」 ・軽く発表 ・休憩	

176

目標探索型の大きな流れに沿いながら、部分では他の型も混ぜ、2日間通してビジョンという目に見える成果とチームづくりという目に見えない成果の両方を狙っています。

小細工せず、そのものズバリのタイトルにしてみました。ビジョンという言葉にあまり抵抗感がない組織ならば、これでもよいでしょう。

ビジョンをつくるだけでなく、皆の心理的距離を縮めることも狙っています。

ビジョンに向けたアイデアを拾うだけではなく、しっかり深く討議してビジョンの文言まで練りたいため、対象者をコアメンバーに絞りました。場所は、会議費を奮発して、居心地の良いホテルに設定しました。

すでに雰囲気づくりが始まっています。最初からイスを丸く並べたり、掲示物で開催趣旨を伝えて、通常の会議と違う空間をつくりました。しかも、進行側がすべて準備してしまうのではなく、出席者も準備に加わってウォーミングアップするようにしています。

顔なじみのメンバーでも、楽しく取り組めるアイスブレイクを取り入れました。また、討議の前準備として、他の人の意見を聴くことを意識してもらうようにしました。

図4-14 │ 穴埋め問題

図4-15 │ リーダーズ・インテグレーション

全体討議はどのような話が飛び出すか分かりません。ただ、ここを適当にやり過ごすと皆の納得感が著しく下がると考え、時間を長めに取ることにしました。

懸念点や不安を吐き出してもらいます。少しずつ本音を出していってもらいたいという意図もあります。公平に発言機会が行き渡るように、出席者に念を押します。

6	16:00 (60分)	資源を確認する	・親和図法を用いたグループ討議 「我々の強みは何か?」→発表	
7	17:00 (30分)	振り返る	・振り返り 「1日目を過ごしての感想は?」	
	ホテルチェックイン→夕食休憩(120分)			
8	19:30 (90分)	いつもと違うこ とを皆でやって みる	・連想ゲーム ・インプロ ・プロジェクトアドベンチャー	

●2日目

9	9:00 (10分)	オープニング	・チェックイン ・手挙げアンケート	
10	9:10 (100分)	方向性を そろえる	・3つの輪:Must／Will／Can 「我々のすべきこと／したいこと／できるこ とは何か?」を順に討議 ・発表&討議	グループごとに付 箋+模造紙で、途 中で適宜休憩
11	10:50 (65分)	ビジョンを 創出する	・レクチャー&クイズ「ビジョンとは?」 ・ペア討議「ビジョンを創ろう!」	
	昼食休憩(60分)			
12	12:55 (105分)	(続き)	・勝てるかな／負けるかなでリフレッシュ ・回遊型→付箋でコメント ・分解ゲーム ・ペア討議「ビジョンを練る」 　3カ条にまとめる ・発表&全員討議 「KYN事業部の目指す姿は!?」 ・休憩	ペア討議はどこへ 行ってやっても OK、全体討議の 時間をしっかり取 る
13	14:40 (65分)	自分がどう貢献 するかを考える	・1人で考える時間 ①ビジョン実現に向けて自分はどのような 貢献ができるか、②他のメンバーのどのよ うな貢献を尊敬しているか、③他のメン バーに何を求めるか ・ペアになって②③を互いに共有 ・全員で①を共有	
14	15:45 (15分)	クロージング	・チェックアウト ・2日間の感想をみんなでシェアリング	

<準備物>
A4紙(30枚)、模造紙(15枚)、付箋(6パック)、水性マーカー(2セット)、ホワイトボード(2台)、
ゴール／プロセス／ルールを書いた紙(掲示用)、飴とチョコ　など

178

不安を出した、すっきりした気持ちで、今度は我々の持っている強み、良いところ、資源を確認します。付箋の使い方のポイントも簡単に説明します。

夕食をすませ、アルコールもほどよく入ったところで、普段あまりできない、頭と体を使ったアクティビティをします。これこそ合宿ならではの仕掛けです。ただし、身体を使ったものは、飲みすぎると危険ですので、くれぐれも注意してください。

「未来新聞」を使う手もあります。

ビジョンのイメージを持ってもらうため、有名な一節（右図）を見て、誰の／どの会社のビジョンかクイズ形式で考えました。その上で、良いビジョンの要件を考えます。

図 4-16 ┃ ビジョンの例

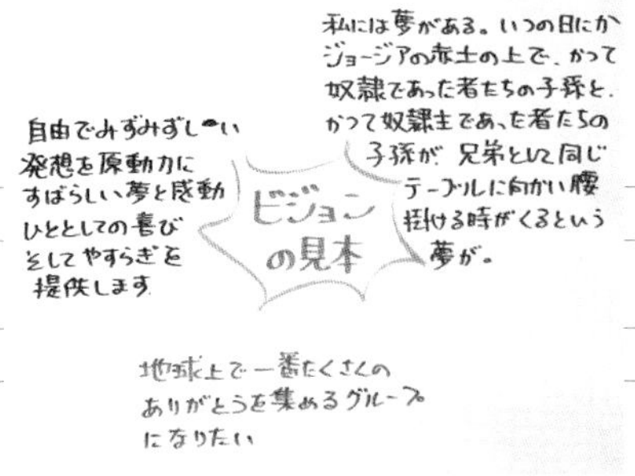

「これならどこの会社でも同じじゃないか！」という平凡なビジョンの文言にならないよう、ペアで濃く討議し、一度つくって再度練ってもらうようにします。分解ゲームは発想をもっと生み出すための準備体操です。また、ここまで来て、1日目の「穴埋め問題」が、文章を練り上げるという意味で活きてきました。「3カ条」という数字の目標で、皆を鼓舞します。

最後の全員での討議を大切に。10名なら全員討議も十分にできますから、ここの時間をたっぷり取っておきます。

図 4-17 ┃ ビジョンの全体討議

さらに「タイムマシン法」を使って、アクションに落とし込むこともできます。

自分のこととして考える時間は、ガヤガヤした雰囲気から、一転して1人の落ち着いた時間になるようにしています。

179

9 全国組織の結束を高める

（目標探索型、100名程度まで、半日）

> タイトル　「全国縦断ビジョンづくりキャラバン！」

<狙い／成果>

A社では新ビジョン（2023-2027）の策定にあたり、全国1000名の社員をつなぐ「ビジョンキャラバン隊」を全事業所で敢行する。各事業で A社に対する熱い思いをぶつけ合うのが狙い。

<対象者／人数>	<時間／場所>
A社社員　合計1000名	2023年10月〜12月 13:00〜17:00　全事業所

	時間	狙い／目標	活動内容／問い	場の設定
1	13:00 (15分)	オープニング	・本日のゴールやプロセスの確認 ・ビジョンキャラバン隊の説明	
2	13:15 (15分)	関係性を高める （アイスブレイク）	・「呼ばれたい名前」以外は、グループ分けを含めて各事業所にアクティビティを任せる	
3	13:30 (15分)	各自の思いを 引き出す （ワールドカフェ）	・ワールドカフェのやり方説明 ・テーブル名とホストを決める	4〜5人 1グループ
	13:45 (75分)		「我々のビジネスやわが社にはどんな可能性が秘められているでしょうか？」 ラウンド1（25分）→ラウンド2（25分） →ラウンド3（25分）	ワールドカフェらしい演出を
			休憩（10分）	
4	15:10 (10分)	事業所のビジョンをつくり、 統合する	「私たちが5年後に実現したいことは何でしょうか？」 ・個人ごとに問いの答えをフリップ（A4紙）に書き出す	この指止まれ方式でグルービング
	15:20 (10分)		・他事業所のアウトプットを披露する ・自分の考えに近いところに集まって、グループをつくる	1グループ 3〜5人が適当
	15:30 (40分)		・他事業所のアウトプットと持ち寄った個人の意見を統合する ・まとまったら、A3紙に書き出す	
	16:10 (20分)		・グループ発表（プレゼンテーション型） ・全体のまとめ	扇型でプレゼンを聴く
5	16:30 (30分)	クロージング	・振り返り ・落書きボードに感想を書いてもらう	大人数の場合はバズ型で

<準備物>

模造紙（グループ数×3）、A4紙（人数×3）、A3紙（グループ数×3）、水性マーカー（グループ数分）、名札（人数分）、付箋（グループ数分）、菓子、飲み物、カフェの演出用品　など

※このプログラムは日本ファシリテーション協会の2008年ビジョンキャラバン隊のプログラムを参考に作成しました

全国にメンバーが散らばる組織が、ビジョンづくりを通じてチーム・ビルディングをするワークショップです。これを繰り返すことで、組織全体のビジョンがまとまってきます。

タイトルは事業所によって多少打ち出し方を変えてもよいでしょう。

趣旨をしっかりと伝えられ、できるだけ皆の参加意識が高まる告知文を、各部門・事業所で検討します。基本的に全員参加。カフェにふさわしい場所を選ぶのがポイントです。

ファシリテーターの語り口から場のムードづくりが始まります。ビジョンキャラバン隊については、活動の趣旨のみ説明をして他事業所のアウトプットは見せないようにします。

単なるアイスブレイクよりは、後の対話のムードを高めるようなものが望ましいです。

ダイアログ(対話)のポイントとホストの役割をしっかりと伝えるようにします。

ファシリテーターの役割は、場の様子を観察して(見守って)、場をしっかりと保持(ホールド)することです。ときには、場の演出を高めたり、単なる雑談になっているテーブルに介入したりすることも必要となります。

図4-18 | ワールドカフェ

説明の仕方や演出に凝り、それぞれの成果物には多数の人の思いが詰まっており、それを尊重する(受け継ぐ)のが大切であることを強調します。あぶれた人は、その人同士を集めれば、意外にまとまります。1グループの人数が多すぎると、時間内にまとまらないので、複数に分割して議論してもらうとよいでしょう。

なるべく言葉で表現しないと、他事業所に持っていったときに、つながらなくなります。

他の事業所の思いをどう掘り下げたかを説明。その後、全体の関係性を議論します。

ワールドカフェのポイントは場のムードづくり。事業所の特性を生かしたカフェらしい演出が大切です(状況設定、テーブル上、小道具、壁、照明、受付、服装、語りなど)。

10 イベントを企画する

（環境適合型、10名程度、1日）

<table>
<tr><td>タイトル</td><td>「発起人"血気"集会～君は何がやりたい!?」</td></tr>
</table>

＜狙い／成果＞

C社の労働組合の関西支部では、支部設立30周年記念イベントをやることが決まっている。イベントの企画づくりを任された執行部＋有志（ボランティア）からなる企画委員会では、キックオフの会でイベントの大まかな方向性を見出して、会場や日程を押さえてしまいたい。

<table>
<tr><td colspan="2">＜対象者／人数＞</td><td colspan="2">＜時間／場所＞</td></tr>
<tr><td colspan="2">企画委員　10名（執行部3名含む）</td><td colspan="2">9月15日（土）10:00～17:00　組合会議室</td></tr>
</table>

	時間	狙い／目標	活動内容／問い	場の設定
1	10:00 （30分）	オープニング	・支部長挨拶 ・本日のゴールやプロセスの確認 ・手挙げアンケート＆自己紹介	大テーブルを 全員で取り囲む
2	10:30 （45分）	イベント開催の 制約条件を知る	・レクチャー（事務局） 「過去どんなイベントをやってきたか」 ・ストラクチャードラウンド 「30周年イベントに求められるもの」	壁面全部に模造紙 を貼り、ファシリ テーション・グラ フィックで記録
3	11:15 （75分）	理想的な イベントの姿を 描く	・親和図法 「どんなイベントをやりたいか？」 ・抽出されたキーワードをA3紙に1品1葉で まとめる	模造紙の前にイス を並べて取り囲む
			昼食休憩（60分）	
4	13:30 （60分）	イベント開催に あたっての潜在 力を知る	・Tチャート（フォースフィールド的に） 「我々ができること、できないこと、頑張れ ばできるかもしれないこと」 ・付箋で意見を出してもらい、適切な位置に 貼り出していく	別の壁面を使う
5	14:30 （120分）	自分たちの行動 を決める	・3つの輪 「我々は何をしなければならないか？」 →特に輪が交わるところを議論する ・セブンクロス 「明日から取り組むべき方策は？」	残っている壁面を 使う
6	16:30 （30分）	クロージング	・チェックアウト 「イベントに向けての意気込みは？」	大テーブルを 全員で取り囲む

＜準備物＞

模造紙（20枚）、A3紙、付箋（5パック）、水性マーカー（3セット）、ホワイトボード（1台）、各種お菓子、飲み物、音楽、パソコン、トーキングオブジェクト　など

実現性の高い成果を生み出すときに使うプログラムです。基本的なアクティビティやツールを組み合わせて、短時間で密度の濃い話し合いができるように設計されています。

「決起」ではなく、わざと「血気」という言葉を使い、参加意欲を盛り上げています。

ここに掲げたのは、あくまでも主催者側の期待するゴールであり、どんなメンバーが集まるか分からないので、ゴールや進め方は柔軟に考えることにしました。ただし、大まかなコンセプトや方向性はこの日に決めてもらわないと、後の作業に支障が出ます。

じっくり議論するにはやはり休日が便利。終了後に懇親会もセットしてあります。

いきなり議論に入ってしまうと身構えてしまうので、まずはテーブルを前にして説明を聞く、少し落ち着けるスタイルから始めています。

初顔合わせの緊張を和らげるため、レクチャードラウンドにしてみました。それでも話しにくい人もいますので、トーキングオブジェクト（ボール）を回すことにしました。

親和図法は、テーブルの上でもできますが、壁に貼りながらやるほうが、場の動きが出て盛り上がり度合いが違います。メンバーを立ち上がらせたり、視線を上に向かせる効果もあります。こういう場では、なるべく壁に向かってやるほうがよいでしょう。

壁全体に模造紙を貼り、使う壁面を次々と変えることで、成果がどんどんできあがっていくムードを演出しました。

図 4-19 ｜ 壁面を使う

最後は一気にアクションプランに持ち込みたいところですが、無理にそこまでいかなくても、基本的なところのすり合わせができればOK。どこまで仕上げるか、ファシリテーターの判断が問われるところです。

最後は、感想だけではなく、イベントに向けての決意表明をしてもらいます。

業務ではないので、お菓子や飲み物をふんだんに持ち込んで気楽にやりましょう。

11 地域住民と合意を形成する

（起承転結型、30名程度、4日）

> **タイトル　「お客さま感謝イベントを考える"地域協働"ワークショップ」**

＜狙い／成果＞

　食品メーカーのD社では、自社の工場を開放して「お客さま感謝イベント」を毎年やっており、地域行事として定着している。ところが、最近、参加住民のマナーが悪くなる一方で、近隣住民からの苦情が絶えなくなってきた。このままでは継続が難しくなる。会社、住民、行政が集まって、来年度のイベント開催の可否を議論して決めたい。

＜対象者／人数＞	＜時間／場所＞
会社10名、地域住民20名、行政5名程度	6月5日、6月19日、7月3日、7月17日　D社食堂

●1回目

	時間	狙い／目標	活動内容／問い	場の設定
1	10:00 （15分）	オープニング	・CSR部長挨拶 ・本日のゴールやプロセスの確認	スクール型から入る
2	10:15 （45分）	地域に暮らす人を知る	・手挙げアンケート（属性など） ・物知りクイズ 「本当に地域住民から持ち込まれた苦情はどれでしょうか？」 ・グループで解答→会社側から解説	ここで島型に転換する
3	11:00 （45分）		・自己紹介ゲーム 「あなたにとってこのイベントはどういう意味を持つものですか？」 ・カード（A5大）に書き出して軽くグルーピング	シアター型に換える
4	11:45 （15分）	クロージング	・振り返り（シートに記入） ・質疑応答／感想を言いたい人 ・ワークショップ通信を地域に配布	

●2回目

	時間	狙い／目標	活動内容／問い	場の設定
1	10:00 （15分）	オープニング	・前回の振り返り ・本日のゴールやプロセスの確認	スクール型でスライドショー
2	10:15 （60分）	問題の実態を知る	・現場取材（フィールド調査） ①近隣への騒音を疑似体験 ②ケガ人が出た箇所をチェック ③違法駐車の迷惑度を実感 ④地域で出たゴミの量を把握 ・感想をシェアリング	現場に出て体感する。あるいは写真などの記録を見る

184

利害関係者が集まって行う連続ワークショップの典型的なプログラムです。起承転結型を基本にしつつも、体験学習型や変革型のアプローチを取り混ぜて使っています。

「協働」の2文字で、地域が一緒に取り組むべき問題があることを強調しています。

この種の問題は、先が読めない部分が多いです。ですので、最終ゴールを設定するとしても、そこに至る道のりは、かなり柔軟に考えないとうまくいきません。

利害関係者をバランスよく集めること。開催間隔は、2～3週間ごとが適当なところです。また、1回当たりの時間もそれほど長く取れないので、2～3時間が目安です。

進め方で紛糾する場合があり、あくまでも「仮」であって、見直すことに言及しましょう。

この種のクイズは、テーマへの興味を引くし同時に、基礎知識を増やすのに効果があります。さらには、これから何度も行うグループディスカッションのトレーニングにもなっています。

参加者の思いを自由に引き出す発散のアクティビティです。ですので、ここでは互いの考えを比べたり競ったりしません。ただ単に並べて、いろんな思いを持った人が集まっていることを実感していきます。

言い足りなかった点や言い出せなかった点は振り返りシートで提出してもらいましょう。また、参加者だけが利害関係者ではありません。ワークショップ通信は不可欠です。

図4-20 | フィールド調査

前回の振り返りは写真などのビジュアルがあるとイメージが湧きやすくなります。前回の成果物も会場に掲示しておくようにします。

この日のハイライトで、参加者全員で現場での体験を積みます。大切なのは、単に体験するだけではなく、その感想を分かち合うことです。シェアリングや振り返りを忘れないように。

3	11:15 (30分)	（続き）	・レクチャー（会社側） 「なぜこのイベントが生まれたのか」 ・事例紹介（行政） 「他ではこうやっている」	スクール型で	←
4	11:45 (15分)	クロージング	・振り返り（シートに記入） ・質疑応答／感想を言いたい人 ・ワークショップ通信を地域に配布		←

●3回目

	時間	狙い／目標	活動内容／問い	場の設定	
1	10:00 (15分)	オープニング	・前回の振り返り ・本日のゴールやプロセスの確認	島型でスタート	
2	10:15 (90分)	問題解決の方向 性を見出す	・ロールプレイディベートゲーム 「イベント継続 vs 中止？」 ・グループごとに成果を発表 ・人間マップ 「今のあなたの気持ちは？」	グループ対抗で （あるいは今と逆 の立場で）	← ←
3	11:45 (15分)	クロージング	・振り返り（シートに記入） ・質疑応答／感想を言いたい人 ・ワークショップ通信を地域に配布		←

●4回目

	時間	狙い／目標	活動内容／問い	場の設定	
1	10:00 (15分)	オープニング	・前回の振り返り ・本日のゴールやプロセスの確認	島型でスタート	←
2	10:15 (75分)	問題解決に向け て具体策をつく る	・親和図法 「イベントを継続するには？」 ・プレゼンテーション グループごとに成果を発表	会社、住民、行政 の混合グループで	←
			・親和図法 「私たちは何をすべきか？」 ・グループごとに成果を発表	会社、住民、行政 に分かれて	←
3	11:30 (30分)	クロージング	・会場アンケート 「今回のワークショップに満足？」 ・チェックアウト 「今回のワークショップで感じたこと」 ・振り返りシートに記入 ・ワークショップ通信を地域に配布	サークル型に換え て振り返り	←

＜準備物＞
模造紙（50枚）、付箋（10パック）、水性マーカー（5セット）、ホワイトボード（3台）、
A4／A3紙（100枚）、飲み物、音楽、配布資料、振り返りシート、記録用カメラ　など　←

※このプログラムは『WSの本』（こうべまちづくりセンター）に掲載の雲中公園の野良猫対策ワーク
　ショップのプログラムを参考に作成しました

186

足りない知識は講義で補います。特に、成功事例紹介は、「どうせこうしかならない」「こうに決まっている」という固い頭を打ち破るのに効果があります。

できればこのタイミングで懇親会が開催できると、次回がスムーズに運びます。

今回のワークショップの天王山です。それぞれの立場を超えて、互いの言い分に理解と共感ができるかが大きなポイントとなります。険悪なムードになったり、意地にならないよう、あくまでもゲームであることを強調します。

ゲームの前後でどういう気持ちの変化があったかを表現してもらいます。

うまくいけば、この段階で、大まかな方向性が地域に報告できるはずです。

最終回なので時間延長がありうることを事前にお知らせしておきます。

立場を超えて問題解決のアイデアを出し合っていきます。ここまでで相互理解が進んでいればスムーズにいくはずです。全員が等しく意見を出した上で、大きな方向性をつむいでいくには親和図法が向いています。

図 4-21 │ 親和図法でまとめ

いわゆる実行計画づくりです。実際にはこのメンバーだけでは決められないかもしれませんが、「私もやるからあなたも」という信頼関係を確認するのに欠かせません。

ワークショップ全体の振り返りも兼ねていますので、時間をたっぷり取ってやりましょう。会場アンケートは旗上げか拍手が向いています。満足度を尋ねた上で、言い足りなかった人も、ここで吐き出してもらいます。今後に向けて、互いの気づきも分かち合います。

ここで挙げたのは備品類だけで、掲示物が入っていません。本日の進め方、グラウンドルール、前回の成果物なども適宜用意してください。

12　リーダーシップを開発する

（起承転結型、30名程度、1日）

> **タイトル**　「ヤング・リーダー・ディベロップメント・プログラム」

> **＜狙い／成果＞**
> 　入社5年〜10年目の若手中堅社員に対して、リーダーとしての自覚を持ってもらう研修。この
> セミナーでリーダーシップ力をアップさせるのではなく、今後に向けての気づきの場としたい。
>
> | **＜対象者／人数＞** | **＜時間／場所＞** |
> |---|---|
> | 若手中堅社員　3回に分けて合計100名 | 2023年7月〜9月　9:00〜17:00　研修所 |

	時間	狙い／目標	活動内容／問い	場の設定
1	9:00 （15分）	オープニング	・本日のゴールやプロセスの確認 ・幹部層からの参加者への期待	4〜5人1グループの島型
2	9:15 （45分）	関係性を高める （アイスブレイク）	・自己紹介、リーダーシップの辞書づくり ・協力ゲーム：ペーパータワーを風船で	
3	10:00 （50分）	リーダーシップを考えるための資源を引き出す	・振り返り 「今の体験からリーダーシップについて何を学んだか」 ・グループ発表	できれば先輩たちがグループファシリテーターとして入る
4	10:50 （50分）		・レクチャー〜リーダーシップ理論① ・ペアインタビュー＆シェアリング 「あなたが理想とするリーダーは誰でしょうか？」	
			昼食休憩（50分）	
5	12:30 （60分）	リーダーシップスタイルの違いを知る	・チェックシートで診断テスト 「あなたのリーダーシップスタイルは？」 ・レクチャー〜リーダーシップ理論②	
	13:30 （135分）		・ケーススタディ →チームの危機に際してどのリーダーの行動が適切かを議論する ・グループごとに意見をまとめて発表	先輩がグループファシリテーターとして入る
6	15:45 （45分）	自分が目指すリーダー像を明らかにする	・短文でまとめる 「あなたはどんなリーダーを目指しますか？そのために何をしますか？」 ・グループ内で発表	
7	16:30 （30分）	クロージング	・振り返りとフィードバック ・自分への手紙	必要であればサークル型に

> **＜準備物＞**
> 模造紙（20枚）、風船（200個）、水性マーカー（5セット）、名札、ワークシート、行動シート　など

188

「気づき」を目的とした典型的な参加型研修です。ワークショップ全体は起承転結型ですが、個々のセッションでは体験学習型を使って、体験が学びにつながるようにしています。

参加者のやる気を煽るために、あえてカタカナ語で小難しいタイトルをつけてみました。

1日の研修でリーダーシップ能力が飛躍的に高まることはありえません。自分なりの気づきを得る研修であることを事前に伝え、問題意識を持って参加してもらうようにします。

本来は2日間くらいかけたいところですが、今回はあくまでもキッカケづくりなので。

リーダーシップという外来語を日本語に翻訳してもらい、資源を引き出します。ペーパータワーは、アイスブレイクとリーダーシップ体験を兼ねています。紙ではなく、風船でやってみました。

図 4-22 | 協力ゲーム

振り返りでは、体験→指摘→分析→概念化の体験学習サイクルをきっちり回さないと、勝ち負けや作戦の良し悪しの話に終始してしまいます。

講義は最低限の内容だけを短めに。それよりも、自分が思い描いているリーダー像を、インタビューを通じてうまく引っ張り出すことがポイントです。

チェックシートは市販のものを流用します。役割としての自分の行動ではなく、本来的に自分がとる行動を選ぶように指示することが大切です。

今回のハイライトで、短い映画（ドラマ）を使いますが、そのインパクトが決め手となります。ここでも体験学習のサイクルを回すことと、安易に妥協するのではなく、グループとしてコンセンサスをつくることを、グループファシリテーターが舵取りします。

自分の言葉で書くことが大切で、ここは下手に手出しをせずに温かく見守っていきます。

自分への手紙は、4週間後に本人に郵送され、研修の気づきを思い出させてくれます。

タワーづくりは大量に材料を使うので多めに用意しておきましょう。

13 特定の技能を習得する

（体験学習型、30名程度、半日）

＜狙い／成果＞

　自分の職場あるいは地域での話し合いを活気づけたいと思っている人を対象に、話し合いの場での「付箋の使い方」に絞って、その基本スキルを習得してもらう。

＜対象者／人数＞	＜時間／場所＞
15〜30名（不定）	5月16日(土)13:00〜17:00　商工会議所会議室3

	時間	狙い／目標	活動内容／問い	場の設定
0	12:30 （30分）		・グループ分け「甘い仲間たち」 ・「雑談しておいてください」と案内	1グループ4〜5 人の島型配置
1	13:00 （20分）	オープニング 互いを知り、 話しやすくする	・本日のゴール、プロセスの確認 ・グループ内自己紹介 ・漢字クイズ　グループ対抗	紙で掲示、 A3白紙数枚
2	13:20 （30分）	付箋を使う基本 を学ぶ （体験、指摘、 分析、概念化）	・レクチャー「付箋を使う基本」 ・実習「ともかく一度使ってみよう」	
	13:50 （25分）		・1人で手元にメモ ・グループ　フリー討議 「付箋を使ってみた感想は？」	
	14:15 （25分）		・グループ討議→発表 「これが付箋を使うコツだ！」	特大(A5)付箋に 書いて掲示
3	14:40 （30分）	グループ化のコ ツを学ぶ （体験、指摘、 分析、概念化）	・レクチャー「グループ化に使う」 ・実習「持ち物リストづくり」→共有	壁に貼り回遊型で
	15:10 （15分）		・グループ討議 「グループ化のコツは何か？」 ・全体：数人に意見を聞いてみる	ホワイトボードに 記録
4	15:25 （45分）	メッセージの出 し方を学ぶ （体験、指摘、 分析、概念化）	・レクチャー「So what? を考える」 　肩慣らし用の練習も含めておく ・実習「メッセージを出す！」→休憩	
	16:10 （20分）		・数例を発表しつつ全体討議 　ポイントを抽出しつつ	全員で扇型
5	16:30 （30分）	ワークショップ を振り返る	・短文をつくる（各人） ・グループ内発表 ・2ストライク3ボール	A3白紙配布

＜準備物＞

A3紙（100枚）、模造紙（20枚）、付箋（18パック）、A5付箋（2パック）、水性マーカー（6セット）、ホワイトボード（1台）、ゴール／プロセスを書いた紙（掲示用）、飴とチョコ　など

スキル習得ワークショップは、体験学習型のサイクルを何回も回していくのが基本となります。「体験」の中には、いわゆるレクチャーといったインプット作業も含まれます。

「プロ」という言葉で参加者の学習意欲を高めます。

自由参加でメンバーが確定できないワークショップです。だいたいの顔ぶれは想像できるので、その人たちに合わせた進行、内容になるようにします。

初対面の人が少なからずいることを想定した進め方にしています。「甘い仲間たち」は、会場の受付に飴を並べておき、同じ飴を取った人同士でグループになる、グループ分けでよく使われるアクティビティです。グループ内自己紹介はありきたりではありますが、やはり欠かせません。

感想を、グループ内で話し合う前に、少し時間を取って1人ひとりでメモし、多様な意見が皆から出しくるようにします。

図4-23 ｜ 1人で考える

知識の提供は最小限にとどめ、できるだけ参加者自身の力で秘訣や極意を発見してもらうように努めます。

グループ討議した内容を毎回毎回発表していると、多大な時間がかかりますし、緊張感も弛んできます。発表以外に、全体で共有するためのさまざまな方法を知っておいて、織り交ぜるのが工夫点です。

研修色の強い、スキル習得のワークショップでは、出てきた意見の記録を怠ってしまいがちですが、ファシリテーション・グラフィックを使って記録しましょう。これが学びのポイントを確認するのに役立ちます。

図4-24 ｜ 全体討議を記録する

内容を詰め込みすぎると、振り返りの時間を軽視しがちです。当初からラスト30分は確保して、プログラムをデザインしました。

研修の内容が内容だけに、備品類はすべて多めに用意しておきます。

14　特定テーマで理解を深める

（知識体得型、10〜30名程度、1.5時間）

> **タイトル　「私たちが貢献できるサステナビリティ」**

> **＜狙い／成果＞**
> わが社がどういうスタンスでサステナビリティに取り組もうとしているのか、それを受けて、
> 社員1人ひとりがどのような貢献ができるのか、理解・考察を深めてもらいたい。
>
> | ＜対象者／人数＞ | ＜時間／場所＞ |
> |---|---|
> | 営業部＋技術開発部　30名 | 6月25日（金）16:00〜17:30　Teamsオンライン |

	時間	狙い／目標	活動内容／問い	場の設定
0	事前課題	自発的にインプットする 自分で考える	・必要最低限の説明資料の通読 ・それを踏まえての考察 「あなたの毎日の仕事にはどのような変化が必要だと思いますか？」	考察は手元にメモしておくよう依頼
1	16:00 （10分）	オープニング 興味を喚起する	・趣旨と本日の時間の使い方の説明 ・今日のテーマに関する簡単なクイズ	答えをチャットに打ち込む
2	16:10 （30分）	インプットする	・経営企画部＋サステナビリティ推進室より説明（レクチャー） 「当社のサステナビリティ経営方針」 「会社として目指したい姿」 「従業員の皆さんに求めたいこと」	画面共有
3	16:40 （30分）	意見交換する	・グループ討議 「私たちの毎日の仕事にはどのような変化が必要だと思いますか？」	テーマを提示 ブレイクアウトルームに分割
4	17:10 （20分）	重要なポイントを言語化する クロージング	・個人で考察 「さっそく明日からどんな活動に取り組もうと思いましたか？」 ・全体共有 ・結びの言葉	発言とチャットを併用

> **＜準備物＞**
> 事前課題の依頼、当日説明・進行資料、オンラインミーティング設定・URL発信

何らかのテーマに関し、関係者への理解を深めるためのワークショップ事例です。通常は主催者からの一方的な説明のみで、一切の参加・対話無しですませてしまうことが多いと思いますが、それでは多くの人は聞き流して終わりで、記憶に刻まれにくくなります。時間の制約の中、たとえ短い時間でも能動的に考える部分を織り込んでいます。
たまたまひとつの分かりやすい例としてサステナビリティを採りあげましたが、一方的な説明に終始している会合ならば、すべてのケースに適用できます。

多様なものの見方があることを実感できるように複数部門の参加者を集めました。同時に、集まりやすいように、オンライン開催形式を選んでいます。これならば、拠点の分散している人たちに一堂に会してもらうことが可能になります。

図4-25 | チャットの活用

当日説明する内容のうち、「読めば分かる」ものについては、事前配布し、当日の説明を極力短くできるようにします。これは自分で学習するという能動的行動を促すことにもなっています。併せて、インプット前の自分がどのように考えているのか、確認しておいてもらいます。メモを要求りることで、考えたフリをなるべく防ぎます。

いきなりインプットに入ってしまうと、参加者にとっては受身的に聞く時間が冒頭から延々と続くことになります。皆が参加・発言する場面を少しでも前の方にはさみこみましょう。
クイズは皆の関心を喚起するよい方法ですし、回答を全員がチャットに打ち込むのもオンラインならではのひと工夫です。

図4-26 | テーマをバン!と提示

オンラインのグループ討議では、話が逸れていってしまったときに、ファシリテーターがその場で対応できません。「何について話すのか」が皆の意識に強く刻み込まれる工夫をしましょう。テーマだけを大きく示したスライドを画面共有するのが定番の方法です。また、ブレイクアウトルームに分かれる前に、テーマをチャットに打ち込んでおく方法も頻繁に使います。

全体共有を短時間ですますには、皆に考察結果をチャットに打ち込んでもらいつつ、何名かはファシリテーターが指名してしゃべってもらう、という同時並行型が有効です。

全体進行をガイドするファシリテーターの他に、チャットへの書き込みに適宜反応したり、チャットへテーマをコピーしたり、ブレイクアウトルームを設定したりする、サブ・ファシリテーターをもう1名置きましょう。

15 社会的スキルを学ぶ

（起承転結型、20名程度、1日）

←

> **タイトル** 「海外駐在員派遣前研修　異文化マネジメントを考える」

＜狙い／成果＞
　開発教育の手法を使いながら、主に発展途上国に赴任する海外駐在員（マネジャークラス）に、現場に近い体験を通じて、異文化に接する際の心構えや考え方を学んでもらう。

＜対象者／人数＞ 2024年度海外駐在予定者　10〜20名	**＜時間／場所＞** 2023年10月11日　9:00〜18:00　研修所

	時間	狙い／目標	活動内容／問い	場の設定
1	9:00 （15分）	オープニング	・本日のゴールやプロセスの確認 ・経験者からのメッセージ	スクール型で スタート
2	9:15 （30分）	関係性を高める （アイスブレイク）	・ひとこと自己紹介 ・タイムラインで異文化体験を語る	フリップを活用
3	9:45 （45分）	異文化に関する関心と資源を引き出す	・フォトランゲージ＆異文化クイズ →これって何？／どこ？／誰？	4〜5人1グループの島型に
	10:30 （70分）		・レクチャー〜異文化マネジメント① →異文化とは何か、異文化コミュニケーションのポイントは…	スライドプレゼンテーション
	昼食休憩（50分）			
4	12:30 （120分）	異文化対立の難しさを体感する	・ケーススタディ（合意形成ゲーム） 「異文化における職場の問題解決」 →適切な対応策を選択肢から選ぶ ・レクチャー〜異文化マネジメント② →異文化摩擦の原因と対策	選択肢を書いた事例シートを用意
	14:30 （120分）		・ロールプレイ「異文化対立の解消」 →複数の人種が集まるチームでの意見の対立をマネジャーとなって体験 ・グループでの振り返り ・レクチャー〜異文化マネジメント③ →異文化紛争の原因と対策	前面に舞台を設定
5	16:30 （60分）	今日の学びを考える	・ダイアログ 「今日、学んだ一番大切なことは何か？」 ・グループ発表→全体討議	人数が少ない場合は全員で
6	17:30 （30分）	クロージング	・振り返り ・質疑応答、研修のまとめ	

＜準備物＞
研修テキスト、ケース、ロールシート、振り返りシート、付箋、名札、小道具　など

194

全体の流れは起承転結型ですが、メインである午後は体験学習型を使って、体験が学びに結びつくよう、ダイアログ(対話)で考える時間がたっぷり取ってあります。

答えを与えてもらうのではなく「考える場」であることをタイトルで協調しています。

現場で起こることを事前に体験してもらい、不安を取り除くと同時に基本的な考え方を知る研修です。気軽な気持ちで参加してもらえるように告知しておく必要があります。

体験をすることを主眼におくのであれば、1日でもできないことはありません。

最初はスクール型で始め、アイスブレイクを兼ねて、島型へと場面転換をしていきます。

経験を語る自己紹介は、長くなりがちなので、フリップを活用して時間短縮を図ります。

一般的な開発教育の手法を活用して、本日のテーマへの関心を高めていきます。

最低限のポイントだけ体験前に伝えておいて、心の準備をしてもらいます。プレゼンテーションでは情報を与えすぎないように気をつけなければなりません。

メインイベントであるロールプレイの前哨戦として、異文化摩擦の事例に基づいたコンセンサスゲーム(あるいはクロスロード)をやります。正解を出すことが目的ではなく、事例について深く話し合うことが大切です。人の意見をよく聞く、安易に妥協や多数決をしないなどのグラウンドルールを、ファシリテーターから伝えておくとよいでしょう。

図4-27 | ロールプレイ

舞台や役者の演出に凝ることで、リアルな状況をつくり出せます。たとえば、小道具、メーキャップ、衣装などを用意すると、もっと臨場感が出せます。同時に、あくまでも演劇としてやっていることを伝え、あまりシリアスになりすぎないように注意をします。

ダイアログですから、答えをまとめる必要はなく、話し合った内容の報告でOK。

できれば、「赴任前に何を学んでおくべきか」の行動目標を書いて提出してもらうことを事後課題として課すとよいでしょう。

ロールプレイ用の小道具は各自で考えて、楽しいワークショップを演出してください。

16 自分のキャリアを考える

（過去未来型、人数無制限、半日）

◀

> **タイトル** 「自分発見！〜自分への旅」

> **＜狙い／成果＞**
> B社では入社10年目の社員に中堅社員研修（3日間）を行っている。そこでは、中堅として必要なスキルを習得してもらうだけではなく、10年を振り返って新たな気持ちで仕事に打ち込んでもらうことを目的としている。このワークショップは研修の最後の半日に行われ、次の10年に向けての決意を高めることを目的としている。

＜対象者／人数＞	＜時間／場所＞
入社10年目社員　30名程度	5月18日（金）13:00〜17:00　研修ホール

	時間	狙い／目標	活動内容／問い	場の設定
1	13:00 （30分）	オープニング	・本日の狙いや進め方の確認 ・グループ分け（飴で） ・チェックイン（今の気分は？）	島型 居酒屋で気軽に語り合っているような場をつくる
2	13:30 （45分）	自分の原点を見つめる	・フリップ＆ペアインタビュー 「なぜあなたは今の仕事を選んだのですか？そのきっかけや動機は？」 ・シェアリング（ペア→グループ）	
3	14:15 （45分）	今の自分を見つめる	・フリップ＆ペアインタビュー 「今あなたは仕事に満足しています（いません）か？　それはどうしてですか？」 ・シェアリング（ペア→グループ）	
			休憩（15分）	
4	15:15 （45分）	これからの自分を考える	・フリップ＆ペアインタビュー 「自分や他の人のために、あなたはこれから何をしようと思いますか？」 ・シェアリング（ペア→グループ）	
5	16:00 （30分）	自分の決意を明らかにする	・沈黙 ・私の宣言（同時に、自分への手紙に） →「自分の公約」を宣言する ・全員でシェアリング	サークル型になって自分の公約を宣言する。その形のまま振り返りに
6	16:30 （30分）	クロージング	・チェックアウト 「今日ここで感じたこと」を一言ずつ	

> **＜準備物＞** フリップ用紙（人数×5枚）、水性マーカー（人数分）、「自分への手紙」用紙、コップ（ペン入れを兼ねる）、花瓶（または折り紙）、お菓子、飲み物、おしぼり、音楽　など

※このプログラムは、日本ファシリテーション協会の2007年東京フォーラムのプログラムを参考に作成しました

自分を振り返るためのシンプルなプログラムです。数人から100人規模まで人数にかかわらずできます。お互いにどれだけ自己開示ができるかがポイントとなります。

あくまでも振り返りが目的であって、答えを求めるわけではないことを示しています。

いきなり他人の前で自己開示をするのは難しく、できればこの例のように何か大きな協働作業を終え、達成感と余韻にひたっているようなタイミングが合っています。このワークショップに入る前に、できるだけ互いの関係性を高めておくようにしましょう。

上記の理由から考えて午後（あるいは夕方）に向くワークショップです。

今回は居酒屋のイメージを使って、互いに親密に話せるような場をつくりました。テーブルの上の演出にも凝ってください。他にもコタツ風にするとか、カフェ風にするとか、いろいろなアレンジができます。

図 4-28 ｜ 場の演出

まず2人1組でシェアリングをしてから、他己紹介の要領で、相手の話した内容を残りのメンバーに伝えるようにします。

全体を通じて、ファシリテーター自らが積極的に自己開示することがこのワークショップを成功させる秘訣です。恥ずかしがらずにリードしていきましょう。

考えを一度紙に落としてもらい、しかも他人に話すことで、考えが深まります。また、自分の考えが他人の口から出ると、客観的に見られるようにもなります。途中で2つのグループをくっつけて人数を増やす手もあります。

せっかくの手紙ですから、それっぽい用紙を用意して演出をしましょう。自らが封をして、ファシリテーターに渡します。それを数週間から数カ月後に本人に郵送して、そのときの気分を思い出してもらいます。

余韻が損なわれないよう、すべて終わってみての感想や気づきなど、ごく簡単でかまいません。

この他、照明のコントロールによっても場の雰囲気が大きく変わります。

17 職場の問題を語り合う

（非構成型、10名程度、半日）

タイトル 「職場の問題を語り合う会」

＜狙い／成果＞

　実績がなかなか出せず、皆の焦燥感が募ってきているＨ事業部研究１部で、皆が一体どのような気持ちや問題認識を持っているのか、語り合って共有し、次へ進む原動力としたい。

＜対象者／人数＞	＜時間／場所＞
研究１部　10名	6月16日（金）13:30～17:00　貸し会議室

	時間	狙い／目標	活動内容／問い	場の設定
1	13:30 （20分）	全員が口を開く	・リーダー挨拶～趣旨を伝える ・チェックイン	イスをサークル型に並べる
2	13:50 （20分）	課題を選ぶ	・フリーディスカッション 「今日どんなテーマで話し合いたい？」	
3	14:10 （120分）	選んだテーマについて自由に語り合う	・ダイアログ 　テーマは上を受け、その場で決める	
			途中で適宜休憩	
			（続き）	
4	16:10 （30分）	自分たちの今後の行動と関連づける	・ダイアログ 「私たちは何をすればいいと思う？」	
5	16:40 （20分）	クロージング	・チェックアウト 「こうやって話し合って感じたことは？」	

＜準備物＞
ホワイトボード（1台）　など

198

その場で起こったこと、湧き上がった話を大切にして進めていく非構成的ワークショップです。作為的な要素を極力省き、自由に語り合って本音が出てくることを最優先します。

策を弄さず、ストレートなネーミングにしています。

何か結論を出そうとか、落とし所に持っていこうといったワークショップではありません。ただ、今後の行動に何らかの形でつながってほしいところではあります。

非構成的ワークショップは、原則10名程度の少人数で実施したほうがよいでしょう。

チェックインは、本題に入る前に、全員が口を開く機会を持てる、という意義を持っています。また、これにより、1人ひとりの今日の調子・様子がつかめ、この後の進め方、介入の仕方を考える上で大いに参考になります。

テーマを事前に決めず、その場で決めていきます。どんなテーマが出てきたか忘れないように、キーワードのみをホワイトボードに書き付けていくとよいでしょう。

さまざまな物の見方が出てくるよう、広めのテーマを設定するようにします。

図 4-29 ダイアログの心構え（ルール）

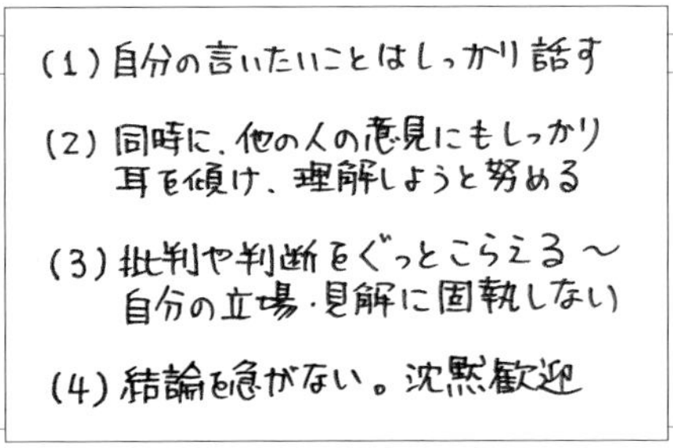

(1) 自分の言いたいことはしっかり話す

(2) 同時に、他の人の意見にもしっかり耳を傾け、理解しようと努める

(3) 批判や判断をぐっとこらえる〜自分の立場・見解に固執しない

(4) 結論を急がない。沈黙歓迎

ダイアログの良し悪しは、ファシリテーターの介入の仕方で決まってしまいます。右の心構えを意識しながら必要に応じて介入します。ただ、皆にルールを示すまではしなくてもよいでしょう。操作されていると感じさせてしまうかもしれません。

テーマは今後の活動を問いかけていますが、あくまで結論は求めません。まとまらなくてもOKと考えて臨みます。

全体を通じ、時間は目安です。非構成的ワークショップである以上、この通りに精確に進めるわけではありません。ダイアログの代わりに、エンカウンター・グループやオープンスペース（特に人数が多いとき）を使うのもよいでしょう。

18 M&A後のチーム・ビルディング

（環境適合型、100名程度、1日）

> **タイトル** 「新会社キックオフ！ ワークショップ」

> **＜狙い／成果＞**
> M&Aで新しく誕生したWS株式会社の管理職層が、企業理念および行動規範をベースにして一体感を強め、またそれをもとに自分たちが何をしていくかをあらためて考える。

> **＜対象者／人数＞**
> 管理職　100名
>
> **＜時間／場所＞**
> 10月5日（金）11:00〜17:00　シティホテル「ボールルーム」

	時間	狙い／目標	活動内容／問い	場の設定
1	11:00 （60分）	オープニング しゃべりやすく する	・ゴールとプロセスの説明、社長挨拶 ・グループ内自己紹介 ・共通点探し	横断幕、7名1島 丸テーブル、旧社 なるべく半々に
			昼食休憩（60分）　会場でそのままランチ	
2	13:00 （50分）	新会社の目指す 姿を確認する 皆が活発に意見 を出せるように する	・穴埋め問題 「企業理念と行動規範を確認する」 ・連想チェーン 「《顧客第一主義》というと何を思い浮かべますか？」 ・他のグループの結果を見ながら休憩	問題シート、フ リップチャート、 イーゼル、マー カー
3	13:50 （20分）	互いの会社のこ とを知る 自分たちの資源 を確認する	・ペアインタビュー 「これまでにあなたが実践した《顧客第一主義》の中で最高の体験はどのようなものですか？」 ・1回終わるたびに、聴き手は話し手のすごいと思った点を言って返す	違う旧社の人同士 でペア
4	14:10 （40分）	私たちに何が求 められているか 考える	・フリーディスカッション 「新生WS株式会社にとって《顧客第一主義》とは何をすることか？」	フリップチャー ト、イーゼル、 マーカー
5	14:50 （75分）	皆で協働してひ とつのものをつ くり上げる	・宣伝ポスター制作 「当社の《顧客第一主義》とは！」 ・バザール型にて発表	サンプルシート
6	16:05 （55分）	私は何をするの かを考える クロージング	・1人で作業「私の行動計画」 ・グループ内で共有 ・社長総括 ・グループ内チェックアウト	行動計画シート

> **＜準備物＞**
> 各種シート、フリップチャートとイーゼル、水性マーカー、名札、横断幕、丸テーブル（15台）など

いわゆるPMI（ポスト・マージャー・インテグレーション）の一環として開催されるワークショップの典型例です。このプログラムは、環境適合型をベースに構成しています。

総人数を少なめにして全体でじっくり話し込む雰囲気よりも、皆で集まって大人数で取り組む雰囲気を重視しました。集団のエネルギーを感じる、象徴的イベントとしての性格を優先したわけです。それに合わせて、会場もまさにイベントにふさわしい場所を選びました。ただし、時間的に若干タイトなプログラムになっています。

丸テーブルを配置し、自然と対等に対話が生まれてくる雰囲気をつくり出しました。

図 4-30 ｜ 丸テーブルで対話を

わざと昼食時間をまたぐ時間設定にしています。一緒に食事をすることも、互いの距離を縮めるのに役立つと考えました。

全員にしっかり語ってもらうためにペアインタビュー（ヒーローインタビュー）を採用しました。

ほめられて悪い気がする人はいません。互いの距離をグッと縮めてくれるはずです。

図 4-31 ｜ 宣伝ポスター制作

フリーディスカッションに続いて、チームできちんと何らかのアウトプット（この場合は制作物）を出すことで協働意欲の醸成を狙いました。グループ対抗にすることで、それはさらに高まります。

ワークショップを終えて、日常に戻っても、この日を思い出してもらえるような工夫をしています。

19 問題解決型研修

（体験学習型、20名程度、複数日連続）

タイトル 「中堅社員 問題解決力向上研修」

＜狙い／成果＞

　今後会社を背負う中核となる社員を対象とし、自ら課題を設定し、その課題に対する解決策を編み出す力を育てる。また、一連のワークショップを通じ、自分1人ではなく、チームで作業するためのリーダーシップを発揮できる人に育ってもらいたい。

＜対象者／人数＞ 　各部からの選抜者　20名	**＜時間＞**	1回目　8月22日（金）9:00～23日（土）16:30
		2回目　10月17日（金）9:00～18日（土）17:30
＜場所＞　研修センター		3回目　11月20日（木）9:00～22日（土）16:00
		4回目　12月19日（金）10:00～15:00

●1回目

	時間	狙い／目標	活動内容／問い	場の設定
1	9:00 （40分）	オープニング	・人材開発部より開会宣言 ・1人作業：「私の意外な一面」を書く ・それを使って全員で自己紹介	4名×5グループの島型、自己紹介だけサークル型で
2	9:40 （60分）	互いを知る、チーム作業を始める	・グループ内で自己紹介 「あなたの仕事はどんな仕事？」 ・グループ名とルールを決めよう→発表	
3	10:40 （80分）	スキルをインプットし体験する	・レクチャー「グループ討議のコツ」 ・演習「当社の問題点は何か？」	
	昼食休憩（60分）			
4	13:00 （90分）	知識をインプットする	・社長講演「当社の目指す方向性」 ・質疑応答の後、グループ内で講演を聴いて感じたことを互いに共有する	社長入場、講演後退出
5	14:30 （120分）	スキルをインプットし体験する	・レクチャー「論理思考の基礎」 ・フェルミ推定　・ケーススタディ	
6	16:30 （90分）	スキルを実務に適用する	・グループで当社の問題点を体系的に整理する→ロジックツリー	
	夕食＆懇親会（専務同席）→宿泊			
7	9:00 （110分）	知識をインプットし体験する	・レクチャー「事業戦略の基礎」 ・ケーススタディ　・休憩	
8	10:50 （130分）	スキルを実務に適用する	・グループで3C/SWOTを用いて当社の課題をあらためて整理する	
	昼食休憩（60分）			
9	14:00 （70分）	課題を絞り込む	・グループごとに、どの課題に焦点を当てるか絞り込む ・選んだ課題を発表　・休憩	

受講者自らが当事者となって課題を設定し、グループ討議や調査を通して、解決策を提言していく形の研修です。参加を促す仕掛けに、ワークショップのノウハウが活かされています。

グループでとことん討議するのが問題解決型研修の命。時間をたっぷりとります。また、何回かに分割して実施するのがお薦めです。学習が反復継続的になり、研修が単発イベントにならずにすみます。また、各回の間を利用して、調査・予習、資料作成、現場に戻っての課題実践に取り組めます。

4名のグループ編成にして1人ひとりの参画度合いを高めます。通常7名を超えると手を抜く人が増えてくるようです。

図 4-32 | グループ名を決める

チーム・ビルディングにしっかり時間を使います。一緒に学んでいる仲間に信頼を感じられないと、グループ討議が空疎になります。このケースでは、自己紹介や協働作業としてのアクティビティを配置しています。また、いわゆる「やった感」（達成感）の持てるアクティビティを選ぶとよいでしょう。

（次ページでまとめて説明しますが）研修に経営層が関わる姿勢を示すことが大切です。

図 4-33 | 社長講演

いきなり「当社の課題について考えろ」ではなく、考えるために必要な知識やスキルをインプットしておきます。ワークショップ型の研修でも、集中的に教え込む時間は必要です。
通常は①経営知識（財務会計、戦略、マーケティングなど）、②特殊知識（自社経営全体像、各部門の業務、業界動向、他社事例）、③手法・技能（論理思考、発想法、コミュニケーションスキルなど）の3種類を念頭に置いて、必要な科目をピックアップします。

	時間	狙い／目標	活動内容／問い	場の設定
10	15:10 （40分）	行動を計画する、役割分担作業を味わう	・講師より次回までの課題説明 ・グループで、次回までにやるべき項目と役割分担を決定	
11	15:50 （40分）	振り返る	・友人への手紙（グループ内） ・チェックアウト（全員で）	

◇１回目から２回目までの課題──①現場取材：社内の営業or生産現場に出向き、実情をインタビュー（必要なら同行／実体験も）／②部門長インタビュー

●2回目

	時間	狙い／目標	活動内容／問い	場の設定
1	9:00 （10分）	オープニング	・前回のレビュー ・２回目の進め方を確認	
2	9:10 （110分）	調査結果を共有する	・部門長インタビュー結果を発表	
3	11:00 （90分）		・グループ内で現場取材の結果を報告し合い、共有する	グループごとに小討議室へ
	昼食休憩（60分）			
4	13:30 （120分）	解決策を立案する	・選んだ課題に対する解決策を考える ・途中、発表の準備をする	
5	15:30 （120分）	皆で解決案の良し悪しを検討する	・グループ分け：混成グループをつくる ・発表→グループ内討議→講師コメント	大部屋へ集合
6	17:30 （60分）	解決案を考え直す	・皆からのコメントをもとに、グループで解決案を再度考える	グループごとに小討議室へ
	以降、夕食をはさんでエンドレスで検討→宿泊			
7	9:00 （90分）	スキルをインプットし体験する	・レクチャー「プレゼンテーション」 ・演習　　　　・休憩	大部屋へ集合
8	10:30 （90分）	スキルを実務に適用する	・習ったことを応用し、自分たちの提言を伝わりやすいものに加工する	グループごとに小討議室へ

●4回目

	時間	狙い／目標	活動内容／問い	場の設定
1	10:00 （20分）	オープニング	・前３回のレビュー ・今回の進め方を確認	本社役員会議室
2	10:20 （90分）	経営層に提言する	・経営層に向けて解決策を提言する 　グループ発表→質疑応答	

＜準備物＞A4紙（100枚）、模造紙（40枚）、付箋（20パック）、水性マーカー（5セット）、ホワイトボード（5台）　など

204

全体を通じて「習ったら、使ってみる」という構成で貫かれています。

ここでもチーム・ビルディングを意識しています。協働意欲を高める役割分担作業と、お互いを認め合う「友人への手紙」を組み込みました。

教室では得られない、現場にしかない題材から学ぶためのアクティビティです。

トップ経営層、マネジャー、先輩、人材育成部門など、会社ぐるみでこの研修に取り組む姿勢を見せねばなりません。「会社が私たちに期待している／私たちをよってたかって育てようとしてくれている」と感じられれば、受講者の意欲が一気に高まります。
具体的には、トップが「こうしたい」「こうなってほしい」と語る時間を設ける、懇親会の席でトップと語り合う、マネジャーや先輩、あるいは他部門の人の話を聴く、役員会での提言をするなど、さまざまな方法が考えられます。そして、これらをトップやマネジャーが歓迎せねばなりません。「何か役に立たない勉強をしていられて、気楽でいいなあ、君たちは」などという態度は意欲を台なしにします。

発表に対する受講者からのコメントが出やすいよう、元のグループ1名ずつが集まった混成グループを4つつくり、そのグループの中で盛大に討論してもらいます。受講者同士の相互作用を増やすことにもなります。

集中してグループ討議できるように、個別の小討議室を準備しました。

図4-34 | 経営層に提言プレゼン

全般を通じて、講師はファシリテーター的に機能します。学習項目をすべて計画して教え込みたくなる誘惑は捨て、学習者の学習を助ける／学習者と一緒に考えるスタンスを持たねばなりません。学習者に主導権を渡し、進み具合や学習者の意見に応じて、ときにはプログラムを柔軟に変えていくことも求められます。

20 組織の存在意義を紡ぎ出す

（起承転結型、30名程度、5日）

タイトル 「パーパス」策定ワークショップ　～夢ある未来の実現に向けて

<狙い／成果>

　機械メーカーのF社は「最高の品質をお客さまにお届けする」という社是のもと経営・事業を進めてきた。しかし、社会の中での企業の存在意義が問われる世になった今、あらためて「この企業がどのような社会的寄与をしつつ、持続的利益を創出していく組織になるのか」を考える必要に迫られている。経営層、社員が共になって存在意義を考え、言語化したい。

<対象者／人数>	<時間／場所>
経営層7名、従業員18名、本部関連部長5名	3週間程度のインターバルにて終日全5回

●1回目

	時間	狙い／目標	活動内容／問い	場の設定
1	10:00 （20分）	オープニング	・幹部挨拶 ・自己紹介、グループルール設定	島型でスタート A3紙、ペン
2	10:20 （170分） （昼食）	パーパスの要件を抽出する	・事前課題の共有 ・目標要件設定：ダイアログ→全体発表 「どんなパーパスを設定したいか」 「どんな言葉遣いにしたいか」 「どんな要素を織り込みたいか」	ホワイトボード
3	14:10 （170分）	当社のDNAを明らかにする	・事前課題の共有、討議経緯の復習 ・ダイアログ→言語化 「当社の〈特質〉〈らしさ〉は何？」	ホワイトボード
4	17:00 （30分）	クロージング	・次回までの課題説明 ・チェックアウト	イスを円陣に

●2回目

	時間	狙い／目標	活動内容／問い	場の設定
1	10:00 （20分）	オープニング	・前回のアウトプットの復習 ・本日のゴールやプロセスの確認	島型でスタート
2	10:20 （115分） （昼食）	未来のトレンドを予測する	・タイムライン（未来年表） 　将来起こりそうなことを年表に配置 ・回遊型で共有 　自グループへ持ち帰る	フリップチャート （壁に貼り付け）、 付箋
3	13:15 （195分）	重要な将来変化を抽出する	・重要な将来変化を年表から抽出 ・グループ発表→集約	
4	16:30 （50分）	自社のありたい姿を描く	・グループで軽くダイアログ 　自社のありたい姿を考える	
5	17:20 （20分）	クロージング	・次回までの課題説明 ・グループ内でチェックアウト	

会社のパーパスを考えて決めていく大規模なワークショップの例です。パーパスに限らず、ビジョン／バリューを定めるときにもよく似たやり方になるでしょう。また、それ以外のテーマ（たとえば、全社DX推進、業務改革推進）でも、組織の中のさまざまな立場の人たちが議論しながら決めていかねばならない場合には、考え方が参考になることでしょう。

ストレートなタイトル付けでよいでしょう。意図を込めたければ、サブタイトルに。

ボトムアップでもうまくいかず、かといって、トップが一方的に決めてもうまくいかず、上下さまざまな関係者をバランスよく集めるのが重要です。キーパーソンを抜いてしまわぬよう、いったん、想定関係者をリストアップして選抜するぐらいの入念さが必要です。それ以外に、最終的に社外に発表するものの場合は、専門のコピーライターの方に早期段階から参画してもらうようにします。最後にアウトプットだけ渡しても、真意が伝わりません。

経営層と従業員混合の6名のグループ編成にし、相互理解と意見交換を図ります。慣れないうちは力関係がどうしても出るので、「上下関係のある人同士で話し合うときに適したグループルールを定めてください」とお願いするとよいでしょう。定めたルールを紙に書いて、ホワイトボードに貼り、見えるようにしておくと効果的です。

図 4-35 | ルールを掲示

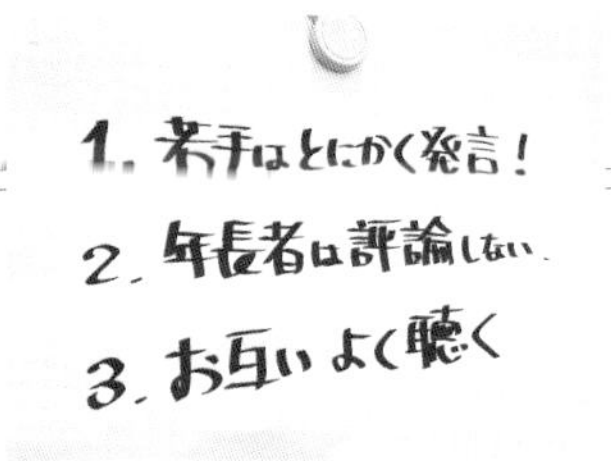

1. 若手はとにかく発言！
2. 年長者は評論しない.
3. お互いよく聴く

事前課題では「ネットで他社のパーパスを調べ、自分の気に入ったパーパスひとつと、気に入った理由を書いてきてください」とお願いしておきます。役職や年齢や経験の上下にあまり関係なく、全員が楽しく考えられ、発表できるお題を設定するのがコツです。

事前課題では「わが社を何か（人、生き物、事物）に例えてください。そして、そう例えた理由を書いてきてください」などと、少し遊び心を入れて、設定します。
それを踏まえて当社の〈特質〉〈らしさ〉を言葉にする際には、記録係を決め、「20項目挙げてください」などと数値目標を設定しておくと、議論する皆さんも気合が入ります。

将来の世の中の動きを、参加者1人ひとりが責任を持って考えてくる事前課題を設定します。よくやるのは、将来動向を予測しているレポートや書籍を読んで、自社に関係しそうな将来変化をピックアップし、それをA5～A6サイズのカードに書き出す方法です。

図 4-36 | 未来年表

カテゴリー	現在	2025	2030	2040
人々の暮らし、ライフスタイル、価値観の変化				
実現化される技術、商業化される製品・サービス				
地球環境や経済・市場の変化				
人々の働き方、稼ぎ方の変化				

1回目とグループメンバーを変えたら、自己紹介も入れましょう。

情報量の多い成果物を共有する際、発表という方式では、発表そのものが長くなりがちで、聞いているほうが疲れてきます。こういうときは回遊型がうってつけです。歩き回るので、身体もリフレッシュできます。

207

●3回目

	時間	狙い／目標	活動内容／問い	場の設定
1	10:00 (50分)	オープニング	・前回のアウトプットの復習 ・事前課題の共有	島型でスタート
2	10:50 (280分) (昼食)	自社のありたい 姿を抽出する	・ダイアログ→適宜全体発表 「どんな未来社会に貢献したいか」 「どんな社会課題に貢献しているか」 「利害関係者からどう見られているか」 「社内はどんな風土になっているか」 ・グループ討議：より練った表現に	フリップチャー ト、付箋、水性 マーカー
3	16:30 (50分)	自社の存在意義 を考える	・グループで軽くダイアログ 「自社の存在意義は何か」	
4	17:20 (20分)	クロージング	・次回までの課題説明 ・チェックアウト	

●4回目

	時間	狙い／目標	活動内容／問い	場の設定
1	10:00 (60分)	オープニング	・前回の成果の確認 ・本日のゴールやプロセスの確認	小さい島型でス タート
2	11:00 (300分) (昼食)	パーパスを表現 する→言葉にす る	・未来新聞制作→全体発表 ・パーパスの言語化(候補を5つ)	フリップチャー ト、A3紙
			・新グループで相互批評	
			・パーパス候補を修正する ・全体討議：ベストのパーパスを選ぶ	壁一面にフリップ チャート、テープ
3	17:00 (10分)	クロージング	・次回までの課題説明 ・チェックアウト	

●5回目

	時間	狙い／目標	活動内容／問い	場の設定
1	13:00 (10分)	オープニング	・前回の振り返り ・本日のゴールやプロセスの確認	5島でスタート
2	13:10 (80分)	パーパスを決定 する	・社長よりパーパスの発表 ・ダイアログ 「直近の第一歩として何をすべきか」	
3	14:30 (120分)	浸透策を検討す る	・ワールドカフェ 「浸透させていくための取り組みは」	3ラウンド回して ハーベスト
4	16:30 (30分)	クロージング	・振り返りと社長総括 「この活動での発見と今後の行動は」	

＜準備物＞
フリップチャート(30枚×4冊)、付箋(10パック)、水性マーカー(5セット)、ホワイトボード(5台)、A3紙(100枚)、飲み物、音楽、配布資料、記録用カメラ　など

3回目までに、懇親会が開催できると、より人間関係も深まるでしょう。

多くの問いについて考えてもらいたい場合には、一度に全部提示するのではなく、ステップを踏んで提示し、対話・議論していってもらうと、途中で混乱してしまうことが避けられ、必要なテーマを網羅しやすくなります。

最初の話し合いからは、ありきたり・一般的な言葉が出てくることも少なくありません。いったん発表して共有した上で、「これで満足できますか？」「他社に持っていってもそのまま通用してしまいそうではありませんか？」「もう少しわが社ならではの表現に練り上げませんか？」とファシリテーターが煽ることを想定したプログラムにしておきます。

2回目と3回目では、次回議論するテーマで、軽く頭出しの対話をしています。いきなり事前課題を渡されても、何も思い浮かばず困ってしまう人が出るのを避けるためです。その心配がなければ、時間を短くするために、このセッションを削るのも一法です。

この回は3〜4人のグループで入り少〜 Ｉ します。言葉・フレーズを練り上げるといった、相当に思考を要し、しかも、ありきたりでない尖ったアイデアをアウトプットしたいアクティビティは、人数が多いとやりにくいからです。また、グループサイズに変化をつけるという意味もあります。4回目ともなれば、「好きな人同士で集まってよい」とガイドし、着席場所を自由に選んでもらうのも良いカンフル剤となるでしょう。

ビジュアルと言語との両方で、自分たちの思いを表現してみるのはなかなか良い方法です。

図 4-37 ｜ 未来新聞に取り組む

この間に、社長を筆頭に経営層と、事務局と、コピーライターとで、パーパスを最終検討し、決定します。
ワークショップをするからといってすべてを皆の合議で決めなければならないわけではありません。トップやリーダーが決めるべき事柄は、決めてもらいましょう。

多人数が集まった場で、全員で意見交換をし、共通の収束点を見いだしていくには、ワールドカフェはオールマイティで使いやすいアクティビティです。

最後に全員で集合写真を撮るのも良いですね。

進め方やルールを全体に提示するための掲示物も適宜用意してください。

実践のヒント⑤

Q　先輩からプログラムをもらってその通りにワークショップをやるのですが、同じようになりません。なぜでしょうか？

A　そもそも、経験豊かな先輩と駆け出しのあなたとでは、参加者のやる気や心構えが違うかもしれません。加えて先輩は、事前の告知や冒頭の挨拶などで、さりげなく参加者の心に火をつける工夫をいつもしていたのかもしれません。

当日その場での立居振舞いでも、笑顔や声の張りが先輩はとても素晴らしいのではありませんか。アクティビティにしても、陥りやすい失敗にくぎを刺しておくなど、説明の仕方のうまい下手でみんなの振る舞いが大きく変わってきます。活動中のグループへの声がけもワークショップを盛り上げるための大切な要素となります。また、いつもプログラム通りにはやっておらず、その場で臨機応変に修整を加えているはずで、それはプログラムには書いてありません。

ワークショップは生ものです。プログラムだけを真似しても真似したことにならず、真似するなら細部にわたり徹底的に真似しないといけません。その上で自分に合ったやり方を見つけ出していくものです。プログラムはレシピに過ぎず、お客様にあわせた料理の仕方を習得しないといけないのです。

第5章

研究編 | 5

ワークショップはつくり込みで決まる！

どうやってプログラムを
つくり込むのか？

「ワークショップはやってみなければわからない。けれども、やってみれば
なんとかなる」と言われます。一発で完璧なプログラムができあがるのは稀で
あり、完成度を上げる**つくり込み**の作業が重要です。定番と呼ばれるプログラ
ムも、この努力の積み重ねでできあがったものです。

本章では、事例を織り交ぜながら、つくり込みのポイントやよくある落とし
穴について解説していきたいと思います。

PDCAサイクルを回し続ける

プログラムの品質を上げるには、ビジネスパーソンにはおなじみの**PDCA
サイクル**を回すのが格好の方法です。

Plan（計画）　　：ワークショップのコンセプトやプログラムをつくる
Do（実行）　　　：ワークショップを実施する
Check（評価）：振り返りをして出来栄えを評価する
Action（改善）：より良いものになるように改善を加える

このサイクルを正しく回せば、確実に完成度は上がってきます。

「ワークショップのプログラムは3回やらないと決まらない」という人もいま
す。一度回して終わりではなく、このループをらせん状に何度も回し（スパイ
ラルアップさせ）、継続的な改善を施すことが大切です。ワークショップのデ
ザインに終わりはないことを忘れないでください。

それでは、このサイクルに沿ってポイントを述べていきましょう。

1人でつくるのか、チームでつくるのか

　まず大前提として、ワークショップのデザインを1人でやるのか、チームを組んで大人数でやるのかの話があります。前者は、ワークショップのコンセプトがブレずにすむ反面、自分の殻が打ち破れず、ワンパターンになりがちです。できあがったプログラムを多面的な視点でチェックするのも難しくなります。

　一方、後者はいろいろなアイデアが出てきやすくなる上に、ブラッシュアップする際に1人で悶々と悩まずにすみます。逆に、コンセプトという根っこの部分を共有するのが難事で、そこが作業の成否を握っています。

　作業のコツとしては、1人でデザインする場合にはアクティビティや場の設定などの細かいアイデアを発散させることに重点を置くとよいでしょう。逆にチームで取り組むときは、コンセプトをすり合わせる段階に時間をたっぷりかけ、細部をデザインするときにはコンセプトからぶれていないかを注意します。

　もちろん、つくり込みという作業を考えれば、多様な考えを織り込める、チームアプローチのほうが改善効果は高くなります。

図 5-1 ┃ PDCA サイクルを回そう!

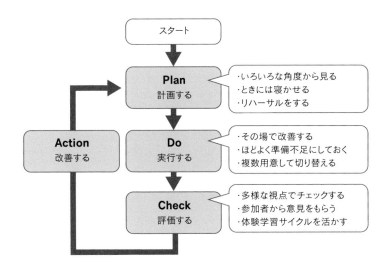

何度も寝かせてプログラムを練る

つくり込みの最初のステップは、ワークショップの企画とデザインです。ところが、１人でやってもチームでやっても、いきなりここでつまずくことが少なくありません。特にチームでやる場合は、なかなかコンセプトがすり合わず、必ず行き詰まりの時間がやってきます。

そういうときは、一度寝かせてみてください。無理に結論までたどりつこうとせず、話を打ち切って、後日もう一度議論し直すようにする。あるいは、とりえず仮案をつくっておいて、２〜３日寝かせてからまた取り出して眺めてみる、といった調子です。

人間がアイデアを生み出す過程では、ひらめきが訪れる前に、情報を目一杯インプットして脳を混沌状態にし、そこでその問題をいったん放り出す作業が必要です。寝かすことで、現状を突破できるアイデアが出やすくなります。

また、所要時間、盛り上がり度合い、出てくる論点など、その場の展開が予測できず、デザインが進まなくなることもあります。そんなときは、「どうせやってみないと分からないんだ」と見切りをつけて先に進むほうが得策です。どうしても不安でたまらないなら、可能な範囲でリハーサルをして、一度PDCAサイクルを回しておけば、かなり安心できるはずです。

実施しながらつくり込んでいく

一通りデザインができたら、次は実行です。ところが、なかなかこちらの思うようには進まず、想定外の出来事が起こったり、「しまった！　設計を間違えた！」と冷や汗をかいたりするのは日常茶飯事です。第１章で説明したように、こういう状況を観察していて、変更のアイデアをその場で考え、プログラムを臨機応変に変えていくのがファシリテーターの大事な役目です。

言い方を換えれば、ファシリテーターは実行しながら、その場でPDCAサイクルを回していくのです。つくり込み作業は、ワークショップが終わってからやるだけではなく、リアルタイムにも行うことを忘れないでください。

現場でのつくり込みをうまくやるには、逆説的ではありますが、ほどよく準備不足にしておくことです。分刻みできっちりプログラム化してしまうと、想定外の状況が発生したときに対応する「遊び」がありません。それに、緻密に準

備すればするほど、「ここまできっちり準備したのだから、やはり捨てたくない」という思い入れが強くなり、臨機応変に変える心のゆとりを持てなくなってしまいます。どうなるか分からない部分については、プログラムをあまりつくり込まないほうが良いのです。思い切って何も計画しない時間を入れておくのも一法です。

　あるいは、プログラム案をいくつか手元に持っておくのも賢いやり方です。こうなった場合、ああなった場合——といくつか想定プログラムを考えておけば、その場での対応がとてもやりやすくなります。

振り返りこそがつくり込みの要

　ワークショップが終わったら、達成感を味わうだけではなく、しっかり評価・改善をしましょう。やりっぱなしでは、学習と成長につながりません。1回やって「うまくいった」「失敗だった」と一喜一憂せず、不断の改善をしていくことがワークショップのみならず、私たちのスキルを高めてくれます。

　具体的には、うまくいったのはどこか、なぜうまくいったのか、どのような発見があったか、もっとよくできるところはないかを話し合いましょう。1人でデザインした場合でも、いろんな目でチェックしてもらい、自分の限界を打ち破るようにしてください。

　ここで大切なのは、参加者からも率直な意見をもらうことです。ワークショップの主役は参加者であり、これにまさるフィードバックはありません。アンケートを兼ねて振り返りシートを書いてもらうのもよい方法です。

　もし、主催者側の思惑と参加者の反応がずれていたら、ここに一番のヒントがあります。安易な改善策に走らず、まずはその場で起こったことを的確につかみ、なぜそうなったかを掘り下げ、どうやればうまくいくのかを考えます。まさに、プログラム基本型のひとつである体験学習のサイクルを回すことで、ワークショップの完成度は着実に上がっていくのです。

図 5-2 ｜ 振り返りを大切に

ワークショップを
つくり込むプロセスを探る

　ワークショップを実際にデザインし、実施し、それを改良していく過程を丹念にたどっていきましょう。完成形としてのプログラムの出来栄えだけでなく、ワークショップをデザインするときに起こること、さらにはデザインにあたってのポイントや難所を感じ取ってください。

事前にプログラムをデザインする

背景情報を集めワークショップの意味を理解する

　A社は売上400億円、社員700名の企業です。これまで順調に成長を続けてきて、それなりに利益も出ています。

　ただ、最近、T社という競合が現れ、気になる製品を提供しています。ポツポツ顧客を奪われるケースも発生しており、社長ら経営層は気をもんでいます。ところが、多くの社員はそれほどの危機感を感じていないようです。

　それなりに利益を出していることもあり、社員の側にコストを削減したり、業務を改善したりしようという積極的な動きもあまり見受けられません。「このままでいいじゃないか」と感じている人が多い、のどかな会社なのです。

　焦りを感じた社長は、副社長をリーダーに任命し、全社に業務改善活動の機運を起こすよう命じました。各部門の部長が、自分の部門で取り組むべきテーマを決定して提示します。そして、そのテーマに関する業務改善策を、現場の中核となる社員に提案してもらおうというのです。

各部門の自発性に頼るだけでは心もとないので、活動の支援を企画部が担うことになりました。まずは、活動開始に向けたキックオフ・ワークショップをそれぞれの部門で開催しなければなりません。さっそく企画部のメンバーが集まり、初回のミーティグで認識のすり合わせを始めました。

　「各部門で、何人ぐらいの人が、この業務改善活動に参加するんだろう？」

　「部長は10人強と言っていたわよ」

　「10人強か…全員で討議するには、ちょっと難しい人数だね」

　「仕方ないわよ、少人数でこそこそやるよりも、初めからなるべく多くの人を巻き込もうというのがトップの方針なんだから」

　「討議は、グループ分けすれば、対応できそうですよね。それより、そこに集まってくる人たちの意識レベルはどうなんでしょう？」

　「う〜ん、『何やるんだ？』と思っている人も少なくないと思うよ」

　「『こんなことやらなくてもいいじゃないか』と思っているだろうなあ…」

　「そういう人たちが少なくないことを前提に、ワークショップをデザインしなきゃいけないってことだねぇ」

　「上の部長さんたちはどうなの？　本当に改善策が出てきてほしいと思っているんだろうか？　答えが部長さんの頭に中にあるんじゃつまらない」

　「次回までに私が数名に打診しておきますよ。たぶん大丈夫だと思います」

☆　　　　☆　　　　☆　　　　☆　　　　☆

　集まる人の特性も考慮せずに、いきなり「趣旨説明→自己紹介→アイスブレイク→レクチャー→…」などとプログラムを書き起こす人がいますが、そんな機械的なやり方ではうまくいきません。どんな人が集まるのか、主催者側の意図は何か（主催者側とデザイン側が異なる人の場合）、制約条件は何か──しっかり情報を収集して、現在の状況に関する理解をすり合わせましょう。そして、それをプログラムの土台にしていくのです。

　また、彼らのように集団でプログラムをつくる場合には、土台が共有されていないと必ずどこかで意見が合わなくなってしまい、「そもそも論」に戻ってしまいます。その意味でも、こういう議論は不可欠なのです。

プログラムは単なる式次第ではない

　ある程度の現状把握ができたところで、プログラムをデザインする2回目のミーティングの日が来ました。

　「部長さんたちの反応、どうだったの？」

　「大丈夫でした。趣旨もちゃんと理解されていますし、現場からの意見を期待したいという思いもあるようです。出来レースにはなりません」

　「よし、じゃあ、ワークショップをやるのに問題はなさそうね。さっそくプログラムを作成しましょう！」

　ところが、いざプログラムづくりになると、みんなからいろいろな意見が出てきます。「会場は会社の会議室でいいよね」「参加者の意識がバラバラだから、趣旨をしっかり伝えないと」「これまでの調査報告も必要でしょ」「最後には、これからどういうスケジュールで取り組んでいくか確認し合いましょう」など。

　そこを何とかまとめて、「やったぁ、プログラムができた！」と皆で喜んでいると、先輩が偶然通りかかりました。先輩はメモを見るなり、「これではプログラムをデザインしたとは言えないよ。『ワークショップ・デザイン』という本があるから参考にしてごらん」と言って去っていきました。一同、唖然！

　プログラムを初めてデザインすると、よくこういう失敗をしがちです。図5-3のようなプログラムでは当日の大まかな流れを並べた「式次第」にすぎず、実際にこの通りやってみると、デザインの甘さに泣かされるはずです。以下の点を特に重点的に見直しましょう。

・コンセプト、つまり「誰に」「何のために」が的確に表現できているか

・このワークショップは何をする場なのか、参加者に伝わりやすいタイトルになっているか

・アクティビティや問いが曖昧な言葉で表現されていないか。参加者が何をしてよいか分からなくならないか

・場の設定（レイアウト、グループ分けなど）まで考慮されているか

・時間配分の見積もりが甘すぎないか

・参加者に情報を詰め込むための時間が多すぎないか。参加者がほとんどの時間を受け身で過ごす「見せかけ」のワークショップになっていないか

図5-3｜とりあえず骨組みをつくってみたものの…（第1版）

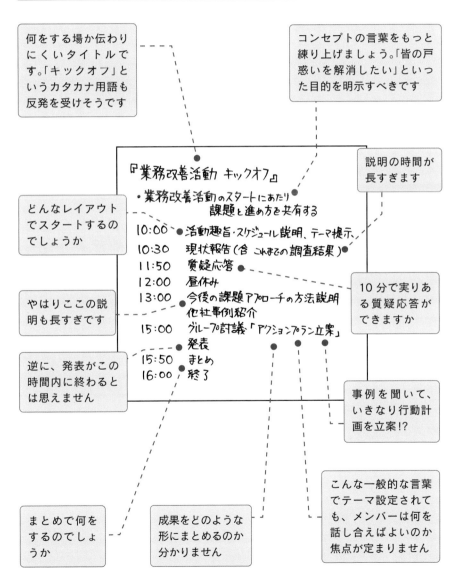

219

細部にこだわって進めなくなるのも考えもの

　先輩の一言から数日して３回目のミーティングです。

　「気を取り直してやり直そう。最初はコンセプトを固めるといいらしいよ」

　「さまざまな意識レベルの人が集まってくるというのは、気にしておきたい
　ポイントでしょう。つまり、前向きな人ばかりじゃない、と」

　「ってことを、コンセプトに落とすとどういう言葉になるんだろう？」

　こうやって、みんなが自分の思いや考えを語り、しかもそれを統合してひと
つの文にしていくとなると、２時間や３時間がすぐに過ぎていきます。しかし、
そこを踏ん張って乗り越えれば、話はかなり進むようになります。

　「次は、型ですね。業務改善ですから…ま、文句なしに問題解決型ですか」

　「そうかな？　解決策まで、このワークショップでやるわけじゃないよね」

　「ゴメン。だったら、発散収束型かな。この活動で何をするか共有した上で、
　アイデアを発散・収束して、今後の活動計画を最後に共有する、と」

　「それでいこう！　ねぇ、セッションの狙いをホワイトボードに書いてよ」

　ところが、具体的なプログラムづくりになると、話が前に進みません。

　「30分早めて、9:30開始にしましょう。時間がタイトなので」「30分延ば
　しただけでいける？　やっぱり9:00でしょ」「それは無理じゃないですか？
　朝はメールチェックがあるから」「え〜、でも、うちは8:40始業の会社よ」。

　「副社長には挨拶してもらおう」「部長さんのテーマ説明も必要よ」「それじゃ
　あ、挨拶ばかりで長くなっちゃうよ」「でも、部長が説明しないなんて変だ
　わ」。

　「発散はブレーンストーミングでいいよね」「僕はブレーンライティングって
　いうのもやってみたいな」「やったことないものなんて危険だよ」「でも、ブ
　レーンストーミングって、声の大きい人がしゃべるだけだろ」「両方やれ
　ば？　だから、9:00開始にしようって言ったのよ」「うぉ〜、そこに戻る
　か…」。

　これでは、今日中にプログラムを完成させることはできそうにありません。

　　　　☆　　　　☆　　　　☆　　　　☆　　　　☆

コンセプトは、いざというときに皆で立ち返って考えるための拠りどころです。とことん議論して、皆の思いを合わせ、練り上げたほうがよいでしょう。

ただ、プログラムづくりは、そうとばかりは言えません。この議論のように、プログラムの細部でいちいち立ち止まってしまうと、プログラムの全体がいつまで経っても見えてこなくなるからです。決着がつかなくても、仮置きしたり、飛ばしたりしながら、プログラムをつくっていくのがコツです。全体と部分を行ったり来たりしながらデザインしましょう。

逆に、議論に疲れて多くの人がおろそかにするのがセッションの狙いとテーマです。セッションの狙いは、「発散する」などと動詞だけで表現せず、「何を」発散するのかを言葉にするとポイントが明確になります。また、「何を」討議するのか、テーマをきっちりと発問することを忘れないように。

図5-4 | 細部にこだわると前に進めなくなる（第2版）

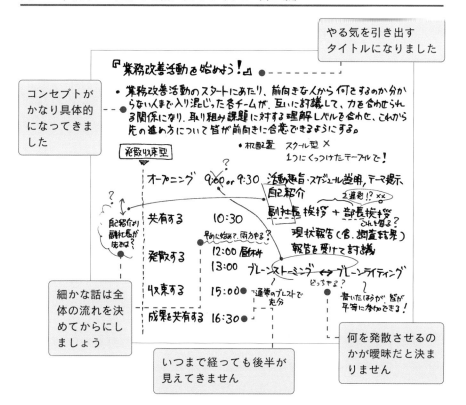

221

アイデアがどんどん膨らんでいく

　ついに４回目のミーティングがやってきました。今日こそは、どんどんアイデアを出して、ひとつのプログラムにまとめたいところです。

　さっそく気合いの入ったメンバーから活発にアイデアが飛び出してきます。「最初の自己紹介は『呼ばれたい名前』なんかいいかもね」「全員が発言時間を確保できるように『フリップスピーチ』を使ってみようよ」など。どれも魅力的な提案で、プログラムに随時盛り込んでいきます。ところが、そうしているうちにだんだん収拾がつかなくなってきました。

　「皆に前向きになってもらいたいんですよねぇ…。『最高の体験』を語ってもらうというアクティビティはぜひとも取り入れたいのですが」「それはどこのセッションに入るイメージ？」「各人の思いを発散するところではないでしょうか？」「いっそのこと、それを寸劇にしてもらったらどう？　面白そう！」「ところで、最後はチェックアウトだよね？　時間を確保しておこうよ」。

　コンセプトと大きな流れが決まれば、このようにさまざまなアクティビティを盛り込んでいけるはずです。ひるまずに「あれがやりたい」「こうしたらどうか」という素材をしっかり出して、いったんはひとつのプログラムに仕立て上げましょう。

　時折、本書の第３章を眺めて、他の方法はないかアイデアを得るのもよいでしょう。オープニングから順番に決めるばかりでなく、途中から決めたり、クロージングからさかのぼって決めたりするのもアイデアを広げてくれます。

　とはいえ、こんなやり方をしていると、必ずプログラムが盛り込みすぎになります。こんな分刻みのプログラムが、とても時間内に終わるとは思えません。各セッションの狙いも八方美人な感じを受けます。

　また、個々のアクティビティの物珍しさに酔ってしまい、本当にそのアクティビティが必要なのか怪しい部分もあります。また、話し合った内容が全体の中でどう活きてくるのか分からず（たとえば「最高の体験」は後でどう使われるのでしょう？）、流れに一貫性がありません。かなり整理が必要です。

図 5-5 ｜ 今度は盛り込みすぎに… （第3版）

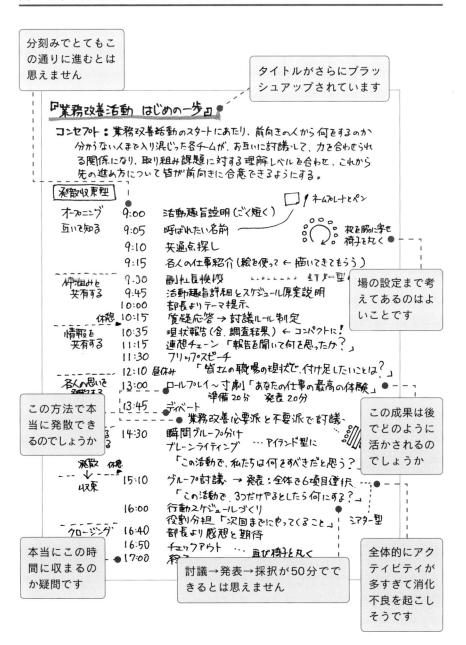

コンセプトに立ち返ってプログラムを刈り込む

　「もう一度、本当にやらなきゃいけないことに絞ってみようよ。思い切って削ろう」「そうだね。一晩寝かせてあらためて見てみると、相当に欲張ったプログラムだと分かるよ」。5回目のミーティングはそんな会話から始まりました。

　活動のスタートを飾る、このワークショップで何をおいても目指したいのは、集まったメンバーが業務改善活動への参加に納得してくれることです。そして、このメンバーがお互いをよく知り、目指す方向性を共有して、これから一緒に取り組んでいくんだという機運を生むことです。

　逆に言えば、それ以外は思い切りよく削っていくしかありません。「枠組みの共有に比べると、情報の共有は優先度低いね」「うん、他社事例は2回目以降に回そう」「最高の体験も少しズレているかなあ」といった具合です。あわせて、アクティビティに加え、テーマ、場の設定なども考えていきました。

　一方、課題を収束するセッションは、本当に50分でいけるのか不安があります。意外にあっさり決まるかもしれませんし、難航するかもしれません。議論の展開や所要時間が読めないところは、「当日、やりながら考えよう」と腹をくくることにしました。

　プログラムのアイデアを広げた後は、ワークショップの狙いに立ち返り、本当に必要なものだけに絞り込んで、メリハリをつけていきます。刈り込めば刈り込むほど、ワークショップのコンセプトが研ぎ澄まされていきます。

　中途半端にアクティビティの数やバリエーションを増やすよりも、1つひとつを丁寧にこなしていくほうが、参加者の満足度は高くなります。アクティビティ同士が無理のない流れでつながっているか、参加者の立場になってチェックするのも大切な作業です。

　この際、それぞれのアクティビティにかかる時間を正しく見積もることが欠かせません。「まあ、10分くらいでいけるだろう」といった自分勝手な憶測では後で痛い目に遭いかねません。もし時間や展開が読めないアクティビティがあれば、事前にリハーサルをしておくことをお薦めします。

図 5-6 ｜ようやくプログラムが固まる（第4版） 実施バージョン

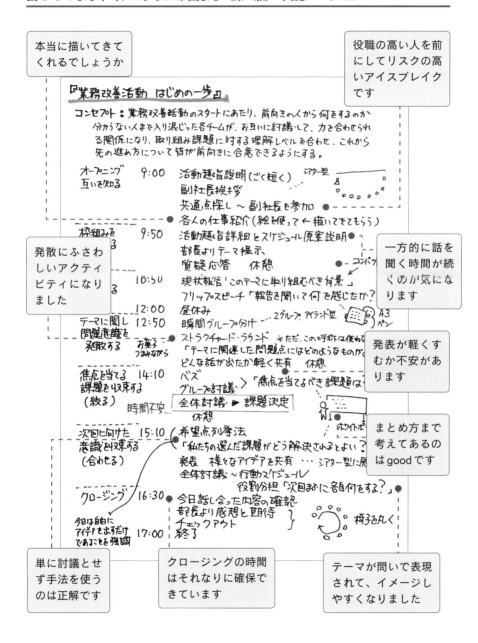

実施しながら改善を加える

　「まあ、これでいけるんじゃないかな」と思って当日に臨んだ企画メンバーたち。ところが、冒頭からいきなりつまずきました。9時開始に遅れる人が3人も出たのです。そんなあたふたした雰囲気の中、副社長挨拶のすぐ後にアイスブレイクをやっても、なかなか乗ってきません。

　次にマズかったのは、部長からのテーマ提示でした。漠然と「グローバル調達について改善策を考えてほしい」と言われても、参加者は目を白黒するだけです。しかも、説教めいた話が30分も続く羽目に。そのせいか、コンサルタントからの現状報告も長くなり、場が冷めてしまった上に、時間がどんどん延びていきます。企画メンバーは気が気ではありません。

　そこを何とかフリップスピーチを割愛して、重要なアクティビティであるストラクチャード・ラウンドに持ち込んだものの、今度は問題児が暴れ出してしまい、険悪なムードも漂う始末。その後も、テーマからズレた討議がダラダラと続いたため、やや強引に結論をまとめざるをえませんでした。これでは肝心の納得感がどれほどあったのか、心もとないものがあります。

　結局、最後の振り返りの時間はカットせざるをえなくなり、アンケートですますことにしました。あわせて終わった直後に数名に感想を聞いたところ「今日の研修はためになりました」と言った人が。研修と思って参加した人が少なくなかったことが分かって、愕然としたメンバーたちでした。

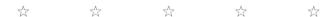

　ワークショップでは、予想外のことがいろいろ起こりますが、ワークショップをよりよいものにするチャンスだと思い、あわてず機敏に対応しましょう。

　今回は、アクティビティをひとつ割愛したのは好判断でした。時間が足りなくなったら、全部を中途半端に終わらせるのではなく、ワークショップの狙いに立ち返り、重要なものに集中したほうが得策です。そのためにも、ワークショップのコンセプトをしっかりとみんなで共有しておきましょう（あるいは落とすアクティビティをあらかじめ考えておきます）。

あわせて、対応に追われるだけではなく、プログラムを練り上げるヒントを場からつかみとるようにしてください。そういう意味で、最後の振り返りをカットしたのは残念ですが、アンケートを取ったのが唯一の救いでした。

図5-7 | その場でプログラムを変更する

	予定	実際	その場で起こったこと
9:00	●オープニング		←遅刻者が続出！
	●互いを知る →共通点探し、仕事紹介	●オープニング	
		●互いを知る →共通点探し、仕事紹介	←副社長の挨拶の直後ではアイスブレイクできなかった
10:00	●枠組みを共有する →活動主旨説明 →テーマ提示	●枠組みを共有する →活動主旨説明 →テーマ提示	←事業部長から提示されたテーマが曖昧で、参加者はイメージがつかめない。しかも説教めいた話を30分も！
	休憩		
11:00	●情報を共有する →現状報告 →フリップスピーチ	休憩	
		●情報を共有する →現状報告	←コンサルタントからの説明も長く、参加者は完全に受身に →時間が足りなくなったので、フリップスピーチを割愛した
12:00	（昼休み）		
		（昼休み）	←短目にしておいたのは正解
13:00	●問題意識を発散させる →ストラクチャード・ラウンド		←問題児が暴れ出して険悪なムードに
		●問題意識を発散させる →ストラクチャードラウンド	←発散の時間が十分とれたものの、論点からズレた議論がダラダラと続いてしまった
14:00	休憩		
	●課題を収束させる →バズ →グループ討議	休憩	
15:00	休憩	●課題を収束させる →バズ →グループ討議	←順番にグループ発表をさせたため時間がかかった。そのため休みなしで最後までいく羽目に
	●意識を収束させる →希望点列挙法 →全体討議		
16:00		●意識を収束させる →希望点列挙法 →全体討議	←強引に結論に持っていったものの、振り返りの時間がなくなってしまった。その代わりに書面で意見の提出を
	●クロージング →議事確認、チェックアウト		

227

▰ 事後にプログラムを練り直す

　その日の晩、企画メンバーはすぐにワークショップの振り返りをしました。最初は興奮が続いているせいか「あそこはマズイと思っていたよ」「だったらなぜ、事前に言わなかったんだ」と険悪ムードで始まりました。

　ところが、アンケートをあらためて読むと「他のメンバーの人柄や、その人がどんな仕事をしているかが分かってよかった」「実はみんなの問題意識は同じなのだと再認識した」という意見もあり、まさに救われた思いでした。

　「もっともっと参加者が居心地よく、のびのびと参加でき、意見をたくさん交わせるようなプログラムにすればよかった」という発言にメンバーは深くうなずき、険悪ムードはどこへやら。夜遅くまで熱い議論を戦わせたのでした。

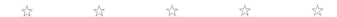

　フィードバックはその場その時にやるのが原則です。ワークショップが終わったら、できるだけ早くみんなを集めて振り返りをしましょう。ここが、最終的なプログラムの質を左右します。たとえば今回の経験から、以下のような改善点が考えられます。

・この会社では、9:30開始が現実的。この30分の差が大きい
・事前の告知やキーパーソンへの説明が不足していた
・メンバーの特質や関係性を把握できておらず、それに合った内容でなかった
・アイスブレイクに唐突感があり、抵抗感を感じる人が乗れなかった
・全体に詰め込みすぎで、プログラムに遊び（余裕）がなかった
・テーマ（問い）の練り上げが足らず、議論の狙いが共有できなかった
・アクティビティのやり方の検討が甘く、作業の指示が徹底できなかった
・問題行動を予測して、グラウンドルールなどの対処をしておくべきだった
・いくら時間が延びても、振り返りをカットすべきではなかった

　こうやって何度もワークショップをやっては振り返りを重ね、ようやく230ページのような完成版を企画メンバーたちはつくり上げました。ただ、これでも完璧とは言えず、ぜひ皆さんも自分なりの完成版を考えてみてください。

図 5-8 ｜ 実施後に気づいたプログラムの改善点

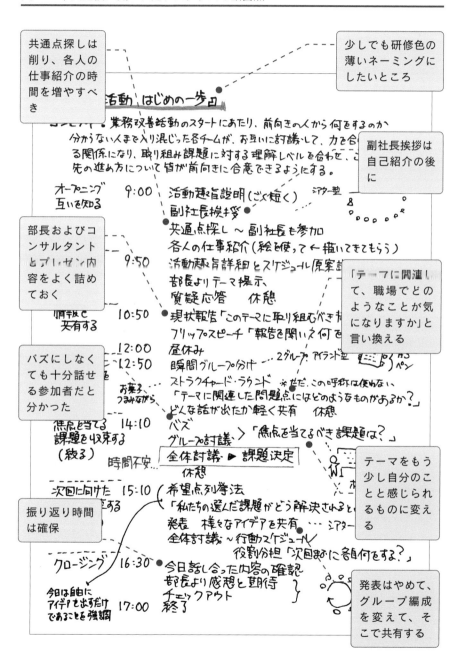

共通点探しは削り、各人の仕事紹介の時間を増やすべき

少しでも研修色の薄いネーミングにしたいところ

副社長挨拶は自己紹介の後に

部長およびコンサルタントとプレゼン内容をよく詰めておく

「テーマに関連して、職場でどのようなことが気になりますか」と言い換える

バズにしなくても十分話せる参加者だと分かった

テーマをもう少し自分のことと感じられるものに変える

振り返り時間は確保

発表はやめて、グループ編成を変えて、そこで共有する

229

図 5-9 ｜ 業務改善のワークショップのプログラムシート（完成版）

【完成版】業務改善のワークショップ

（発散収束型、10名程度、1日）

> **タイトル　業務改善に向けて一人ひとりが一歩踏み出そう！**

＜コンセプト＞
　業務改善活動のスタートにあたり、前向きな人から何をするのか分からない人まで入り混じった各チームが、お互いに討議して、力を合わせられる関係になり、取り組み課題に対する理解レベルを合わせ、これから先どのように進めていくかについて皆が前向きに合意できるようにする。

＜対象者／人数＞	**＜時間／場所＞**
1回あたり　10名程度	9:30〜17:00（18:00）　大会議室など

	時間	狙い／目標	活動内容／問い	場の設定
1	9:30 （50分）	オープニング 互いを知る	・活動趣旨説明 ・アイスブレイク：呼ばれたい名前、各自の仕事紹介（絵を描いてきてもらう）	机を脇に寄せ、イスを丸く並べておく
2	10:20 （50分）	枠組みを共有する	・副社長挨拶 ・活動主旨詳細とスケジュール原案説明 ・部長よりテーマ提示＆質疑応答	
3	11:10 （60分）	情報を共有する	・コンサルタントより現状調査報告 「このテーマに取り組むべき背景」 ・フリップスピーチ 「報告を聞いて、何を感じましたか？」	
			昼食休憩（50分）	
4	13:00 （70分）	テーマに関する問題意識を発散する	・瞬間グループ分け ・ストラクチャード・ラウンド 「テーマに関して、職場でどのようなことが気になりますか？」 ・発表、休憩	2グループ、アイランド型
5	14:10 （60分）	焦点を当てる課題を収束する	・グループ討議 「何をするのが一番の近道でしょうか？」 ・全体討議〜課題決定	
6	15:10 （80分）	次回に向けて意識を収束する	・希望点列挙法 「課題がどう達成されるとよいですか？」 ・グループ換えをしてアイデアを共有 ・全体討議〜行動スケジュールづくり 「次回までに各自何をやってきますか？」	グループ発表は回遊型で 扇型に戻す
7	16:30 （30分）	クロージング	・部長より感想と期待 ・チェックアウト	イスを丸く並べて

＜準備物＞
　ホワイトボード、A4紙、模造紙、付箋、ネームプレート、ペンなど

業務改善といいながらも、特に目立った仕掛けも技法も使わず、互いのベクトルをすり合わせることを最大の狙いにした、シンプルなワークショップになりました。

研修と間違えられない上に、当事者意識を高めるようなネーミングにしました。

キーパーソンには、事前に直接会い、今回の趣旨を説明して、前向きな気持ちで来てもらえるようにします。

延びる可能性もあり、会議室の予約やメンバーへの連絡は最長18：00としてあります。

趣旨説明はできるだけ短く。同じ職場で働く仲間でも互いの仕事の内容は案外知らないもの。互いをよく知り、連帯感を高めるために、よく知った仲間同士でも自己紹介に時間をかけます。

部長には事前に話をして、具体的にテーマを設定した上で、シンプルかつコンパクトにテーマの提示をしてもらえるようお願いをしておきます。

コンサルタントにも、情報提供が一方的にならないよう、事前にプレゼン内容のすり合わせをしておきます。

「ストラクチャード・ラウンド」というと何か特別なことでもするのかと身構える人がいるので、この呼称は使わず、やり方（グラウンドルール）だけ説明をします。話し合いのテーマに関しても「テーマに関して、職場でどのようなことが気になりますか？」と言い換えました。

テーマ（問い）を身近に感じられるものに変えました。議論がかみ合わない場合は、「緊急度・重要度マトリクス」を使うことにします。

最後までポジティブな議論をしてほしいので、希望点を列挙する方法を使います。そのムードを保ったまま、各自の行動宣言まで持ち込みたいです。

振り返り時間はきっちり確保しておきます。うまくワークショップが運ばなかったら、それこそ格好の材料ですので、時間を延長して振り返りをやります。

231

気をつけよう、
10の落とし穴

　ワークショップのデザインがある程度できるようになると、誰もが陥りがちな落とし穴が待っています。筆者もよくやってしまうのですが、張り切りすぎてワークショップに「無理」が生じてしまうのです。

　本節ではワークショップ・デザイナーが陥りやすい「10の落とし穴」を紹介します。デザインが終わったらいったん頭を冷やし、参加者になった気持ちでプログラムを見直してみてください。

その１─詰め込みすぎ

　一番多いのが、内容の詰め込みすぎです。「あれもこれも知ってもらわなければ」「こんなアイスブレイクも入れてみよう」「せっかくだから解決案まで話し合ってもらおう」などと欲張った結果、ワークショップの中身が盛りだくさんになりすぎてしまうのです。分刻みのプログラムや、所定時間にとても収まるとは思えないプログラムにもよく出くわします。

　少しでも多くのことを参加者に持ち帰ってもらおうと懸命なのは分かりますが、参加している人たちは消化不良になってしまいます。ポイントも分かりづらくなります。

　練りに練った愛着あるプログラムで、なかなか捨てがたいでしょうが、少し多いかもしれないと感じたら思い切りよくバッサリと削りましょう。詰め込んだばかりに、何ひとつとして参加者に満足してもらえなかったら、本末転倒になってしまいます。

その2―凝りすぎ

　意外性を持たせようと意気込むあまり、複雑怪奇なプログラムにしてしまう失敗です。「普通はA→B→C→Dという順番を想定するだろうから、A→C→Bとして『あれ？』と驚かせておいて、しかも次には期待しているDではなくEを…」といったパターンです。「ありきたりのワークショップだと思われたくない」という負けん気の強い人がはまりがちな落とし穴です。

　策略は、ときとして効果的ですが、やりすぎると参加者が混乱してしまいます。参加者の多くは今日初めてこのプログラムに触れる人です。第一、凝りすぎたプログラムは「ほら、思いもよらないすごい展開でしょ」という自負意識が透けて見え、参加者をあまりよい気持ちにさせません。

　どんでん返しをしてやろう、驚き満載のプログラムにしよう、と策に溺れないことです。驚きの要素が至る所に埋め込まれている必要はありません。驚きは1箇所か2箇所あればよく、一点豪華主義でいきましょう。

その3―遊びすぎ

　「参加者を爆笑させたい」「ウケを取りたい」と、盛り上げに一所懸命になりすぎる落とし穴です。プログラムの中に、そのためのアクティビティの時間が2割も3割もあったりします。

　参加者を楽しませるのがワークショップの狙いではなく、本来の目的があるはずです。それは、「そのワークショップで皆が何を生み出したか／何を考えたか」という結実に他なりません。たとえシ〜ンとした時間が続くワークショップであっても、皆が考えるべきことをじっくり考えることができたら、それは良いワークショップなはずです。

その4―狙い不明

　参加者が「このアクティビティは何のためにやっているの？」「このテーマは全体にどうつながるの？」と疑問に思ってしまうプログラムです。たとえ面白いアクティビティやテーマであっても、全体の流れの中での関連性が見えないと、参加しにくいワークショップになります。

　デザインする人が「このアクティビティは絶対やってみたい」とこだわると、

こういうケースになりがちです。本来手段であるはずのアクティビティやテーマが、その人の中で目的化してしまうわけです。

　確かに、最初はわざと狙いを不明確にして、後で「あのアクティビティの意図は…」と種明かしをし、皆の理解を高める方法もあります。これもうまくデザインすれば効果が大きいですが、あざとすぎると参加者に嫌な印象を与えてしまいます。諸刃の剣ですから注意が必要です。

その5—バラバラ

　1つひとつのアクティビティの目的は分かるけれども、それぞれに関連性やつながりが感じられないケースです。「なんで、こんな順番になっているのだろう」「唐突だ」という印象を与え、参加者は混乱してしまいます。

　これも先ほどと同様、個々のアクティビティやテーマにこだわって、本質を見失ったところから生まれます。自分のやりたいことを全体の流れを考えずに並べてしまうのです。

　そうならないためには、アクティビティの狙いを明確にした上で、「この順番で進めていったら、皆はどのように感じるのだろう」と想像を膨らますことが大事です。成果と関係性の両面で、参加者の頭の中や心の中がどのように変化していくかをイメージしてみましょう。

その6—尻切れトンボ

　調子良く進んできて、最後に「あれ、それで終わりなの？」「オチはないの？」という感じで終わってしまうワークショップがあります。体験学習型で言えば、体験だけして、後は「体験から持ち帰るのは1人ひとりの責任だ」といきなりプツリと終わってしまうパターンです。確かに何を学んで持ち帰るかは個人次

図5-9｜困惑する参加者

第なのですが、参加者にとってはあまりにも尻切れトンボです。

いつもスッキリと落として終わるばかりが良いわけではなく、テーマによってはモヤモヤで終わる良さもあります。とはいえ、スッキリ終わる予定が、プログラムの詰め込みすぎで最後までたどりつけないのでは困ります。時間内に参加者をゴールに連れていけるプログラムをつくりましょう。

また、最後のまとめや振り返りを軽視して、参加者が自分でスッキリさせる糸口を提供しないのも駄目です。「結局、今日は何をやったんだろう」を最後に押さえられるようにプログラムをデザインしてください。

その7―コントロールしすぎ

たとえば、次から次へと分刻みで「はい、これはここで終わり。次はこれを…」と、駒を動かすように参加者が扱われる場合です。一方的な進め方で、「この結論に持っていきたいのが見え見えだ」を感じてしまうことも。あるいは、「この体験からこういう教訓が得られます」と頭ごなしに教えられてしまう場合もそうです。いずれも、進行に都合の良いようにはめられた感じがして、やらされ感だけが募ります。

自分の思うとおりに人を動かしたい、あるいは、みんなに教えたいという意識の強い人は、こういうプログラムをデザインしがちです。人は「学ぶことは大好きだが、教えられるのはごめんだ」（リーダーシップ論で有名な経営学者の言葉）なのです。ほどよく準備不足にして、流れに任せ、想定外の展開を迎え入れられるゆとりを持っておくことが大切です。また、ときおり「自分は参加者の力を信じているだろうか？」と自問しましょう。多くの人は、自分で考え、分析し、深く知り、学習できるものです。嵌める・教えるのではなく、機会、環境、励ましを提供するワークショップになっているか――を再考してみてください。

その8―無理強い

状況に合わない活動を強いるプログラムです。いくつか典型例を挙げます。
・昼食直後に長いレクチャーをする――確実に皆を眠らせてしまいます
・昼食直後にブレーンストーミングをする――活発にアイデアが出ません
・女性と男性が触れ合うアイスブレイクを無理強いする

235

・夜遅くまで、困難なテーマのグループ討議を強いる

　「この状況で、このアクティビティに気持ちよく取り組めるだろうか？」と一度立ち止まって考えることが大切になります。参加者の立場で考える想像力が求められます。また、自分がやりにくい思いや嫌な思いをした経験があれば覚えておいて、プログラム・デザインに反映させましょう。

その9―能力不足

　多彩なアクティビティを織り込みたいばかりに、適切にやり方をガイドできない、うまく切り盛り（演出）ができないアクティビティに無理をして挑んでしまうケースです。

　残念ながら、第3章で紹介したアクティビティは、すべてが誰にでもすぐにやれるというものではありません。たとえば、**「演劇をつくる」**などは経験がないととても回し切れません。「どうやってつくったらいいの？」と困っている参加者への助言方法や、演劇の発表の舞台づくりのコツや、さまざまなポイントを知っていないとできません。いろいろと試したい気持ちは分かりますが、自分の身の丈に合ったプログラムを組みましょう。

その10―成果が活かされない

　ワークショップでせっかく素晴らしい成果が出てきても、それが何にも反映されないと、参加者はやりきれません。たとえば、「残業を減らそう！」とワークショップをして、実行可能な良いアイデアがたくさん出てきたのに、それが実務にまったく反映されないような場合です。

　ワークショップが成功すればするほど、その成果が今後の実務や実生活にどう役立つのか、参加者の期待は高まります。それだけに、成果がどこにも活かされずウヤムヤになってしまうと、「いったいあれはなんだったの？」ということになり、ひいては「ワークショップなんてまやかしだ／アリバイづくりにすぎないじゃないか！」という怒りや失望を呼び起こしてしまいます。それならやらないほうがましです。

　組織的な意思決定や社会の合意形成を目的としたワークショップでは、その成果が今後どう活かされるのかを最初から押さえておくことが重要です。

第6章

熟達編 | 6

ワークショップ・デザインの力を高める

プログラムを
引き立てる隠し味

　それなりに満足できるプログラムができても、実際にやってみると「素直すぎて、ワクワク感がないなあ…」「何か変化（アクセント）をつけられないかな？」「もう一味ほしい！」と頭をひねりたくなることがよくあります。そんなときのために、ワークショップの完成度や面白さをさらに高めるための「隠し味」を紹介していきます。

プログラムに変化をつける

　料理でもそうですが、同じ系統の味ばかりが連続すると、途中で飽きてしまい、フルコース全部を食べきれません。プログラムに変化をつけることが、面白みを増すための１つ目のポイントです。

　いくらテーマが違っても、２回も３回も付箋で意見を整理してグループ発表したのでは飽きてしまいます。意見の引き出し方、まとめ方、発表の仕方など、個々のアクティビティに変化をつけるようにしましょう。

　加えて、人によって料理の好き嫌いがあるように、得意な創造や学習のスタイルが違います。それらを吸収して、みんなが等しく楽しめる場にするためにも、プログラムの幅は必要なのです。

①成果志向／関係性志向

　短時間に何らかのアウトプットを生み出そうと思うと、どうしても成果を目的としたアクティビティばかりが並びがちです。ときには、アイスブレイクをはじめとする、メンバー同士の関係性やチームの凝集力を高めるアクティビティ

を入れてみましょう。

②プッシュ／プル

プッシュとは、「20分に50個のアイデアを」といったように、追い込んだり、競争させたり、挑発するアクティビティです。盛り上がる反面、メンバーにプレッシャーがかかるため、こればかりだと疲れてきます。

それに対してプルとは、「しばらく隣の人と雑談を」といった、自然の働きに任せ、引き出し、誘発する、湧いてくるアクティビティです。メンバーは楽なのですが、まとまるのに時間がかかり、あまり続くと不安になります。

③発散／収束

アイデアや意見をどんどん広げていくアクティビティと、絞ったり批評し合ったりするアクティビティのバランスも重要です。片方に偏ると、盛り上がりも成果も中途半端になります。

④構成的／非構成的

メンバーのコントロール度合（自由度）の使い分けです。たとえば、オープニングは非構成的なアクティビティでゆるめに始め、場が温まるのをじっくりと待つ。議論に火がついたところで、構成的なアクティビティで一気に結論まで持っていく、といった具合です。

図 6-1 | アクティビティの分析

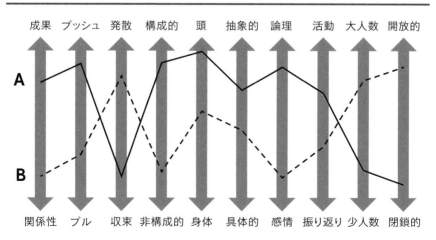

239

⑤頭／身体

　頭を使って活動するばかりでは疲れてきます。ときには、動きのある活動や身体を使ったアクティビティをやって、頭をリフレッシュさせましょう。人間には、視覚（目）、聴覚（耳）、味覚（口）、嗅覚（鼻）、触覚（皮膚）の五感があり、どれを主に働かせるかで変化をつけることができます。

⑥抽象的／具体的

　テーマ（問い）には、「そもそも我々の使命は？」といった大所高所に立った（抽象、マクロ）ものと、「現場で一番の悩みは？」といった身近な（具体、ミクロ）ものがあり、両者を行き来することで考えが深まります。テーマの種類も、記述的（正誤）問題、功利的（損得）問題、規範的（善悪）問題、情緒（好悪）問題があり、同じ系統が続くと食傷気味になってしまいます。

⑦論理／感情

　アクティビティには、事実や情報をもとに理詰めで考える論理的（思考的、左脳的）活動と、直感や自分の内なる気持ちに向き合う感情的（心理的、右脳的）な活動の２種類があります。扱うテーマによって違うのですが、両方が適度にミックスされていたほうが、単調にならずにすみます。

⑧活動／振り返り

　アクティビティを間断なく並べると流れ作業のようになってしまい、大事なところで立ち止まって考えることができません。振り返りを適度に入れることで、思考や活動に深みが出てきます。

⑨グループサイズ

　始めから最後まで決まった顔ぶれでのグループ討議では、単調になってしまいます。ときには、一人で黙ってじっくり考えて思いを紙に書いたり、全員でワイワイと議論をしたりするなど、グループサイズにも変化をつけます。

⑩場

　活動する場所や席のレイアウトを変えると、場のムードも大きく変わります。特に、長丁場のワークショップでは、アクティビティだけではなく場そのものに変化を加えることが活性化に効果的です。あらかじめプログラムの中に場の転換を仕込んでおきましょう。

ドラマチックな演出を加える

　ワクワクするプログラムをつくる2つ目のポイントは、演出に工夫をこらすことです。どこにでもある男女の話であっても、すれ違い、葛藤、偶然の出会い、予期せぬ障害、意外な結末などを用意すれば、壮大なラブストーリーに変わります。そういったドラマチックな演出をプログラムの中に埋め込んでおくのです。

　たとえば、ワークショップの序盤で大切なのは、参加者の心をしっかりとつかむことです。そのためには、「こんなことを知っていますか?」と驚きや謎を与えたり、「皆さんもこんな経験はありませんか?」と参加者が共感できるテーマを用意したりするのが常套手段です。

　中盤では、ワークショップに夢中になってもらうために、難しいテーマを定めてわざと混乱する状況をつくったり、その解決を先延ばしして不安にさせたりします。大きな失敗や激しい競争というのも有効な手段です。ここで生まれ

図6-2 ｜ プログラムの演出方法

序盤(起)	中盤(承・転)	終盤(結)
心をつかむ	**夢中にさせる**	**カタルシスを与える**
意外性で興味を引く ・常識と反対/ショック ・ゆさぶりをかける ・理解不能にする ・大きな疑問(謎)	**じらす** ・どんどん謎を出す ・すれ違い、通りすぎ ・収束を引き伸ばす	**解放させる** ・安心させる ・緊張を解く ・予定調和に導く
知らず知らずに引き込む ・目線を合わせる ・身近な話題から入る ・質問から入る	**混乱させる** ・火をつけて放置する ・あえて混乱させる ・常識を否定する ・徹底的に発散させる	**感心させる** ・予想を超えた結末 ・どんでん返し ・高度な納得
リラックスさせる ・笑わせる ・体と気持ちをほぐす ・ダメな面を見せる	**競わせる** ・チーム対抗で ・個人レベルで ・ファシリテーターと	**承認する** ・勝利を与える ・学び(成長)を確かめる ・挑戦意欲をかきたてる

た混沌こそがワークショップの醍醐味です。

　そうしておいて、終盤で一気にカタルシス（浄化）に持ち込みます。予想を超えた結末にみんなで驚くとともに、一連のアクティビティの意味が明らかになるというパターンです（逆に、わざとモヤモヤしたままで終わってしまうパターンもあります）。成果や学びをみんなで分かち合い、賞賛し合うのもカタルシスには欠かせません。

　あまりやりすぎるとあざとくなってしまいますが、料理の味を引き立てる演出として覚えておくと大いに役に立ちます。汎用性が高い起承転結型での演出方法を図6-2で紹介しておきますので、得意な演出方法を見つけたり、アクティビティに自分なりのアレンジを加えたりする際の参考にしてください。

チェンジ・オブ・ペースを活用する

　場の空気を転換するチェンジ・オブ・ペースをうまく組み込んでおけば、プログラムにアクセントがつけられます。

①ブレイク（休憩）

　最も手軽な方法であり、メンバーが疲れたときに使うのが一般的です。あるいは、場が熱くなりすぎたときに、クールダウンのために使ったりもします。不思議なもので、ブレイクの前後では場のムードが大きく変わり、少し頭を冷やすことで、気がつかなかったことに気がついたりします。

　他にも、ブレイクを兼ねて、1人ひとりでアイデアを考えてもらったり、他のグループの活動状況を見てもらったりする時間として使うこともあります。休憩中に、自然発生的にメンバー間での話し合いが始まるという効果もあります。一晩寝て次の日にまた考える、といった長いブレイクもあります。

図6-3｜チェンジ・オブ・ペース

②アイスブレイク

　もう少し大きなアクセントをつけたいときには、アイスブレイクや軽いチーム・ビルディングのエクササイズを

組み込んでみましょう。場のムードをリセットするお口直しにあたり、特に長丁場のワークショップでは必須です。

③振り返り

これもお口直しのひとつで、振り返りが活動の区切りとなって、気合いを入れ直すことにつながります。いつ、どれくらいの時間で、どういうやり方でやるかを事前に考えておきましょう。

④お菓子やお茶

お口直しの時間が十分に取れないときには、お茶やお菓子を投入するのが効果的です。それだけで場の空気が変わってきます。あるいは「お菓子を後ろのテーブルに置いておきますので、好きなだけ持っていってください」と働きかければ、場に動きがでると同時に、自然な交流を期待することもできます。

⑤場の転換

同じ空間で長い時間作業を続けていると、どうしても集中力が下がってきます。そういっときは、みんなでワイワイと壁に紙を貼ったり、座席のレイアウトを変えたりして、場のムードをリフレッシュしてみましょう。

▰ プログラムに「間」を用意しておく

4つ目は、かなり高等テクニックになりますが、あえてプログラムに余白の部分（間）を空けておくという技です。要するに、プログラムにワクワク感がないひとつの原因は、入念につくり込みすぎてしまい、偶然性が入る余地がなくなってしまったことです。

繰り返しになりますが、ワークショップはその場・その時に起こったことを素材に料理するものです。本来、参加者と一緒につくっていくものであり、その場の流れや偶然性に委ねる部分があったほうが、プログラムとしては面白くなります。また、そのほうが、参加感も生まれ、印象も強まります。

具体的には、アクティビティの時間に余裕を持たせる、時間一杯まで詰め込まず空白の時間をとっておく、アクティビティを複数用意しておいてその場の判断で決める、参加者から進め方を募るなどです。そんな「間」の使い方の上手さが熟達者への第一歩といっても言いすぎではありません。

テーマ〜問いの日本語を練り上げる

▦問いは思考と行動の起爆剤だ！

　私たちの思考の動きや深さを決める主役はやはりテーマ〜問いです。

　ひとつ例を挙げましょう。「なぜうまくいかないのか？」という問いで討議を
すると、次から次へと悪い点が出てきて、ネガティブな雰囲気になります。

　そこで問いを「何をすればうまくいくのか？」と切り換えてみましょう。初め
こそメンバーは控えめにしていますが、そのうちポツリポツリと前向きの意見
が出てきます。しまいには、それらでホワイトボードがいっぱいになります。
初めの問いのままだったら、絶対に出てこなかった意見です。問いが変われば
思考が変わるのです。

　問いは、注意深く選んで提示すれば、

　　・好奇心、注意力、思考、創造力を湧き起こす

　　・内省的な対話を引き起こす

　　・隠れていた／触れずにいた前提を引きずり出す

　　・エネルギーと前向きな行動を生む

　　・さらなる問いを喚起する

　　・組織の中をその問いが伝播していって、皆の動きにつながる

という変化を引き起こせる力を持っています。「おお！」とみんなを前のめりに
させるような力です。ワークショップをデザインするときは、参加者の思考や
行動に火がつくような問いを考えましょう。

問いを何種類もつくってしっくりくるものを選ぶ

ここでは、個々の問いをどう磨き上げたらよいかに焦点を当てます。同じような問いでも、良い言い方や表現になるよう、**言い換え**を考えるわけです。

残念ながら、こういう言い方に換えればよい、という普遍的な法則はありません。何の変哲もない問いが、状況や参加者によっては「響く問い」に化けることもあります。

ただ、法則はなくとも、いくつかの問いを目の前に並べられたら、私たちは「この問いはなかなかいい。考えさせられるね」と選べるのではないでしょうか。比べれば良さはおのずと分かる、というやつです。

ですから、テーマを何種類もの問いで表現して並べ、どれがハートに響くか、どの問いなら「おっ!?」と考えさせられるかを考えましょう。この問いを投げかけられたら何を考えるだろうか、どんな対話が生起するだろうか、と自問して、適切な問いを選ぶのです。この習慣の繰り返しが、私たちの問いの力を鍛えていきます。

6つのポイントで問いを言い換える

では、ここからは、問いをいく通りにも言い換えるポイントを解説します。具体的には①型、②範囲、③方向性、④階層、⑤跳躍、⑥置換の6つがあります。なお、この節を書くにあたっては、E. E. Vogt, J. Brown, and D. Isaacs, "The art of powerful questions," Pegasus Communications, Inc. を参考にしています。

図6-4 │ 問いのポイント

1）型：問いの形

　一番簡単な言い換えは、問いの型を変えることです。問いには

　　Yes/No　　　：はい／いいえで答えられる質問
　　Which　　　：「どれ？」「どっち？」「…か、…か？」
　　What　　　 ：「何が…？」「…は何？」「どんな…？」
　　When　　　 ：「いつ？」「どんなとき？」
　　Where　　　：「どこで？」「どんな場所で？」
　　Who/Whose/Whom :「誰？」「誰の…？」「誰に対して…？」
　　Why　　　　：「なぜ？」「…する目的は何？」
　　How　　　　：「どうすれば？」「…する方法は？」
　　How much (many)：「どれくらい？」「いくつ？」

などの型があります。たとえば仕事の満足度を聞く問いは、

　　・これまでの仕事に満足していますか？
　　・これまでに仕事で一番満足したのはいつですか？
　　・これまでに仕事で一番満足したのはどのような経験ですか？
　　・なぜあなたにとって一番満足した経験として残っているのですか？

といったように転換ができます。

　一般的に、Yes/NoやWhichは答えやすいので口火を切るのに適しており、What/How/Whyは参加者に深く考えさせるのに適しています。ただ、これはあくまでも一般的な法則であり、全員で意思決定すべき局面では「本当にいいんですね？」といったYes/NoやWhichがきわめて重要な問いになります。

2）範囲：問いが扱う範囲

　誰に向けられているのか、何を対象としているのか、どれぐらいの期間なのか…といった、問いが扱う**範囲**（条件）を変化させてみましょう。

　　・当社は何をすべきか？
　　・営業部は何をすべきか？
　　・私たち営業担当者は何をすべきか？

　範囲が広ければそれだけ発想も広がりますが、広すぎるときれいごとや他人ごとになりがちです。逆に、範囲を絞っていけば、実務や実生活とのつながりが感じられるため参加者が当事者意識やリアル感を持ちやすくなりますが、発

想がありきたりで小ぢんまりとしてしまう恐れもあります。

　このバランスを考えながら、問いに現れる主語や目的語などの範囲をさまざまに揺さぶってみて、話し合うべき内容に沿うようマッチさせるのが肝要です。もちろん、範囲が明確に分かるように問いの中で明示してください。さらには、参加者のアイデアを湧き起こすには、問いに何らかの限定（期間や数字や条件）が含まれているほうがよいことがあります。

・当社は何をすべきですか？
　　→　当社は、今後5年を見据え、何をすべきですか？
・わが社の良いところは何か？
　　→　10年後も我々が残したい、わが社の良いところは何か？
・現状のミーティングを良くする方策は？
　　→　現状のミーティングを良くする方策を30個挙げるなら？
・私たちの部門は何をすべきか？
　　→　○○○という条件のもと、私たちの部門は何をすべきか？

図 6-5 ｜ 問いの対象範囲を揺らしてみよう

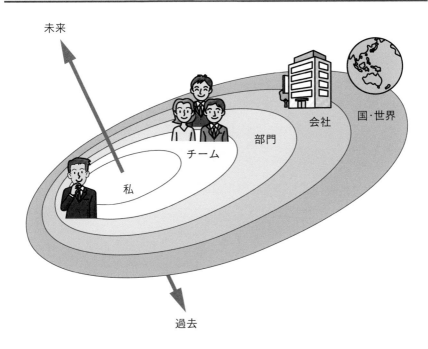

3）方向性：問題探索か、可能性探索か

　問題やその原因に意識を向けるか、将来に向けた可能性や行動に意識を向けるか、という**方向性**を変化させます。

　□問題探索型

　　・○○○における問題点にはどのようなものがあるか？

　　・○○○を引き起こしている原因は何か？

　　・この一連の出来事で、どこが間違っていたのか？

　　・職場を明るくするにはどうしたらいいか？（暗いという前提がある）

　□可能性探索型

　　・○○○において、どのような機会を見出すことができるか？

　　・○○○の状況の中で、何が重要か？

　　・この一連の出来事から私たちは何が学べるか？

　　・どういう職場なら私たちはさらに創造的になれるか？

　　・月曜日に口笛を吹いて出勤したくなるのはどのような職場か？

　問題探索型の問いは大切ですが、参加者の責任を追及するような雰囲気になり、言い訳や責任転嫁が出やすくなります。失敗や欠陥よりも成功や強みにフォーカスしたほうが、各人の行動につながることもあります。内省と協働を促すという意味で、可能性探索型の問いをぶつける価値は大きいといえます。問題探索型の問いばかりを投げる人が多いので、可能性探索型への言い換えを試みる意識を持っておくとよいでしょう。

図 6-6 ｜ 方向性と階層の中で揺らす

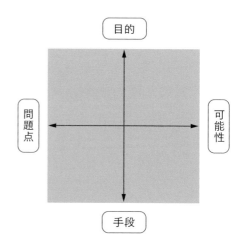

4）階層：目的回帰か、手段創出か

目的に立ち返るか、手段を生み出すか、思考の**階層**を変えます。今やろうとしていることの根本の目的、いわば原点を再認識させるような問いが目的回帰型の問いです。それに対して、目的や現状を踏まえた上で「では、どうするの？」を考えるのが手段創出型の問いです。

皆が手段に走り、もともとの目的を踏み外してしまいそうな局面（手段の目的化）では前者、つまり原点に立ち返る問いが有効になってきます。

- それでお客さんは本当に喜んでくれるのだろうか？
- 私たちが本当にやりたいことは何でしょうか？
- 我々はなぜこの事業に取り組むのでしょう？
- なぜ○○○をする必要があるのだろうか？

これら目的回帰型の問いは、参加者が目的を確認し、束ね、土台としての共通認識を形成していける力を持っています。その反面、「そもそも論」になって形骸的な議論が百出し、話が前に進まなくなる恐れもあります。

5）跳躍：前提の破壊度合い

自分たちが持っている知識や前提の枠内で考えるのか、それを壊して**跳躍**して考えようとするのか。後者の例をいくつか挙げてみましょう。

- この解決策で不利益を被るのはどういう人たちか？
- 私たちがこれまで見逃していたことは何でしょうか？
- ○○○の他に何があるか？
- 今使っている帳票を3分の1に減らすにはどうしたらいいですか？
- これをしていて私たちは本当に楽しいのか？

こういう問いは、参加者に思い込みの枠を超えさせたり、これまで見えていなかったものが見えてくるようにしたりする力を持っています。何らかの仮定・制約を置いた問いも、前提を打ち破るのに効果的です。

- もしコスト的制約がなければ、私たちには何ができますか？
- 緊迫感に満ちていても居心地が良い職場とはどんな職場ですか？

また、言葉そのものが前提を打ち破っている場合もあります。

- 当社はどうやって競合X社と協働できるか？

この場合は「協働」という言葉が「競合とは戦うものだ。協力の余地などない」と

いう前提を壊して跳躍しようと挑んでいるわけです。

　これらのように、現状の常識にとどまっていては答えられないような問いが、ときとして大きな変革を引き起こします。一方で、前提を破壊する問いがひたすら続くと、参加者はヘトヘトになってしまいます。やはり、局面に応じて問いを選び、適切な流れをつくる作業を忘れてはいけません。

６）置換：ちょっとした言葉の遣い分け

　問いを磨くには、言葉のほんのちょっとした遣い分けも大切です。あるワークショップで、参加者が「『今の仕事で不満に思うこと』だと話しにくいが、『仕事をしていて、悲しいと思うこと』なら素直に話せそうだ」と言ったことがあります。「不満」より「悲しい」のほうが心に響く言葉だったのです。

　試しに、次の２つの問いを比べてみてください。助詞が１箇所違うだけなのに、私たちの感情に働きかけてくる度合いが違います。

　　・我々が、日本で最も価値ある組織になるためには？
　　・我々が、日本にとって最も価値ある組織になるためには？

　単語、助詞、語尾といった細部をいろいろな言葉で**置換**すると、問いの持つ色合いが変わります。そのときに使えそうな工夫を２つ紹介しましょう。

　ひとつは、「〜すべきか？」という言い回しを「〜したいか？」「〜できるか？」に置き換える方法です。「私たちはどんな取り組みをすべきか？」という問いでは正論が横行しそうなときに、「私たちはどんな取り組みをしたいか？／ができるか？」と言い換えて、正論から願望のほうにスイッチさせます。あるいは、べき論から現実論のほうに少しシフトさせます。

　もうひとつは、「だ・である調」を「です・ます調」に言い直す方法です。ソフトな問いかけ口調になるので、参加者が心理的なガードを下げ、当事者意識を持って考えやすくなります。

　たとえば「我社の今後のあるべき姿は？」と問われたら、すごくもっともらしい発言をしないといけない気分になりませんか。声の大きい人ばかりが発言するいつもの会議と同じになりそうです。これを「我社が１０年後、どんな会社になっていてほしいと思いますか？」と言い換えると、ずいぶん発言しやすくなる感覚が分かるのではないでしょうか。ここまでの例文も両方の口調を混ぜて載せてきましたので、読み返して比べてみてください。

図 6-7 │ 発想を豊かにする問いの例

集合的な方向性を見出す質問

・私たちがここで探究している状況をすばらしい未来に変えることのできる質問には、どのようなものがあるでしょうか？

・あなた／私たちをこの探究へとひきつけたのは何ですか？

・私たちが最善を尽くすに値する、より深い目的、つまり「Big Why？：大きななぜ」は何ですか？

・この状況の中に、どんな機会を見出すことができますか？

・この状況について考える際に、検証し、挑む必要のある仮説にはどのようなものがありますか？

・私たちとまったく異なる信念を持つ人なら、この状況についてどんなことを言うでしょうか？

アイデアをつなぎ合わせ、深い洞察を見つけるための質問

・ここで具体的に形になろうとしているものは何ですか？

・発言されたさまざまな意見の背景から、どんなことが聴こえてきますか？

・あなたにとって、本当に意味のあることにはどんなものがあるでしょうか？

・何があなたを驚かせていますか？

・これまでのところで、全体の絵から抜け落ちているものには何があるでしょうか？

・何が私たちには見えていないのでしょうか？

・より深いレベルの理解／明確化に達するために話す必要があると考えられる質問がたった1つあるとしたら、それは何ですか？

一歩踏み出すための質問

・この課題に対して変化を起こすためには何が必要でしょうか？

・もし成功が完全に保証されるとしたら、あなたが取る大胆な一歩はどんなものになりますか？

・未来の状況に対して大きな違いを生み出すために、今日どんな種をまいたらよいでしょうか？

※出所：アニータ・ブラウン＆デイビッド・アイザックス『ワールド・カフェ』（ヒューマンバリュー）

デザイン力を高める
トレーニング

　ワークショップ・デザインの技術を高めるための一番の方法は「場数を踏む」ことです。自分でデザインして、やってみて、結果をフィードバックする、その繰り返しです。とはいえ、やみくもに場数を踏むのでは効率が悪く、次に述べる観点を意識しながらトレーニングに励んでください。

多様な場を経験してみよう

　自分ひとりでデザインを考えていると、どうしても同じパターンの繰り返しになりがちです。手馴れたアクティビティや無難な問いを並べたくなり、プログラムに幅が出てきません。

　そういうときは、思い切って、自分にあまり馴染みがないワークショップを経験してみましょう。ビジネスパーソンが演劇のワークショップに出たり、まちづくりの関係者が商品開発のワークショップに出たりといった具合です。

　ワークショップには実にいろいろな場があることが分かり、自分の殻を打ち破るのに大いに効果があります。分野を超えて使えるアクティビティや場のつくり方が見つかることも少なくありません。逆に、自分が見逃していた良さに気がつくときもあります。

　ワークショップは体験してみないと絶対に分かりません。その体験の幅が、あなたのワークショップの幅になります。どれだけ多様な場を経験するかで、ワークショップのデザイナーとしての器の大きさが決まってくるのです。

先人たちの知恵から学ぼう

　自分で考えるだけではなく、盗むという方法も活用してみましょう。

　これにはいくつかのやり方があり、一番簡単なのは、書籍やインターネットなどで公開されているプログラムを盗むことです。本書もそのためにぜひ活用してください。日本ファシリテーション協会では数百回ものワークショップの記録をウェブサイトで公開しており、使わない手はありません。

　まずは、それらを分析して、どういう工夫が盛り込まれているかを自分なりにリストアップしてみましょう。その上で、そのまま、あるいは少し手を加えて、自分で一度やってみてください。おそらく、プログラムを見ただけでは分からなかったさまざまな知恵が見つかるはずです。

　また、自分が参加したワークショップがあれば、終わった後にプログラムをシートに書き起こしてみるのも良い方法です。プログラムシートを書こうと思うと、ワークショップをじっくりと反芻しなければならず、必然的にそこに込められたいろいろなノウハウに気がつくからです。

　そして、熟練者がやるワークショップのアシスタントを務めることをお薦めします。一番良いのは、ワークショップの企画段階から当日の進行まで、一連のプロセスを共にすることです。準備段階では「こんなことまで考えるの？（逆に、そこはそんなにいい加減でいいの？）」といった発見があり、当日は「え、そんなにアッサリと変えちゃってよいの？」と驚くでしょう。プログラムシートに現れない暗黙知を学ぶのに、これに勝る方法はありません。

　さらに言えば、先人から学ぶ機会はどこにでもあります。たとえば、前々節でワークショップをドラマチックに演出する技を紹介しました。実は、あの大半は映画、ＴＶドラマ、小説、コントなどから盗んだものなのです。分野の台本（シナリオ）づくりの技術は分野を超えて使えます。勉強の機会は無限にあるのです。

図 6-8 ｜ 日本ファシリテーション協会のサイト

アクティビティのバリエーションを増やそう

　プログラムの質を上げるのに重要なのがアクティビティです。同じアクティビティであっても、どんな局面で、どんな使い方（演出）をするかで、全然違ったものになります。まずは、アクティビティの数を増やすよりも、得意ネタをじっくりと使い込むところから始めてください。

　とはいえ、アクティビティが少ないとワンパターンのワークショップになりますし、臨機応変の対応もできません。実は、大いなるワンパターンを使いこなすのが真の熟達者なのですが、それはやるべきことをすべてやりきった後の境地。我々凡人は、多彩なアクティビティの技をできるだけ多く持っておくに越したことはありません。そのためには、やったことのないアクティビティを意識的に使ってみましょう。

　それと、普段からネタ拾いをして、「何かネタに使えないか」と常にアンテナを立てておくことが大切です。「お、これ、面白いじゃないか！」というものがあれば、それを自分の中に貯めていくのです。筆者も、オンライン向けのアクティビティでは、本やネットからさまざまなネタを拾って使っています。問いも同じで、自分が誰かに問いかけられてハッとした体験があったら、ちゃっかりいただいてしまいましょう。本やドラマの中にも良い問いがたくさんあり、ネタを拾う機会はどこにでもあるはずです。

　また、アクティビティにアレンジを加えるのもぜひやってみてください。一例を挙げれば、いつもはオープニングで資料を用いて趣旨説明する代わりに寸劇を演じて伝えるといった具合です。このように、アクティビティをアレンジする一番簡単な方法は、アクティビティを使う場所を変えたり、複数を組み合わせたりすることです。

　たとえば、自己紹介というアクティビティは「互いを知る」という機能を持っていますが、そこへ「絵を描く」という機能をつなげてみると、どんなアクティビティが生まれそうですか。そうですね、「自分の好きなものを絵に描いてもらって、それを見せながら自己紹介する」というバリエーションが生まれてきます。これは、思いがけない機能同士の間に関係を発見する、とても楽しくワクワクする作業になるに違いありません。

強制的にいじってみよう

プログラムに彩りを添え、ワンパターンから抜け出すもうひとつの方法をお教えしましょう。いったんできたプログラムに「揺らぎ」を与えてみるのです。

そこでお薦めの方法があります。まず、できあがったプログラムをいったんカード化します。各セッションの狙い、アクティビティ、問い、場を付箋やカードに書き出して、プログラム通りに並べるのです。

次に、セッションの順番をいろいろ入れ替えてみてください。頭の中だけでは思いつかない、新しい流れがそこに生まれるはずです。アクティビティや問いにしても、固定概念にあまりとらわれずに、置き換えたり、組み合わせたりしてみてください。きっと面白い使い方が見つかるでしょう。

こういった試行錯誤ができるのが付箋やカードの良いところであり、プログラムシートではなかなかこういった芸当はできません。発想を広げるひとつの方法として試してみてください。

図6-9 | 組み換えの例

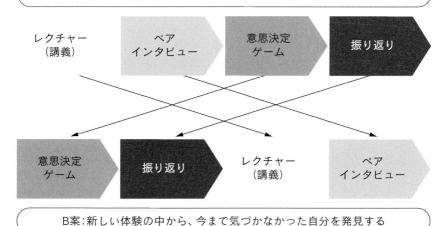

ファシリテーターの
姿勢と心構え

本書を締めくくるにあたり、ワークショップをデザインして場を切り盛りするファシリテーターの取るべき姿勢や心構えを述べていきたいと思います。

▨ ファシリテーターの存在感が場をつくる

第1章で述べたように、本書では、チームとプログラムを主役に据えてきました。実際にワークショップを進める上で必要な、ファシリテーションの技術（スキル）については触れていません。

とはいえ、第2章では述べませんでしたが、ファシリテーターも場の重要な要素です。つまり、ファシリテーターの**存在感**、立ち居振舞いがワークショップの雰囲気に大きく影響します。極端に言えば、オープニングで前に立ち、一言二言発話しただけで、ワークショップにふさわしい、暖かで、前向きなムードをつくりだせるファシリテーターは間違いなく存在します。彼女／彼の笑顔や落ち着いた雰囲気、あるいは、声のトーンが皆に安心感を与え、元気な雰囲気や粘り強さが皆を鼓舞します。

筆者は、自分が参加したワークショップでこんな経験があります。参加者が三々五々集まって着席するものの、誰もまったく口を開こうとしません。居心地が悪くてふとファシリテーターに目をやると、ニコニコと穏やかに平気な顔をしているのです。私はその瞬間「なんだ、この状況を気まずいと思わなくてもよいのか。今日は自然体でいられる場なんだ」と気が楽になりました。

いつもニコニコ笑っているとは言いません。けれども、せめて、難しい顔、

偉そうで威圧的な態度、自信のない態度、やる気のない態度といった、その場の雰囲気をマイナスにするような態度は慎むべきです。自分も場を形づくる大切な要素だということを常に頭に置き、行動するようにしてください。

場を保持し続ける

　ワークショップが始まれば、参加者の力を信じて委ねるのが基本スタンスです。といっても、まったく放置するわけではなく、場をしっかりと保持（ホールド）しなければなりません。言い換えれば、常に手綱を持っておくのです。

　それは何より「見守る」ことです。声に出さなくても、部屋のどこかから暖かい眼差しを送り、皆を励まし続けます。特に、混乱が生じたり、行き先に迷っているときは、ファシリテーターの動じない態度が支えとなります。

　加えて、「どうしようもないときは、必ず助けてくれる」という安心感が大切です。ワークショップではメンバーだけでは対処できない事態も起ります。活動を阻害する問題行動、狙いからの逸脱、少数意見の無視、参加者の逃げといった状況が発生したら、助け舟を出さないといけません。

　そのためには、いつでも緊急介入ができるよう、場を観察することが重要です。熟練のファシリテーターになればなるほど、何もしていないように見えますが、観察に全精力を使っています。また、そうすることが「最後は…」というメンバーの安心感を生みます。

　とりわけグループに分かれて対話・討議をするときには、グループによって雰囲気や進捗に大きな差が出てしまうことがあります。グループごとにグループ・ファシリテーターを置くのもひとつの手ですが、それだけの人数のファシリテーターを集めるのも大変です。参加者がグループ・ファシリテーターに頼ってしまう悪影響も無視できません。そこで、基本的にはグループ

図 6-10 ｜ファシリテーター

討議は任せつつ、でも、楽しそうに取り組めているか、一部の人に発言が偏っていないか、本来議論すべき問いからズレていないか、をファシリテーターは全身全霊で観察して、必要ならば救援にかけつけるようにします。

また、場合によっては、プログラムを修正しなければ対処できない事態も起こります。迅速に判断するには、予定通りに進めねばならないと信じ込まず、どう変えたらより良くなるかを皆と一緒に考える態度が欠かせません。そういう姿勢が「保持する」という行為の一部となって場の安心を生み出します。

▆今ここで起こったことを表に出す

ワークショップで一番重要な「今ここで起こったこと」に、メンバーが気づかなかったり、気づいても言い出せなかったり、うまく表現できなかったり、という事態もよく起こります。そういうときこそファシリテーターの出番です。さりげなく表に引っ張り出すように努めましょう。

ひとつは、コンテンツ（内容）に関する指摘です。あるとき筆者は、ビジョンづくりのワークショップを任されました。ところが、終日議論をしておおよそのイメージはすり合ったものの、最後の文章化で四苦八苦しています。

そこで、今まで観察した結果をもとに、「皆さんの言いたいことって、こんな言葉になるんじゃないですかね」と自分なりの文章を披露してみました。すると、「そうそう、こういう日本語にしたかった」「これなら私の意見も入っている」という反応が返ってきました。さらに「でも、この言葉はちょっと違和感があり、○○のほうが…」という意見が出始め、一言一句に魂を込めたビジョンをみんなの力でつくり上げることができました。

なお、コンテンツに関する指摘をするには、そこで出てきている意見を「見える化」しておく

図6-11 | ファシリテーション・グラフィック

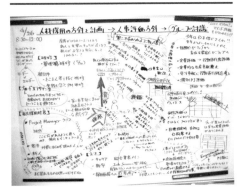

258

のがとても役立ちます。(これはスキルの話になりますが)ワークショップでも、ファシリテーション・グラフィックはぜひ活用しましょう。ファシリテーターとグラフィッカーの2名体制で臨むことも多いです。

さらにプロセス(関係過程)への指摘も重要です。言いたくても言えない、そんなの恥ずかしくてできない、あの人の発言(態度)に腹が立った、納得いかないのに先に進めようとしている、といった人と人の関係性の中で起こるさまざまな心の動きです。こういう表に出にくいものをファシリテーターが「あれ、皆さんちょっと戸惑っておられますね」「今の発言で、〇〇さんは目をふせちゃいましたよ」と柔らかく指摘すれば、ワークショップが驚くほど深まります。ワークショップが期待通りの効果を生むのは、そんなファシリテーターの介添えや後押しあってのことなのです。

オンライン・ワークショップではどうする

本書では、オンラインでワークショップを開催する際のポイントをあまりクローズアップしていません。その理由は、プログラム・デザインの原理原則は対面でもオンラインでも大差無いからです。第2章で述べたオンライン独特の場の設定の工夫や、オンラインに適したアクティビティの選択さえ気をつければ、プログラムの型や問いの設定などに変わりはありません。

ファシリテーターとして進行を務める上で心がけたいのは以下です。

・カメラONで自分の顔を見せる

・静かな場所で、常時マイクONにする(ミュートは使わない)

・うなずき、合いの手、ジェスチャー、身の乗り出し、笑い、拍手などのリアクションを普段の「倍」やる

・明るく張りのある声で話す

また、必ずサブ・ファシリテーターを置きましょう。うまく接続できない、マイクがONにならない、といったトラブルへの対応以外に、ブレイクアウトルームの設定、今から考える問いのチャットへの打ち込み、参加者同士のチャットでのやり取りの促進など、やることがいっぱいあって、とても1人ではこなせません。

場を支配せず参加者を信じよう

そして最後に、参加者が主役であることを常に思い起こしましょう。ファシリテーターはあくまでも支援者であり、皆の参加を促す役目です。存在感が大事といっても、その場の主役になれという意味ではありません。

何よりも、しゃべりすぎないことです。多くの人は自分で考え、学ぶことができます。第5章の落とし穴の項でも述べましたが、支援者は、参加者の力を信じて、機会、場、励ましを提供すればよいのです。「皆にしゃべってもらってナンボ」だと認識しておきましょう。

特に、冒頭のオリエンテーションで（丁寧に説明しなければと気合いが入るからでしょうが）言葉数が多いファシリテーターが少なくありません。

また、「プログラム通りに進めなければ」「もっと皆に参加させよう」と意気込むあまり、参加者そっちのけで進める人がいます。これでは、ファシリテーターに操作されているような気分になります。ファシリテーターは、参加者を操作や支配しようとしていないか、常に内省が求められます。

人によっては、「アクティビティの指示を出すことも操作ではないか」という反論もあるでしょう。確かに、どんな姿勢をとろうが、ファシリテーターは皆に影響を及ぼす大きな特権を持ってしまっています。ですので、その力を自覚しておくことが大切ではないでしょうか。そうすれば、「その進め方は嫌だ」と誰かが言い出す可能性に常に心を開いておけます。言い換えると、結局参加者を支配してしまっている「やましさ」を心の片隅に持っておくことが大切なのではないかと思います。

プログラムシート原紙 （コピーしてお使いください）

タイトル

<狙い／目標>

<対象者／人数>	<時間／場所>

	時間	狙い／目標	活動内容／テーマ	場の設定
1				
2				
3				
4				
5				
6				

<準備物>

ブックガイド

<第1章>

●木下勇『ワークショップ』学芸出版社
ワークショップの歴史から実践事例まで、この一冊でワークショップのすべてが分かる必読書です。特に社会系ワークショップに興味のある方にお薦めします。

●中野民夫『ワークショップ』（岩波新書）岩波書店
ワークショップの多様な世界と可能性を広く世に紹介しており、全体像をつかむのに適しています。姉妹編の『ファシリテーション革命』とあわせて読んでください。

<第2章>

●苅宿俊文ほか『ワークショップと学び1・2・3』東京大学出版会
ワークショップを「学びほぐし」（アンラーニング）の視点からとらえ、理論的・歴史的な解説から企業・地域・学校での応用例、実践のための知見まで紹介する三部作です。

●浅海義治ほか『参加のデザイン道具箱　Part-2』世田谷まちづくりセンター
プログラム・デザインとプロセス・デザインの基本的な考え方を学ぶのに最適。特に社会系ワークショップに興味のある方にお薦めします。一般書店では入手できず、直接お求めを。

<第3章>

●ワークショップ探検部『今日から使えるワークショップのアイデア帳』翔泳社
アイスブレイクから振り返りまで、百戦錬磨のファシリテーター4人が"鉄板"のワークショップのネタを伝授してくれます。続編の『オンラインの"場づくり"アイデア帳』もお薦め。

●山崎和彦ほか『情報デザインのワークショップ』丸善出版
「準備→発見→表現→共有」の流れに沿って、応用の利くアクティビティが多数紹介されています。写真も使った丁寧な解説のおかげで実施イメージが湧きやすいのが特長です。

●デイブ・グレイほか『ゲームストーミング』オライリー・ジャパン
ゲームの本というよりは、創造力を活かしたワークショップを進めるための手法を幅広く紹介したガイドブックです。楽しさを演出することの大切さがよく分かります。

●森時彦『ファシリテーターの道具箱』ダイヤモンド社
主に組織系のワークショップで使うツールやアクティビティが図解とともに解説されています。ワークショップの際に手元においてハンドブック代わりにも使えます。

<第4章>

●日産自動車（株）V-up推進・改善支援チーム『日産V-upの挑戦』中央経済社
ワークアウトを軸にした全社的な課題解決プログラムを推進することで、企業再生を
果たした日産の自動車の取り組みを紹介しています。『日産 驚異の会議』とあわせてどう
ぞ。

●前野隆司ほか『システム×デザイン思考で世界を変える』日経BP
新規事業を、皆のアイデアを楽しく結集して、創造したい人向けの入門書。デザイン
思考を取り入れたワークショップをどう進めるか、悩んだときに頼れる一冊です。

●山内祐平ほか『ワークショップデザイン論』慶應義塾大学出版会
制作を通じて発見や学びを得るワークショップをデザインするための考え方や具体的
方法論を解いています。ワークショップの評価方法についても触れていて、参考にな
ります。

●北野清晃『組織論から考えるワークショップデザイン』三省堂
実践的なワークショップのつくり方を組織論の立場から解説しているユニークな一冊
です。チームを動かすビジネスリーダーにとって役に立つ話がたくさん散りばめられ
ています。

●アニータ・ブラウンほか『ワールド・カフェ』ヒューマンバリュー
ワールド・カフェを実践するための原理と方法を紹介した本ですが、対話のルール、
場のつくり方、問いのつくり方など、ワークショップ全般で使える技が散りばめられ
ています。

<第6章>

●ダン・ロススタイン、ルース・サンタナ『たった一つを変えるだけ』新評論
ハーバード大学が開発した、「問いづくり」が身につくための方法を解説した良書です。
ワークショップ、研修、マネジメントなどに活用できる、21世紀のスキルが身につ
きます。

●安斎勇樹、塩瀬隆之『問いのデザイン』学芸出版社
問題の本質を見抜き、解くべき問いを正しく立て、課題解決のプロセスを設計するス
キルを体系化した読み応えのある良書です。同著者の『問いかけの作法』とあわせてご
覧ください。

あとがき

　ワークショップが日本に入ってきて70年以上経ち、さまざまなシーン・用途で使われるようになってきました。その良さが認められる一方で、好ましくない使い方をされる場合も増え、ワークショップへの不信を招いているように感じています。

　よくあるのが、ワークショップをすれば「みんなでつくった」という免罪符になると考え、最初から結論が決まっているのに、形だけのワークショップを開くというケースです。いわゆる「アリバイづくり」です。

　「忌憚のないご意見を」と言っておきながら、「頂戴したご意見は今後の参考にさせていただきます」とだけ答え、どう反映させるのか、まったく説明しない場合もあります。「ガス抜き」に利用されたわけです。ひとしきり参加者に発言させておいたところで、「皆さんの意見を我々なりにまとめてみました」と、あらかじめ用意していた結論とすり変えるという荒技もあります。

　あるいは、主催者や演者が延々とプレゼンするばかりで、参加者はろくに質問やコメントすらさせてもらえないケースもあります。ワークショップと名前を付けておけば、イメージが良くなるとでも思っているのでしょう。

　くわえて、もう1つ気になるのが、ワークショップが不得意な人や抵抗を感じる人への配慮がまったくないワークショップです。

　ワークショップに初めて接したときに、さまざまなアクティビティやお作法に、わざとらしさや気恥ずかしさを覚えた人が少なくないと思います。ところが、慣れてくるとそんなことはすっかり忘れ、「するのは当然」という態度を取りがちになります。気づかないうちにワークショップ文化に染まってしまったわけです。

　もうひとつ例を挙げましょう。ワークショップにおいては、みんなが素直に自分の心を開かなければよい場になりません。とはいえ、どれだけ自己開示できるかは、人によって許容範囲が違います。

　にもかかわらず、「ワークショップではホンネを語るのは当然」「なぜ素直に心の扉を開かないんだ？」「みんなやっているんだから、あなたも」と自己開示を

強要するのはやりすぎです。下手をすると相手を傷つけてしまいます。1人ひとりが居心地のよい場をつくるのが本来のワークショップのはずです。

ワークショップとは、社会の中で生きる人間が本来の姿を取り戻すための場です。人間性が阻害された近代への批判が込められたカウンターカルチャーとして発展してきました。それをどう活用していくか、今まさに我々の「志」が問われています。

1人ひとりが「本物のワークショップ」とは何か深く内省し、真の「人と人が響き合う社会」の実現を目指して、幅広い協働を進めていかなければならない。そのことを強調して筆をおきたいと思います。

この本は多くの方のご協力の賜物であり、本書を締めくくるにあたり、御礼の言葉を申し上げます。

まず、数多の文献に散りばめられた知恵を参考にさせていただきました。ワークショップを育ててこられた諸先輩方の労力、英知、経験の上に本書があり心から敬意と謝意を表したいと思います。

次に、この本では、設立以来1000回を軽く超える、日本ファシリテーション協会のワークショップの中で得た発見や、皆さんからいただいた助言をふんだんに盛り込んでいます。楽しそうな写真も多数お借りしました。お世話になった方が多すぎてお名前を挙げられませんが、ファシリテーションの普及と啓発に日夜尽力されている会員のみなさんに、心からお礼を申し上げます。

併せて、筆者たちがワークショップ・デザイナー、そしてファシリテーターを務めさせていただいた多くの組織や参加者の皆さん。皆さんと一緒にワークショップという場で関わらせていただいた蓄積がこの本の中に織り込まれています。深く感謝申し上げます。

初版編集担当の日本経済新聞社の堀江憲一さん、新版編集担当の日経BPの白石賢さん、栗野俊太郎さんにも心より感謝いたします。

最後に、筆者たちを陰ながら支えてくれた愛妻と最愛の子どもたち、本当にありがとう！

〈写真提供〉瀬部俊司、空井郁男、安藤幹人、福嶋慶三

技法索引

※技法名の後ろのカッコ内は、その技法を本文中で詳しく解説している箇所を示しています。

事項索引

著者紹介

堀 公俊 (ほり・きみとし)

神戸生まれ。大阪大学大学院工学研究科修了。大手精密機器メーカーにて商品開発や経営企画に従事するかたわら、ビジネス、ソーシャル、教育など多彩な分野でファシリテーション活動を展開。2003年に有志ともに日本ファシリテーション協会を設立し、初代会長に就任。執筆や講演活動を通じて、ファシリテーションをはじめとするビジネススキルの普及・啓発に努めている。

現在：堀公俊事務所代表、組織コンサルタント、日本ファシリテーション協会フェロー、大阪大学客員教授（テクノロジー・デザイン論）

著書：『ファシリテーション入門 第2版』『ビジネススキル図鑑』（以上、日本経済新聞出版）、『問題解決ファシリテーター』（東洋経済新報社）など多数。

連絡先：fzw02642@nifty.ne.jp

加藤 彰 (かとう・あきら)

愛知県生まれ。京都大学大学院工学研究科修了。㈱デンソーにて半導体研究に従事した後、現在㈱日本総合研究所にて経営コンサルティングに従事。民間企業向けコンサルティングに関わり、主なテーマは中期経営計画策定、ビジョン／パーパス策定・浸透、統合報告書策定、部門方針・戦略策定、次世代リーダー育成／ジュニアボード。参加型の話し合いの場づくりを生きがいとしている。

現在：㈱日本総合研究所リサーチ・コンサルティング部門シニアマネジャー。日本ファシリテーション協会フェロー。

著書：『ロジカル・ファシリテーション』（PHP）、『ファシリテーション・グラフィック』『チーム・ビルディング』『ロジカル・ディスカッション』『ディシジョン・メイキング』『アイデア・イノベーション』（いずれも共著、日本経済新聞出版）。

連絡先：silverfox@tcct.zaq.ne.jp

日本ファシリテーション協会

ファシリテーションの普及・啓発を目的とした非営利特定活動（NPO）法人。ビギナーからプロフェッショナルまで、ビジネス・まちづくり・教育・環境・医療・福祉など、多彩な分野で活躍するファシリテーターが集まり、多様な人々が協調し合う自律分散型社会の発展を願い、幅広い活動を展開している。

<Web> https://www.faj.or.jp/

［新版］

ワークショップ・デザイン
知をつむぐ対話の場づくり

2008年6月19日　1版1刷
2023年9月6日　　2版1刷

著者　　　堀 公俊　　加藤 彰
　　　　　©Kimitoshi Hori, Akira Kato, 2008, 2023

発行者　　國分正哉

発行　　　株式会社日経BP
　　　　　日本経済新聞出版

発売　　　株式会社日経BPマーケティング
　　　　　〒105-8308　東京都港区虎ノ門4-3-12

印刷・製本　大日本印刷株式会社

ISBN978-4-296-11874-8

01

Facilitation
Graphics

Kimitoshi Hori / Akira Kato

**ファシリテーション・グラフィックは
こんな場面で活用できる!**

- 定例の話し合いの場で
- チームの意思決定と問題解決の場で
- 自由奔放にアイデアを出し合う場で
- 自由に意見を述べ合うワークショップで
- 思いや問題意識をすりあわせる場で
- 意思統一が必要な場で
- 進め方のレベル合わせの場で

議論を描けば、会議が変わる!

ミーティングやワークショップを効果的に進行する必須スキルを
オールカラーの豊富なビジュアルを用いて解説した最新の入門書。

ファシリテーション・グラフィック

議論を「見える化」する技法

新版

堀公俊・加藤彰[著]

議論を「見える化」する技術

ISBN978-4-296-11604-1
定価(本体2200円+税)